능력과 가치를
높이고 싶다면
**된다!**

내 글이
네이버
메인에 떴다!

8년 연속 베스트셀러!

인공지능 시대에도 살아남는 블로그 운영법!

# 된다!

# 네이버
# 블로그
# 상위
# 노출

블로그 분야
**1위**
전면 개정판

블로그 만들기부터 인플루언서 되기까지!

황윤정 지음

생성형 AI 클로바 X
검색 도구 큐<sup>cue:</sup>
활용법 전격 공개!

이지스 퍼블리싱

능력과 가치를 높이고 싶다면
**된다!** 시리즈를 만나 보세요.
당신이 성장하도록 돕겠습니다.

# 된다! 네이버 블로그 상위 노출 — 전면 개정판
Gotcha! Naver Blog Serch Top Impression — 2nd edition

**개정 1판 2쇄 발행 ·** 2024년 5월 20일
**초판 발행 ·** 2022년 6월 30일

**지은이 ·** 황윤정
**펴낸이 ·** 이지연
**펴낸곳 ·** 이지스퍼블리싱(주)
**출판사 등록번호 ·** 제313-2010-123호
**주소 ·** 서울시 마포구 잔다리로 109 이지스 빌딩 4층
**대표전화 ·** 02-325-1722 | **팩스 ·** 02-326-1723
**홈페이지 ·** www.easyspub.co.kr | **페이스북 ·** www.facebook.com/easyspub
**Do it! 스터디룸 카페 ·** cafe.naver.com/doitstudyroom | **인스타그램 ·** instagram.com/easyspub_it

**총괄 ·** 최윤미 | **기획 ·** 김영준 | **책임편집 ·** 임승빈 | **IT 1팀 ·** 임승빈, 이수경, 지수민
**삽화 ·** 김학수 | **표지 및 본문 디자인 ·** 트인글터 | **인쇄 ·** 보광문화사
**마케팅 ·** 박정현, 한송이, 이나리 | **독자지원 ·** 박애림, 오경신
**영업 및 교재 문의 ·** 이주동, 김요한(support@easyspub.co.kr)

**ISBN** 979-11-6303-560-2 13000
**가격** 18,000원

# 2015년 첫 출간 이후 2024년까지,
## 꾸준하게 사랑받아 온 네이버 블로그 책!

# 네이버 정책이 바뀌어도
# 블로그 마케팅의 정석은 바뀌지 않습니다.

이 책은 여러분의 블로그를
강력한 마케팅 도구로 만들어 드립니다.

## 블로그 만들기부터 검색 상위 노출까지!
## 네이버 메인에 뜨기 위한 좋은 콘텐츠 만들기

가게나 회사를 차린 사람이라면 대부분 '홍보'를 어떻게 할지를 가장 많이 걱정합니다. 아무리 좋은 제품이더라도 많은 사람에게 알려지지 않는다면 판매하기 힘든 게 현실입니다. 그래서 이제 온라인 홍보는 대기업부터 지방 골목의 소상공인까지 필수로 해야 하는 홍보 방법이 되었습니다. 하지만 수없이 변화하는 SNS의 흐름에 맞춰 우리 기업, 우리 가게의 홍보를 하려니 어디서 무엇부터 시작해야 할지 막막한 분들이 많습니다.

제품을 홍보하려면 블로그, 페이스북, 유튜브, 틱톡 등 여러 채널에 알맞은 콘텐츠를 제작하고 발행해야 합니다. 그리고 이 콘텐츠가 내 고객에게 닿기 위해서는 태그와 내용 설명까지 꼼꼼히 작성해야 합니다. 이렇듯 누구나 할 수 있지만, 관심을 기울이지 않으면 누구도 제대로 하기 힘든 것이 온라인 홍보이지요.

이때 당장 무엇부터 시작해야 할지 막막한 분에게 저는 '블로그'를 가장 먼저 추천합니다. 블로그는 이런 걱정을 단숨에 떨쳐버릴 수 있도록 도와주는 강력한 온라인 마케팅 도구니까요. 게다가 블로그는 단순히 검색 결과에 노출되는 것뿐만 아니라 우리 가게나 회사를 소개하는 '홈페이지 역할'부터, 판매도 하는 '오픈 마켓'까지 할 수 있기 때문입니다. 감히 말하자면, 블로그가 온라인 마케팅의 모든 것이라고도 볼 수 있겠습니다.

그래서 이 책에서는 온라인 마케팅의 기본이 되는 네이버 블로그의 다양한 기능을 소개합니다. 네이버 블로그에는 글뿐만 아니라 사진, 영상, 오디오 등 다양한 콘텐츠를 쉽게 제작할 수 있도록 여러 기능이 있습니다. 네이버 블로그의 기능만 정확히 활용할 수 있으면 다른 SNS 채널의 콘텐츠도 덤으로 만들 수 있지요.

**하루 방문자 1,000명!**
**글쓰기만 바꿔도 붐비는 블로그가 된다!**

온라인에서 방문자는 제품 '광고'가 아니라 자신에게 도움되는 '정보'를 찾습니다. 특히 다른 곳에서는 찾을 수 없는 정보를 알고 싶어 합니다. 사람들은 제품을 살펴볼 때 무조건 '좋다'는 광고보다는 이 제품이 어떤 이유로 어떻게 만들어졌으며, 누구에게 도움이 되는지, 어떻게 사용해야 하는지를 구체적으로 알고 싶어 합니다. 그리고 이런 정보를 충분히 얻었다 하더라도 '신뢰'가 쌓여야만 제품을 삽니다.

블로그는 제품이나 서비스에 관심을 가진 잠재 고객과 나를 연결해 주는 역할을 합니다. 이와 더불어 블로그는 다양한 콘텐츠가 쌓이면서 제품과 브랜드를 입체적으로 이해하게 만들어 주는 콘텐츠 허브가 됩니다.

이 책의 포인트는 블로그에 어떤 글을 써야 하는지, 또한 검색 상위 노출을 위해 무엇을 해야 하는지를 알려 준다는 점입니다. 글쓰기를 부담스러워하거나, 비슷한 내용을 여러 번 반복해서 올리는 것을 블로그 활동으로 잘못 알고 있는 분도 많습니다. 블로그 글을 10개만 올리고 나서 더 이상 쓸 말이 없다는 분들을 위해 글의 주제를 잡는 방법부터 제목을 정하는 방법, 간단하지만 효과 만점인 글쓰기 노하우까지 공개합니다. 이 책을 따라 할 성실함과 열정만 있다면 하루 방문자 1,000명인 블로그를 누구나 만들 수 있습니다.

더불어 이번 개정판에서는 생성형 인공지능(AI)를 활용해 블로그 글쓰기에 도움을 받고, 내가 생각하는 이미지를 바로 만들어내는 법까지도 배웁니다. 이렇게 생성형 AI를 활용해 특별한 나만의 정보를 전달할 수 있도록 도와줍니다.

**혼자서 다 할 수 있는 블로그 마케팅!**
**시간과 비용까지 아껴 드려요~**

블로그 마케팅의 장점은 초기 개설 비용이 거의 들지 않는다는 것입니다. 그리고 큰 기업이든 작은 가게든 똑같은 조건에서 시작하므로 열정과 자신만의 콘텐츠가 풍성하다면 대기업보다 강력하게 홍보할 수 있습니다. 초보자도 걱정하지 말고 처음부터 차근차근 따라오세요!

이 책이 아이디어를 사업화하고 브랜드를 성공리에 안착시키고 싶어하는 모든 분께 도움이 되기를 바랍니다. 2015년에 처음 출간된 이후 5번의 전면 개정을 거쳐 어느덧 9년 차가 되었습니다. 처음 책을 출간할 때 10년간 계속 개정하겠다는 목표도 거의 이루었네요. 하지만 아마도 블로그 마케팅이 변화하는 한 이 책도 계속 확장될 것입니다. 늘 가장 새로운 블로그 마케팅 정보를 담을 수 있도록 더욱 노력하겠습니다.

감사합니다.

황윤정 드림

## 블로그 마케팅 강의를 소개합니다! `유료`

책으로만 공부해도 충분하지만, 직접 저자의 목소리를 들으면서 공부하고 싶은 사람들을 위한 '동영상 강의(유료)'가 있습니다. 온라인 강좌 플랫폼 베어유에서 책과 함께 보면 더더욱 좋은 저자의 강의를 만나 보세요.

저자 직강 베어유 강의: bit.ly/bearU_Blog

# 블로거가 알아 두면 좋은 26가지 Q&A

블로그 컨설팅을 하면서 자주 받았던 질문, 블로거들이 놓치기 쉬운 꿀팁만 골라 [알아 두면 좋아요] 코너에서 쉽게 설명했습니다. 평소 궁금했던 내용이 있다면 여기서 확인해 보세요. 자신에게 지금 꼭 필요한 내용부터 공부하는 것도 좋은 방법이니까요. 책을 다 읽었더라도 블로그를 실제로 운영하면서 궁금증이 생길 때마다 필요한 부분을 찾아 한 번씩 살펴보기에도 좋아요.

- - - - - - - - - - - - - - - - - - - - - - - - - - - - - - - - - - - - - - - - - - -

## 04 모바일 앱으로 블로그 관리하기

셋째마당

# 실전!
# 블로그 글쓰기

검색 상위 노출되는 글쓰기 비법은 따로 있다!

## 05 검색 상위 노출로 이어지는 글쓰기 기술

넷째마당

# 확산!
# 방문자 늘리기 &
# 블로그로 돈 벌기

포스트,
SNS 공유의 기술!

# 블로그를 하나도 모르는 분께 추천!
# 따라만 해도 나만의 블로그 만든다!

블로그를 처음 운영해 보거나 아직 미숙하다고 느낀다면, 다음의 10단계 완성 코스를 따라 해보세요. 이 코스는 초보자도 당황하지 않도록 블로그의 기본 개념과 용어를 친절하게 소개합니다. 블로그를 만드는 방법부터 글쓰기, SNS를 통한 확장 노하우, 그리고 수익화에 이르기까지 블로그 운영에 필요한 모든 것을 순서대로 다룹니다. 블로그에 대해 궁금한 모든 것을 알고 싶으신 분들께 추천하는 코스입니다. 지금 바로 시작해 보세요!

| 차시 | 학습 목표 | 범위 | 쪽수 |
|---|---|---|---|
| 1회 차<br>___월 ___일 | • 블로그의 역할과 기능을 이해한다. | 1장 | 18~55 |
| 2회 차<br>___월 ___일 | • 나만의 블로그를 기획한다. | 2장 | 18~55 |
| 3회 차<br>___월 ___일 | • PC에서 블로그를 만든다. | 3장 | 18~55 |
| 4회 차<br>___월 ___일 | • 모바일에 최적화된 블로그를 만든다. | 4장 | 18~55 |
| 5회 차<br>___월 ___일 | • 블로그에 맞는 글쓰기 방법을 배운다. | 5장 | 18~55 |
| 6회 차<br>___월 ___일 | • 블로그 글쓰기와 스마트에디터 사용 방법을 배운다. | 5장, 6장 | 18~55 |
| 7회 차<br>___월 ___일 | • SNS로 블로그 글을 확장하는 법을 배운다. | 6장 | 18~55 |
| 8회 차<br>___월 ___일 | • 블로그에서 이미지, 동영상 편집 방법을 배운다.<br>• 생성형 AI를 활용해 블로그 이미지를 만든다. | 7장 | 18~55 |
| 9회 차<br>___월 ___일 | • 블로그 관리 노하우 5가지를 배운다. | 8장 | 18~55 |
| 10회 차<br>___월 ___일 | • 블로그를 활용해 수익을 내는 4가지 방법을 배운다. | 9장 | 18~55 |

# 이미 블로그를 운영중이거나
# 빠르게 블로그를 만들고 싶은 분께 추천!

만약 빠르게 블로그를 만들고 싶다면, 4회 차 코스를 추천합니다. 이 코스는 빠르고 효율적인 학습을 위해 필수적인 내용만 집중적으로 다루는 코스입니다.
이미 블로거로 활동하고 계시더라도, 복습한다고 생각하며 순서대로 읽어 보길 권합니다. 또한 아래의 학습 목표와 범위에서 이미 잘 알고 있는 부분이라면, 과감히 뛰어넘으셔도 됩니다. 필요한 내용만 따로 뽑아서 공부해 보세요!

| 차시 | 학습 목표 | 범위 | 쪽수 |
|---|---|---|---|
| 1회 차<br>____월 ____일 | • 블로그를 기획하고 블로그를 만든다.<br>(급한 분은 3장만 보셔도 됩니다. 하지만 블로그는 기획이 중요하니, 나중에라도 꼭 2장을 살펴 보세요!) | 2장, 3장 | 18~55 |
| 2회 차<br>____월 ____일 | • 블로그 글쓰기 방법을 배운다. | 5장 | 18~55 |
| 3회 차<br>____월 ____일 | • SNS에 블로그 글을 활용하려면 6장<br>• 블로그 글에 활용할 이미지/동영상을 편집, 제작하고 싶다면 7장 | 6, 7장 | 18~55 |
| 4회 차<br>____월 ____일 | • 블로그 운영 관련 팁과 수익 창출 방법. | 8, 9장 | 18~55 |

## 혼자 공부하기 힘들다면, 함께 공부해요! Do it! 스터디룸

'Do it! 스터디룸'에서 함께 공부하고 스스로 성장하는 독자들을 만나 보세요. 또한 공부만 해도 책을 선물로 받는 '두잇 공부단', 미션도 수행하고 학습도 하는 '된다스!' 등 다양한 이벤트도 놓치지 말고 참여하세요!

Do it! 스터디룸 : cafe.naver.com/doitstudyroom

### 도서 정보와 신간 뉴스 레터, 한시적으로 공개되는 전자책까지!
### 이지스퍼블리싱 출판사 사이트의 회원으로 가입하세요!

IT 업계의 소식이나 된다! 시리즈, Do it! 시리즈의 책 정보를 얻고 싶다면 이지스퍼블
리싱 홈페이지를 방문해 보세요. 그리고 홈페이지 회원으로 가입하면, 신간 레터를 받
아보실 수 있습니다. 신간 레터에 전자책 무료 대여 선물도 제공하니, 꼭 홈페이지에
가입해 보세요!

이지스퍼블리싱 홈페이지 : www.easyspub.co.kr

### 이 책에 나온 기획서, 보고서 등 양식 제공!

책 곳곳에 블로그 기획서, 운영 보고서 등 직접 써보는 실습 내용이 많습니다. 그래서
이 책에서 다루는 실습 내용을 파일로 만들어 제공합니다. 컴퓨터로 작성하거나 인쇄
해서 하나씩 공부해 보세요!

실습 파일 다운로드 : bit.ly/easys_blog_files

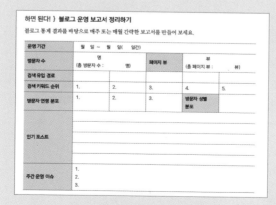

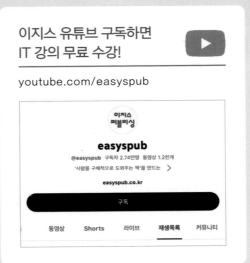

## 첫째 마당

# 준비!
# 블로그 기획하기

첫째마당에서는 블로그의 필요성과 블로그를 시
작하기 전에 꼭 알아 둬야 할 사항들을 쉽고 명쾌
하게 알려 드립니다.
물에 뛰어들기 전에 준비 운동을 하는 마음으로 차
분히 읽다 보면 왕초보라 하더라도 자신감이 생길
것입니다. 그럼, 시작해 볼까요?

# 01

# 브랜딩부터 판매까지!
# 블로그로 시작하자

소셜미디어의 종류는 다양한데 왜 유독 블로그를 하라고 하는 걸까요? 가장 큰 이유는 블로그가 '검색'에 최적화된 소셜미디어이기 때문입니다. 사람들은 어떤 정보가 필요할 때 습관처럼 인터넷을 검색합니다. 이때 검색된 정보를 통해 전문가의 지식을 확인하고 다른 사람의 후기도 참고하면서 자기 나름대로 정보를 모으는 것이지요. 따라서 자신의 지식을 공유하거나 상품과 서비스를 보다 강력히 홍보하고 싶다면 온라인 활동이 필수입니다. 블로그는 정보를 체계적으로 모아 둘 수 있고, 이렇게 모아 둔 정보를 카카오톡, 페이스북, 인스타그램 등과 같은 다양한 채널로 쉽게 공유할 수 있습니다. 자신만의 브랜드, 상품, 서비스를 사람들에게 알리고 싶다면, 블로그를 온라인 활동의 베이스캠프로 삼아 보세요!

# 01-1
# 네이버 블로그는 선택이 아닌 필수!

인터넷이 발달하면서 누구나 원하는 정보를 쉽고 빠르게 얻을 수 있게 되었습니다. 포털 웹 사이트에서 제공하는 검색 서비스나 블로그, 페이스북, 인스타그램과 같은 SNS가 대표적입니다. 이를 이용해 기업은 상품이나 서비스를 홍보하고, 개인은 자기 자신이 매체가 되어 지식과 정보를 마음껏 공유할 수 있지요.

## 지금 올리는 글은 사람들이 '찾는 정보'인가요?

온라인의 장점은 '누구나', '무료로' 정보를 올릴 수 있다는 점입니다. 블로그도 마찬가지입니다. 독서, 운동, 요리 등과 같은 취미 활동, 자신이 사는 지역의 숨은 정보, 상품이나 서비스에 대한 리뷰 그리고 공부나 살림 노하우까지 수많은 정보가 매일 블로그에 올라옵니다. 그중에서 '좋은 정보'는 뉴스보다 빠르게 사람들 사이에서 공유되고 무한대로 퍼져 나갑니다. 자신의 평범한 일상이 남들에게는 특별한 정보가 되는 셈이지요.

여기서 **좋은 정보란, 사람들이 '찾는(검색하는) 정보'**를 말합니다. 사람들의 궁금증을 해소해 주고 의사결정에 도움을 주는 유익한 정보는 많은 사람에게 공감을 얻습니다. 그리고 시간이 지나도 꾸준히 사랑받는 불멸의 콘텐츠가 됩니다. 이러한 좋은 정보가 꾸준히 쌓이면 관련 분야에 영향을 미칠 수 있는 브랜드 파워도 생깁니다.

좋은 정보를 만들어 내는 것 못지않게 중요한 것은 '사람들이 내가 올리는 정보를 쉽게 찾을 수 있는가?'입니다. 아무리 좋은 제품이라도 사람들의 눈에 띄지 않으면 판매되지 않으니까요. 사람들이 찾는 정보는 어떻게 작성하는지, 쉽게 찾을 수 있는 정보가 되려면 어떤 도구를 어떻게 이용해야 하는지 하나씩 알아보겠습니다.

## 방문객을 고객으로 만드는 블로그의 힘!

블로그를 통해 개인 브랜드를 만들고 키우는 일은 개인 사업자나 소상공인에게 특히 중요합니다. 블로그를 통해 자신의 제품을 소개하고 고객의 목소리도 들을 수 있기 때문입니다. 그뿐 아니라 블로그에서는 최소의 비용으로 고객과 소통하는 마케팅, 사람들이 찾아오는 마케팅을 할 수 있습니다.

요즘은 영상 콘텐츠가 유행이라며, 유튜브 채널을 개설해서 마케팅하려는 분이 많습니다. 하지만 영상은 만들기도, 편집하기도 쉽지 않습니다. 특히 처음 온라인 마케팅을 시작한다면 진입 장벽이 높은 매체입니다.

또한 페이스북이나 인스타그램과 같은 SNS는 유행에 민감하기에 콘텐츠를 만들기도 쉽지 않습니다. 콘텐츠를 열심히 만들어도 유행에 따르지 않았다면 점점 사람들이 덜 보는 것처럼 느껴지기도 합니다.

반면 블로그는 글과 이미지, 영상을 모두 사용해 하나의 콘텐츠를 만들며, 이를 통해 강력한 메시지를 전달합니다. 여기에 페이스북이나 인스타그램의 이미지를 바로 가져와서 게제하는 등 흩어진 자신의 콘텐츠를 하나로 모아 놓을 수 있습니다.

특히 블로그는 인공지능(AI) 시대에 접어들어서 더욱 중요한 온라인 홍보 채널이 되었습니다. AI가 고객의 질문에 답을 하기 위해서는 좋은 정보를 학습하는 것이 필요한데, 블로그가 바로 우리 회사나 가게의 정보를 가장 잘 정리해 놓은 온라인 미디어이기 때문이죠.

그래서 앞으로 블로그는 기업의 정보를 빠르게 정리하고 이를 AI의 정보로 활용할 수 있게 정보제공 역할을 할 것으로 예상합니다. 그렇기에 좋은 내용(고품질)의 블로그 글은 AI를 활용한 정보 검색에서도 우선적으로 검색될 것입니다.

☑ 네이버에서 사용하는 검색 AI는 cue:라는 이름으로 운영되고 있습니다. 관련 내용은 이 책의 32쪽에서 자세히 다룹니다.

## 블로그에서 내 제품도 팔 수 있다!

팬데믹 이후 개인 사업자나 자영업자분들의 온라인 판매가 활발해지고 있습니다. 이때 블로그가 잘 운영되고 있다면, 내 블로그를 방문한 사람들에게 자신의 제품을 팔 수 있을 것입니다.

예를 들어 스마트스토어를 개설한 후 네이버 블로그에 제품이나 메뉴 등을 소개하고 하단에 해당 제품의 스마트스토어 제품 링크를 삽입하는 방식으로 물건을 팔 수도 있겠죠.

얼마 전 오픈한 베타 서비스인 '네이버 블로그 마켓'은 일반 오픈 마켓처럼 블로그에서 바로 내 제품을 구입하고, 결제까지 할 수 있습니다. 페이스북이나 유튜브, 인스타그램에서 제품 홍보를 하면서 제품을 소개한 블로그 링크를 전달해 바로 제품을 사게 만들 수 있죠. 특히 네이버 페이를 통해 쉽게 결제할 수 있기 때문에 블로그는 앞으로 더욱 강력한 홍보·판매 수단이 될 것으로 예상됩니다.

비즈니스를 하는 모든 분이 반드시 운영해야 할 강력한 마케팅 도구인 네이버 블로그! 선택이 아닌 필수라는 것을 이제 이해하셨죠?

블로그 마켓 기능을 통해 블로그에서 자신만의 물건을 판매해 보세요!

# 01-2
# 블로그 가장 먼저 시작해야 하는 이유

## SNS에서는 느낄 수 없는 블로그만의 장점 4가지

요즘엔 사람들의 관심사와 행동 양식에 따라 블로그뿐 아니라 페이스북, 인스타그램, 밴드 등과 같은 다양한 소셜미디어가 사랑받고 있습니다. 그중 블로그는 검색 노출이 가장 잘된다는 기존의 특징에 다른 소셜미디어로 널리 퍼뜨리는 기능이 더해져 더욱 강력해졌습니다.

단순한 예로, 페이스북에 올린 글은 다른 SNS로 바로 공유할 수 없지만, 블로그의 글은 다른 SNS로 쉽게 공유할 수 있습니다. 정보를 만들고, 관리하고, 전달하고 싶다면, 블로그만큼 좋은 것도 없습니다. 소셜미디어 활동을 블로그로 시작해 보세요.

☑ 페이스북에는 공유 버튼이 있지만, 페이스북 내의 그룹이나 스토리, 페이지로만 공유할 수 있습니다. 네이버 블로그에 콘텐츠를 삽입하려면 게시물 링크를 붙여 넣어야 합니다.

| 생산성 | 보관성 | 발견성 | 확장성 |
|---|---|---|---|
| 글, 사진, 동영상을 사용해 누구나 정보를 생산할 수 있습니다. **수정과 편집 기능이 뛰어나 콘텐츠**의 품질을 지속적으로 향상시킬 수 있습니다. | 블로그는 정보를 차곡차곡 쌓는 방식으로 운영됩니다. 주제에 맞게 그룹핑하기도 쉬워 **정보를 체계적으로 관리**할 수 있습니다. | 블로그는 **검색 서비스에 집중적으로 노출됩니다.** 제목과 본문의 키워드에 해시태그 기능이 더해져 검색에 더욱 최적화됐습니다. | 블로그에 있는 콘텐츠를 **다른 SNS에 쉽게 공유**할 수 있습니다. 모바일에서도 강력한 확장 기능을 제공합니다. |
| 콘텐츠 만들기 | | 콘텐츠 전달하기 | |

블로그는 마치 콘텐츠 원스톱 서비스처럼 콘텐츠를 만들고 전달하는 모든 기능을 갖추고 있습니다.

## 블로그는 SNS를 잇는 소셜 허브다!

네이버는 블로그를 여러 소셜미디어와 연결하는 기능을 점점 강화하고 있습니다. 앞에서 소개했듯이 블로그는 페이스북과 달리, 얼마든지 다른 SNS로 콘텐츠를 즉시 공유할 수 있습니다. 따라서 블로그를 콘텐츠 생산의 중심에 놓고, 다양한 SNS 채널을 활용하는 것이 가장 효과적입니다. 네이버 블로그를 모든 SNS를 잇는 소셜 허브(social hub)로 만들어 보세요. 블로그 콘텐츠를 만든 후 각 SNS에 공유하면 자신의 콘텐츠를 뉴스보다 빠르게 퍼뜨릴 수 있습니다.

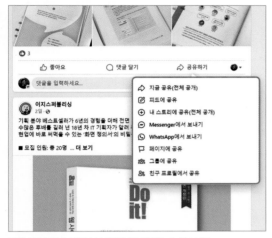

페이스북의 글은 페이스북 안에서만 공유할 수 있습니다.

블로그 글은 다양한 SNS로 쉽게 공유할 수 있습니다.

일반 웹이 아닌 모바일용 블로그 앱에서는 다양한 소셜미디어를 아예 블로그 메인 화면에 모아 볼 수도 있습니다. 블로그 앱을 통해 내 블로그로 들어오는 사람들이 다른 SNS 채널로 이어질 가능성이 더 커졌습니다.

[홈 편집]에서 원하는 외부채널을 선택하면 블로그 앱의 메인 화면에 나타납니다.

☑ 블로그 앱 활용과 외부채널 삽입 방법은 04장에서 상세히 배웁니다.

## 검색 노출에는 SNS보다 블로그가 절대적으로 유리하다!

온라인 시대가 되면서 소비자의 구매 방식이 완전히 바뀌었습니다. 사람들은 '검색'을 통해 제품 정보를 찾아보고 마음에 드는 제품을 선택하기 시작했죠. 이제 맛집 정보부터 공부 비법, 가격 비교에 이르기까지 모든 정보를 온라인에서 찾아볼 수 있습니다.

특히 블로그는 검색으로 정보를 얻는 활동에 가장 최적화된 소셜미디어입니다. 실제로 네이버에서 키워드를 검색했을 때 검색 결과 상위에 나오는 정보 중 가장 많은 비중을 차지하는 글이 블로그 정보입니다.

네이버가 블로그 정보를 많이 노출하는 이유는 뭘까요? 그 이유는 **정보 제공의 신속성과 다양성** 때문입니다. 하루 동안 네이버 블로그에 올라오는 새 글은 80만 개(2021년 기준)나 됩니다. 놀라운 숫자죠? 더욱이 기자 못지않은 필력, 사진 작가를 뛰어넘는 촬영 솜씨, 편집자가 부러워하는 구성력까지 갖춘 블로거들은 정보의 생산자로서 대중의 높은 지지를 받고 있습니다. 그러다 보니 좋은 정보를 제공하는 블로그를 검색 결과의 상위에 노출하는 것입니다.

☑ 블로그 글을 SNS로 확장하는 방법은 06-4절을 참고하세요.

☑ 블로그의 제목과 내용이 구체적일수록 검색 결과 상위에 노출될 확률이 더욱 높아집니다. '다이어리 쓰는 법'이라는 제목보다 '시스템 다이어리 쓰는 법'이라는 제목이 여러 키워드를 갖고 있어 더 많은 검색 키워드로 위쪽에 노출될 수 있죠.

네이버는 웹 검색을 할 경우 지식스니펫을 통해 검색과 관련된 포스트 내용을 상단에 노출시켜주고 있는데요. 이는 네이버 AI 기반 분석 알고리즘을 적용해 찾는 정보에 근접한 텍스트를 자동으로 추출한 결과 입니다.

이외에도 현재 검색 결과를 보면 지식스니펫 – 인플루언서 – 공식블로그의 글들이 상단에 노출되는 것을 확인할 수 있습니다. 그런데 만약 검색 결과가 광고나 낚시 글로 덮여 있다면 사용자들은 어떤 기분이 들까요? 네이버의 검색 엔진이 날로 진화하는 것도 이와 같은 맥락에서 이해할 수 있습니다. 사람들이 키워드를 검색했을 때 매일 쏟아지는 수많은 정보 속에서 자신이 원하는 정보가 나타나야 하기 때문이지요. 이러한 작업을 '**검색 엔진 최적화**'(SEO, Search Engine Optimization)라고 합니다.

검색 엔진 최적화는 블로그 마케팅의 핵심입니다. 검색 엔진의 원리를 알아야 자신의 글을 많은 사람에게 노출할 수 있기 때문입니다. 그렇다면 어떤 글이 검색이 잘될까요? 그 비결은 앞으로 하나씩 소개하겠습니다. 여기서는 우선 한 가지만 꼭 기억해 주세요. 우리가 블로그에 글을 올리는 순간, 포털 웹 사이트에 등록된다는 사실! 블로그야말로 온라인에서 정보를 빠르게 제공할 수 있는 가장 좋은 방법입니다.

# 01-3
## 초보 딱지를 떼는 12가지 핵심 키워드

블로그에서 사용하는 용어를 어려워하는 분들이 많습니다. 기본적으로 영어가 많고 익숙하지 않은 온라인 및 마케팅 용어가 섞여 있기 때문인데요. 처음부터 완벽하게 암기하지 않아도 됩니다. 하나씩 실습하다 보면 저절로 익숙해질 테니까요. 우선 가볍게 훑고, 혹시 중간에 모르는 용어가 나오면 이곳으로 돌아와 다시 한 번 확인해 보세요.

### 1 포스트와 포스팅

포스트(post)는 원래 '게시하다'라는 뜻입니다. 블로그에서는 이 의미를 그대로 가져와 블로그에 올린 글 하나하나를 '포스트'라고 부릅니다. 포스팅은 블로그에 글을 쓰고, 사진을 넣어 올리는 행동을 말합니다. '이번 포스트가 참 좋다!' '하루에 하나씩 포스팅하세요!'처럼 쓸 수 있겠지요?

그러나 네이버 포스트가 등장하면서 용어가 혼동되기 시작했습니다. 그래서 네이버에서는 블로그에 쓰는 포스트는 '글'로, 포스트에 쓰는 글을 '포스트'로 정했습니다. 이 책에서도 네이버의 정의에 따라 블로그는 글, 포스트는 포스트라는 용어를 사용하겠습니다. 기존에 블로그를 하던 분들은 글보다는 포스트라는 단어가 익숙하실 텐데요. 지금부터는 잘 구분해 사용하세요!

### 2 네이버 블로그와 네이버 포스트

네이버 블로그와 네이버 포스트는 비슷하면서도 약간 다른 서비스입니다. 블로그는 인맥 기반, 포스트는 관심 주제를 기반으로 연결되는 SNS입니다. 블로그는 블로거와 이웃, 포스트는 에디터와 팔로워로 관계를 맺습니다. 사진, 동영상을 사용해 글을 써서 올린다는 점은 비슷하지만, 글을 쓰는 사람과 읽는 사람이 어떤 관계로 맺어져 있느냐에 따라 두 서비스가 구분되는 것이지요.

즉, 블로그는 소소한 일상부터 주제별 전문 글까지 자신의 소식을 이웃에게 전하는 공간, 포스트는 특정 주제에 맞는 전문 콘텐츠를 팔로워에게 제공하는 공간입니다.

### 3 이달의 블로그, 공식블로그

**이달의 블로그**는 매달 새로 시작한 블로그 중 독특하고 주목할 만한 블로그를 소개하거나 매달 주제를 정해 관련된 블로그를 소개하는 코너입니다. 따라서 새로 시작하는 블로거라면 방문자들에게 자신의 블로그를 알릴 좋은 기회가 될 수 있습니다.

☑ 2021년을 기준으로 파워블로그 카테고리가 삭제됐습니다.

**공식블로그**는 공공 기관, 정부 부처, 출판사, 방송, 대학, 기업 등 단체가 직접 운영하는 블로그에 담긴 정보를 이용자들이 더욱 신뢰하고, 안심하고 이웃이 될 수 있도록 네이버에서 인증해 주는 제도입니다.

[블로그 홈]에 들어가면 이달의 블로그, 공식블로그를 확인할 수 있습니다.

### 4 이웃과 서로이웃

이웃은 블로그의 소식을 받아 보는 사람들을 말합니다. 누군가에게 이웃을 신청하기만 하면 그 사람의 블로그 글을 내 블로그 메인 화면에서 볼 수 있습니다. 반면, 서로이웃은 신청받은 사람이 승인해야 서로 소식을 공유할 수 있습니다. 이웃보다 더 긴밀한 관계인 셈이지요. 서로이웃의 수는 5,000명으로 제한돼 있습니다.

☑ 이웃 관리 방법은 06-3절에서 자세히 배웁니다.

| □ | 그룹전체 ▼ | 이웃전체 ▼ | 이웃 | 새글소식 ▼ |
|---|---|---|---|---|
| □ | 이웃 | ♥ 이웃 | **신아로미** \| 신아로미의 갑작스러운 여행 | ON |
| □ | 이웃 | ♥ 서로이웃 | **꿈꿀권리** \| 내 아이에 맞는 공부법과 책읽기 | ON |
| □ | 이웃2 | ♥ 이웃 | **국세청** \| [국세청 블로그] 아름다운 세상 | ON |
| □ | 이웃 | ♥ 이웃 | **북디자이너 경놈** \| 북디자이너 경놈의 북디자인 이야기 | ON |
| □ | 이웃2 | ♥ 서로이웃 | **전문의 김진** \| 알쏭달쏭한 한국인의 눈성형 바로알기 | OFF |
| □ | 이웃2 | ♥ 서로이웃 | **중고굴삭기** \| 중고굴삭기 수성건설기계 | OFF |
| □ | 이웃2 | ♥ 서로이웃 | **어월렛** \| 정직한 명품 스토어 | OFF |

이웃 관리 메뉴에서는 이웃 목록을 확인하고, 새글 알림 여부를 설정할 수 있습니다.

## ⑤ 위젯과 배너

위젯은 지도, 서재, 방문자 그래프처럼 블로그 운영을 돕는 특별한 기능을 담당합니다. 그리고 만약 블로그에서 쇼핑몰을 운영하고 있다면 사업자정보 위젯을 꼭 사용해야 합니다. 배너는 네이버 블로그의 위젯 기능을 응용해 설치합니다. 배너는 PC 화면에서만 보이는데요. 배너를 사용하면 방문자들을 공식 홈페이지나 다른 SNS 채널로 자연스럽게 유도할 수 있습니다.

☑ 위젯은 03-5절에서 실습하겠습니다.

'바빠 아지트(blog.naver.com/easyspub)'의 서재 위젯과 배너 설치 예시

## ⑥ 블로그 지수

블로그 검색에 영향을 미치는 다양한 요건을 수치로 나타낸 것을 '블로그 지수'라고 합니다. 블로그를 얼마나 오랫동안 운영했는지(블로그 지속성), 얼마나 자주 포스팅하는지(블로그 활동성), 방문자 수, 페이지 뷰, 댓글, 공감은 어느 정도인지(블로그 인기도) 등이 포함됩니다. 블로그 메인에서 [주제별 보기]를 누르면, 최근에 발행된 블로그 글 중에서 주목도 지수가 높은 글들이 보입니다.

블로그 지수에 영향을 미치는 내용을 살펴보면, 블로그 활동을 어떻게 해야 할지 감이 잡힙니다. 꾸준하고 성실히, 오랫동안 자신만의 고유한 내용으로 포스팅하고 이웃들과 소통하면 블로그 지수는 자연스럽게 올라갈 뿐만 아니라 자신의 글이 검색 결과 상위에 노출될 수도 있습니다.

☑ 주목도 지수란, 블로그 홈에 노출되는 포스트의 정보, 반응, 인기도 등의 조건을 시스템상에서 종합적으로 산출해 부여하는 점수입니다.

### 7 RSS

RSS(rich site summary)는 온라인 뉴스나 블로그 웹 사이트에서 주로 사용하는 정보 표현 방식입니다. RSS를 신청하면 해당 웹 사이트에 방문하지 않고도 여러 웹 사이트의 소식을 한꺼번에 모아 볼 수 있습니다. 페이스북을 생각하면 이해하기 쉽습니다. 친구들이 '좋아요'를 누르거나 관심을 보인 글을 내 뉴스피드에서 볼 수 있죠? 굳이 그 정보를 제공하는 웹 사이트에 방문하지 않더라도 자신의 담벼락에서 뉴스를 볼 수 있는 기능이라고 생각하면 됩니다. 네이버 블로그는 이러한 RSS 기능을 제공합니다.

☑ RSS 전용 리더기도 있습니다. 그 중 피들리(http://feedly.com)와 같은 프로그램은 PC와 모바일 앱 모두에서 사용할 수 있습니다.

[RSS 2.0]을 누른 후 구독해 보세요. 구독한 RSS는 웹 브라우저에서도 볼 수 있습니다.

### 8 CCL

크리에이티브 코먼스 라이선스(creative commons license, CCL)는 특정 조건에 따라 저작물 배포를 허용하는 저작권 라이선스 표시입니다. 저작물을 제공하는 사람은 저작자(ⓘ), 비영리(ⓢ), 변경 금지(ⓔ), 동일 조건 변경 허락(ⓞ)이라는 저작권 표시 4가지를 조합해 표현할 수 있습니다. 다른 사람의 이미지를 쓸 때는 CCL 표시를 반드시 확인해야 합니다.

### 9 검색 엔진 최적화

블로그에서는 키워드를 검색했을 때 상위에 노출되는 글을 '검색에 최적화된 글'이라고 표현합니다. 그런데 어떤 글이 검색했을 때 상위에 노출되는 걸까요? 앞으로 배우겠지만, 검색 키워드를 글의 제목과 본문에 잘 담는 것도 중요한 방법 중 하나입니다. 하지만 내용도 없이 키워드로만 도배한다면 오히려 스팸 문서로 분류돼 검색 결과가 나타나지 않을 수 있습니다. 네이버의 검색 엔진은 좋은 글을 찾기 위해 계속 진화하고 있기 때문이죠. 검색 최적화에 연연하기보다 실제로 하고 싶은 이야기를 진솔하게 써내려가는 것이 더 중요합니다.

## ⑩ C-RANK

네이버는 C-RANK를 통해 검색 이용자가 만족할 수 있는 정보를 주는 블로그가 검색 결과 상위에 노출될 수 있도록 블로그의 신뢰도를 평가합니다. 해당 블로그의 주제별 관심도는 얼마나 되고(context), 생산되는 정보의 품질은 얼마나 좋으며(contents), 생산된 콘텐츠는 어떤 연쇄 반응을 보이며 소비, 생산되는지(chain)를 파악해 인기도(creator)를 계산합니다.

쉽게 말해 블로그의 질이 중요하다는 이야기입니다. 그러므로 블로그를 운영할 때는 정확한 주제를 정하고, 자신만이 이야기할 수 있는 노하우와 전문적인 정보가 있어야 하며, 다양한 SNS 채널로 확장되거나 이웃과 소통하는 것이 더욱 중요합니다.

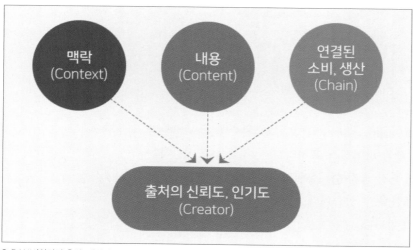

C-RANK(이미지 출처: 네이버 검색 공식 블로그)

## ⑪ D.I.A.

D.I.A.는 심층 분석(deep intent analysis)의 약자로, 문서 자체의 경험과 정보성을 분석해 검색 순서에 반영해 주는 역할을 합니다. C-RANK가 출처(블로그)의 신뢰도를 검색 결과에 반영한 것이라면, D.I.A는 하나하나의 포스트(문서)를 분석해 랭킹에 반영합니다.

문서의 주제 적합도, 경험 정보, 정보의 충실성, 문서의 의도, 상대적인 어뷰징 척도, 독창성, 적시성 등과 같은 여러 요인이 복합적으로 반영됩니다. 이를 통해 블로그 지수가 낮더라도 좋은 글을 발행한다면 상위에 노출될 수 있습니다.

## 🔢 글감

블로그 글쓰기를 작성할 때 체크할 수 있는 메뉴입니다. 글감의 사진을 통해 무료 사진을 삽입할 수 있고, 쇼핑을 통해 소개하거나 구입하고 싶은 제품 링크를 삽입할 수 있으며, 책, 뉴스 기사 등을 삽입할 수도 있습니다.

☑️ 글감은 내가 쓰는 글의 신뢰도를 더욱 높여 주는 역할을 합니다.

## 🔢 네이버 클로바 X

네이버 클로바 X(clova-x.naver.com)는 사용자와 대화하며 상호작용할 수 있는 대화형 AI 서비스입니다. 네이버의 초대규모 언어 모델인 하이퍼 클로바 X(HyperCLOVA X) 기술을 바탕으로 만들어졌습니다. 궁금한 내용을 물어보면 답변을 받을 수 있고, 여행 계획을 짜고, 상품을 쉽게 비교할 수 있으며 고민 상담까지도 편하게 할 수 있습니다. 즉, 내가 원하는 방향의 업무를 수행하고 도움되는 정보를 제공하는 서비스인 것이죠.

☑️ openAI에서 만든 챗GPT의 한국형 버전이라고 볼 수도 있겠습니다.

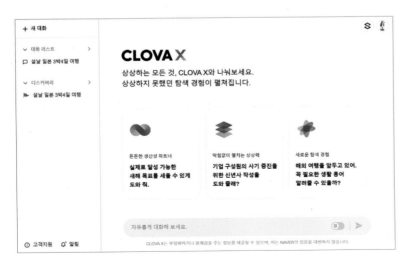

## 14 AI 검색, cue:

cue:(cue.search.naver.com)는 생성형 AI와 결합한 검색 서비스입니다. 사용자에게 문장 형태의 검색 결과를 제공할 뿐만 아니라, 네이버 서비스들과 연계하여 입체적인 답변을 받을 수 있어요. 예를 들어 요리법을 검색하면 하단에 요리 재료를 구매할 수 있는 쇼핑 검색 결과까지 나온다거나, 음식점을 검색했다면 음식점에 예약할 수 있도록 제안까지 해줍니다.

☑ 아직 베타 서비스로 대기 명단에 등록한 순서대로 승인되어야 서비스를 이용할 수 있습니다.

# 02

# 붐비는 블로그로 만드는 기획의 힘

블로그를 시작하는 분들은 효과를 빨리 보고 싶은 마음에 무작정 '블로그 만들기'부터 시작
합니다. 하지만 이렇게 시작한 블로그의 결과는 불 보듯 뻔합니다. 블로그의 첫단추인 '기
획'이 제대로 정리돼 있지 않다면, 방향성도 잃고 조회수도 올라가지 않는 블로그를 만들기
쉽습니다.

블로그를 운영하겠다고 마음먹었다면 최소 6개월에서 1년은 꾸준히 키우는 것이 중요합니
다. 그래야만 의미 있는 수치를 얻을 수 있기 때문입니다. 그리고 오랜 시간 동안 운영하기 위
해서는 탄탄한 기획이 필요합니다.

처음 블로그를 운영하는 사람들에게 '기획'은 어렵게만 여겨집니다. 하지만 쉽게 포기하지
마세요. 2장의 내용을 차근차근 따라 하다 보면 어느새 탄탄한 블로그 기획이 완성돼 있을
것입니다. 좋은 제품은 치밀한 기획 후에 나온다는 진리는 블로그에도 똑같이 적용된답니다.

# 02-1
# 기획이 탄탄한 블로그는 절대 죽지 않는다

## 블로그 기획이 필요한 이유

블로그를 만드는 방법은 아주 간단합니다. 네이버와 같은 포털 웹사이트에서 회원 가입만 하면 블로그가 뚝딱 생기지요. 하지만 계획 없이 바로 블로그를 시작했다가는 헤매기 쉽습니다.

**한의원을 운영하는 A 대표의 고민**

저는 한의원을 운영하고 있습니다. 온라인에서도 저희 브랜드를 알리기 위해 블로그를 본격적으로 시작할 생각입니다. 사실 블로그는 예전에 만들어 놓았습니다. 그런데 오랫동안 내버려 두다 보니 회사와 관련된 자료보다는 개인적인 자료가 훨씬 많아졌습니다. 더욱이 지금 있는 정보들도 두서 없이 모아 놓은 것에 불과하기 때문에 어디서부터 손대야 할지 막막한 상황입니다.

왜 이런 상황이 발생한 걸까요? 회사의 브랜드를 알릴 목적으로 블로그를 만들었지만 시간이 지나면서 목적이 희미해졌고, 개인 용도로 쓰면서 블로그의 정체성도 모호해지고 말았습니다. 이렇게 목적이 불분명한 블로그는 나중에 '계륵'과 같은 존재가 돼 버립니다. 계속 운영하자니 쓰임새가 별로 없고, 그렇다고 초기화하자니 그동안 들인 노력과 시간이 아까운 것이지요.

이는 블로그 운영 기획을 제대로 세우지 않았을 때 흔히 발생하는 사례입니다. 시작 전 기획을 탄탄하게 해 놓는다면, 나아가야 할 목적과 목표가 분명하기 때문에 운영하다 포기하는 경우가 줄어듭니다.

## 탄탄한 기획이 성공을 좌우한다!

즐겨찾기해서 자주 방문하는 블로그가 있나요? 여러분은 어떤 블로그가 좋은 블로그라고 생각하나요? 사람들이 많이 방문하는 블로그에는 차별화된 소재, 독특한 관점과 재미, 친밀한 이웃 관계 등과 같은 다양한 특징이 있지만, 기획이 탄탄하다는 점만은 똑같습니다.

| 기획이 탄탄한 블로그의 특징 | ① 블로그의 핵심 주제가 선명하게 보입니다. |
| | ② 블로그를 찾는 연령대를 쉽게 유추할 수 있습니다. |
| | ③ 블로그의 제목이 주제와 잘 연결돼 기억하기 쉽습니다. |
| | ④ 카테고리가 깔끔하고 제목만 봐도 내용을 잘 이해할 수 있습니다. |
| | ⑤ 배경 디자인이 주제와 잘 맞으면서도 독특합니다. |

기획이 탄탄하지 못하면 블로그를 꾸준히 운영하기 어렵고, 방문자의 의미 있는 행동을 유도하기도 어렵습니다. 다른 마케팅 방법을 통해 사람들을 억지로 블로그에 방문하게 해도 깊은 인상을 주지 못하면 마케팅 효과를 전혀 기대할 수 없습니다. 꼭 기억하세요. **좋은 블로그는 기획이 반이라는 것을요.**

## 꼼꼼하게 따라 하는 블로그 기획 6단계

기획의 중요성은 누구나 잘 알고 있지만, 막상 기획을 시작하려고 하면 막막해 집니다. 하지만 너무 부담은 갖지 마세요. 02장에서 소개하는 블로그 기획은 단계별로 촘촘히 구성돼 있기 때문에 하나씩 따라 해 보면 전혀 어렵지 않습니다. 이제 블로그 기획 6단계를 하나씩 실습해 볼 텐데요. 먼저 블로그 기획 과정을 간략히 살펴보고, 기획의 윤곽을 잡아 보겠습니다. 자, 여러분은 어떤 블로그를 만들고 싶나요? 다음 6가지 질문에 답해 보세요.

| ① 목적 정하기 | "당신은 왜 블로그를 운영하나요?" 블로그와 운영자가 최종적으로 도달해야 할 지향점입니다. |
| ② 목표 세우기 | "목적을 이루기 위해 달성해야 할 결과는 무엇입니까?" 목표는 구체적이며 정량적으로 측정할 수 있게 정해야 합니다. |
| ③ 대상 정하기 | "내 블로그를 누가 봐 주길 원하나요?" 핵심 방문자를 파악해야 블로그의 톤앤 매너와 성격이 정해집니다. |
| ④ 주제 정하기 | "전문성을 담아 꾸준히 글을 쓸 수 있는 주제인가요?" 취미? 특기? 나만이 할 수 있는 이야기를 찾아보세요. |
| ⑤ 제목 짓기 | "무엇을 하는 블로그인지 한눈에 알 수 있는 제목인가요?" 블로그 제목은 온라인에서 사람들이 나를 찾는 이름입니다. |
| ⑥ 카테고리 정하기 | "게시글들을 체계적이고 직관적으로 보여 주는 카테고리인가요?" 카테고리 제목은 블로그 성격을 규정 짓는 또 다른 키워드입니다. |

블로그 기획의 첫 단계는 블로그의 '목적(why)', '목표(what)', '대상(who)'을 설정하는 것입니다. 사람들에게 직접 보이지는 않지만, 블로그의 운영 방향을 결정하는 중요한 요소들입니다. 따라서 모호하거나 추상적으로 표현하지 않도록 주의해야 합니다.

그다음에는 이를 바탕으로 블로그의 '주제', '제목', '카테고리'를 설정합니다. 이 요소들은 사람들에게 직접 노출되는 부분입니다. 그렇기 때문에 직관적이고, 공감을 이끌어 낼 수 있어야 합니다. 또한 요소 간에 통일성을 유지하는 것도 매우 중요합니다.

| ① 목적 정하기 | "당신은 왜 블로그를 운영하나요?"<br>내가 가진 지식과 정보들을 사람들에게 알려 주고 싶다! |
|---|---|
| ② 목표 세우기 | "목적을 이루기 위해 달성해야 할 결과는 무엇입니까?"<br>하루 평균 방문자 수 1,000명, 이달의 블로그 엔터테인먼트, 예술 부분 선정 |
| ③ 대상 정하기 | "내 블로그를 누가 봐 주길 원하나요?"<br>영화, 음악, 미술, 문학, 예술에 관심 있는 사람들 |
| ④ 주제 정하기 | "전문성을 담아 꾸준히 글을 쓸 수 있는 주제인가요?"<br>국어국문학과 출신으로서 학부 때 배운 지식 + 새로운 예술, 문화 흐름을 나만의 방식으로 소개! |
| ⑤ 제목 짓기 | "무엇을 하는 블로그인지 한눈에 알 수 있는 제목인가요?"<br>국문과 짐승의 문화 탐방 |
| ⑥ 카테고리 정하기 | "게시글들을 체계적이고 직관적으로 보여 주는 카테고리인가요?"<br>문화 비평(리뷰), 지식 및 흐름 소개, 일상 나눔의 세가지 카테고리로 나누기! |

블로그 기획 예시

블로그 기획은 번뜩이는 아이디어보다 끈질긴 분석과 고민이 더 필요한 과정입니다. 위에서 소개한 질문들을 반복해 고민하면서 자신이 만들고 싶은 블로그의 큰 그림을 그려보세요.

지금까지 블로그 기획의 필요성과 기획 과정을 간략하게 살펴봤습니다. 다음 절부터는 기획 단계별로 직접 실습해 보겠습니다.

# 02-2
# 기획 ① 내 블로그, 어디로 가야 할까?

## 목적 – 어떤 성과를 얻고 싶나요?

블로그를 운영하는 목적은 각자 다를 것입니다. 개인 블로거라면 친구들과 일상을 공유하려는 목적으로, 학교 선생님이라면 수업 자료를 학생들에게 전달하거나 다른 선생님들과 교육 관련 이야기를 나누려는 목적으로 블로그를 운영할 수도 있겠지요.

만약 블로그 운영 목적이 제품이나 서비스 홍보라면 좀 더 계획적으로 접근해 보는 건 어떨까요? 다음과 같은 운영 목적을 정한 후에 시작하는 것이지요.

| 개인 블로그 | 기업 블로그 |
|---|---|
| 가족, 친척과 일상 공유<br>읽은 책 기록 및 정리<br>개인의 브랜드 파워 강화<br>⋮ | 제품 인지도 확산<br>고객 커뮤니케이션 강화<br>블로그를 통한 랜딩 페이지 유입 증가<br>⋮ |

블로그 운영 목적의 예시

여기에 블로그를 운영할 때 반드시 생각해야 할 공통 목적이 하나 더 추가돼야 합니다. 그 목적은 '**이 블로그로 사람들에게 도움이 되는 정보를 제공한다**' 입니다.

블로그는 여러 사람과 소통하는 소셜미디어입니다. 그런데 일방적으로 홍보 메시지만 올리면 어떨까요? 온종일 지루한 광고만 내보내는 방송을 시청자들이 참고 보지 않듯이 블로그도 마찬가지입니다. '우리 제품이 최고다'라는 광고성 정보만 반복해 발행하는 블로그는 결국 방문자들의 외면을 받기 마련입니다.

그러므로 현재 자신의 블로그가 사람들에게 유용한 정보를 제공하고 있는지 늘 확인해야 합니다. 좋은 정보를 지속적으로 제공하는 블로그에는 당연히 사람들이 몰립니다. 이웃 신청을 하거나 즐겨찾기를 해 놓고 수시로 방문하는 사람들도 늘어나지요. 이들은 미래의 고객이 될 가능성이 매우 높습니다. 좋은 정보는 두터운 이웃 관계의 바탕이자, 블로그 마케팅의 기본입니다.

**랜딩 페이지란 무엇인가요?**

사용자가 블로그 글, 검색 엔진, 광고 등을 거쳐 접속하는 웹 페이지를 '랜딩 페이지 (Landing Page)'라고 부릅니다. 웹사이트나 블로그 또는 쇼핑몰 회원 가입 페이지, 뉴스레터 구독 페이지, 제품 샘플 요청 페이지, 전자책 다운로드 페이지 등 기업이 방문자에게 원하는 행동, 즉 제품 구매, 회원 가입, 자료 다운로드 등의 행동을 이끌어내는 페이지를 말합니다.

## 목표 - 달성해야 하는 구체적인 수치는?

목표는 측정할 수 있게 구체적인 수치로 나타내야 합니다.

| 구분 | 권장 시기 | 운영 목표의 예 |
|------|-----------|----------------|
| 활성화 단계 | 6개월 이전 | 방문자 하루 1,000명<br>이웃 증가 하루 2명<br>재방문율 5%<br>⋮ |
| 마케팅 단계 | 6개월 이후 | 전체 조회수 하루 3,000회<br>좋아요 수, 댓글 수 20% 증가<br>Q&A 문의글 10% 증가<br>특정 페이지 공유 횟수 100회<br>블로그에서 쇼핑몰 유입 인원 10% 증가<br>30대 여성 방문자 비율 50% 초과<br>⋮ |

초급자라면 운영 목표를 단계별로 세워 보세요.

☑ 블로그 운영 목표를 점검할 수 있는 블로그 통계 기능은 08-3절에서 자세히 배웁니다.

초기에는 블로그를 활성화하는 방향으로 목표를 정하는 것이 좋습니다. 일단 사람들이 많이 들어와야 블로그의 글들이 더 많이 퍼질 테니까요. 그래서 방문자 수 증가나 이웃 증가가 단기 목표가 됩니다. 기본적으로 6개월 이상 꾸준히 운영한다고 가정했을 때, 방문자 수 목표는 하루 500~1,000명 정도는 되도록 정해야 합니다.

방문자 수는 블로그가 다루는 주제에 따라 조금씩 차이가 날 수 있습니다. 6개월 이상 꾸준히 운영해 일정한 수준의 방문자를 모았다면, 그 후에는 제품(브랜드) 인지도 확장, 실제 구입 고객 증가, 상품 판매를 도와줄 수 있는 운영 목표를 추가하면 됩니다. 이때는 댓글, 랜딩 페이지 유입, 공유, 공감 등이 운영 목표 지수가 될 수 있습니다.

또한 운영 목표는 운영 기간에 따라 바뀌어야 합니다. 무조건 방문자 수만 늘리는 것은 좋은 목표가 아닙니다. 목표 고객을 유입하고, 고객과 대화할 수 있는 목표를 유연하게 잡아가면서 블로그를 운영하는 것이 좋습니다.

운영 목표를 '장기 목표'와 '단기 목표'로 구별해 관리하는 것도 좋은 방법입니다. 보통 장기 목표는 1년 동안 블로그 활동을 통해 도달해야 할 결과로 정하고, 단기 목표는 3개월씩 분기별로 나눠 설정하는 경우가 많습니다.

## 대상 – 누가 보기를 원하나요?

### 목표 고객을 정확히 설정하자

누가 내 블로그를 봐 주기를 원하나요? 내 블로그의 목표 고객(target)을 어떻게 잡느냐에 따라 블로그의 주제와 성격이 달라집니다. 목표 방문자가 블로그의 전반적인 분위기를 결정하는 기준이 되는 셈이지요.

목표 고객이 내 블로그의 성격과 일치할수록 마케팅 효과가 극대화될 것입니다. 이와 반대로 내 블로그의 성격이 목표 고객의 기대에 어긋나면 마치 과녁을 벗어난 화살처럼 아무런 효과가 없을 수도 있습니다. 그만큼 목표 고객을 정확하게 설정하는 일은 무척 중요합니다.

**초등·중학생 교육 강사 T 씨의 고민**

저는 학원에서 초·중등 학생들을 가르치고 있습니다. 제 강의를 홍보하기 위해 블로그에 10대 학생들이 좋아하는 글들을 주로 올렸습니다. 그런데 시간이 꽤 흘렀는데도 예상과 달리 인터넷 강의 수강자는 크게 늘지 않았습니다. 좋은 내용으로 꾸준히 올렸는데도 말이죠. 왜 그런 걸까요?

위의 사례를 분석해 보니, 실제 강의를 신청하는 사람은 10대가 아니라 학부모인 경우가 많았습니다. 초·중등 학생들은 엄마가 선택한 강의를 듣는 비중이 높았지요. 결과적으로 T 씨가 수강자를 늘리려면 학부모에게 신뢰를 주고, 학생과 학부모가 함께 보면서 도움을 받을 수 있는 글들을 올려야 했던 것입니다.

## 목표 고객의 특징을 상세하게 정의하자

목표 고객을 설정했다면 해당 고객의 성향을 상세하게 정의해야 합니다. 연령, 성별, 학력, 지역, 가족 사항, 라이프 스타일 등을 적어 보세요.

목표 고객의 성향을 분석한 내용은 나중에 글의 주제를 정할 때도 응용할 수 있습니다. 예를 들어 플로리스트가 운영하는 블로그라면 플로리스트에게 꽃을 자주 주문하는 20~30대 여성이 주고객이 되겠지요. 고객의 성향을 최대한 정확히 묘사하면, 그동안 추상적으로 느껴졌던 고객의 모습이 눈앞에 서 있는 것처럼 구체적으로 보입니다. 그러고 나면 그들이 어떤 정보를 좋아하는지도 파악할 수 있지요.

목표 고객 묘사하기

| 이름 | 최유정 | 연령 | 32세 |
|---|---|---|---|
| 성별 | 여자 | 지역 | 안산 |
| 직업 | 회계 | 연소득 | 3,000만 원 |
| 가족 관계 | 3녀 중 막내 | 결혼 여부 | 미혼 |
| 라이프 스타일 | 요리와 여행에 관심이 많아 주말에는 주로 친구들과 여행을 가거나 맛집을 찾는다. 아직까지 저축보다는 자기계발 및 문화 생활에 더 많은 시간과 비용을 사용하는 편이다. | | |
| 소비 형태 | 현금보다는 카드를 주로 사용하며, 가격대가 좀 높은 물건도 할부로 과감히 구입한다. 다만, 이건과 달리 과소비보다는 꼭 필요한 물건을 신중히 구입하는 편이다. | | |

목표 고객의 특징은 상세하게 정의합니다.

## 목표 고객의 범위를 넓히자

꽃을 구매하고 싶은 사람이 20~30대 여성만 있는 것은 아니겠죠? 앞서 플로리스트 블로그를 개설할 때 묘사한 목표 고객은 핵심 고객이 됩니다. 블로그를 할 때 가장 집중해야 할 고객이지요. 하지만 고객층을 넓히기 위해서는 확산 고객도 함께 고려해야 합니다.

확산 고객층은 보통 2~3가지 고객군으로 결정할 수 있습니다. 여기서는 20~30대 애인에게 꽃을 선물하는 남성이 될 수도 있고, 웨딩 플래너나 예식장 담당자, 신부 친구들이나 부모님이 될 수도 있을 것입니다.

플로리스트 블로그의 확산 고객

**블로그의 목표 고객은 꾸준히 관리해야 한다**

실제 고객을 분석하다 보면 예상치 못한 결과가 나타나기도 합니다. 예상과 전혀 다른 고객들이 블로그에 방문하고 있다는 사실을 발견하는 경우도 있지요. 이는 내 블로그에 미처 파악하지 못했던 매력 요소가 있다는 것을 의미하지만, 처음부터 목표 고객을 잘못 세웠다는 것을 의미하기도 합니다. 이때는 현재 고객을 목표 고객으로 유지할 것인지, 아니면 새롭게 발견한 고객층으로 목표 고객을 바꿀 것인지 결정해야 합니다.

## 하면 된다! } 블로그 운영 목적, 목표, 대상 설정하기

| ① 블로그 운영 목적 |
|---|
| 기업 브랜드 인지도 확장 및 온라인 회원 증가 |

| ② 블로그 운영 목표 | | | | |
|---|---|---|---|---|
| | 단기 목표 | | 장기 목표(1년) | |
| 구분 | 방문자 수 | 이웃 수 | 방문자 수 | (실제)/(목표) |
| 1개월 | (실제)/(목표) | / | 이웃 수 | / |
| 3개월 | / | / | 조회수 | / |
| 6개월 | / | / | 좋아요 수 | / |
| 9개월 | / | / | 댓글 수 | / |

| ③ 핵심 고객 | | | |
|---|---|---|---|
| 이름 | | 연령 | |
| 성별 | | 지역 | |
| 직업 | | 연소득 | |
| 가족 관계 | | 결혼 여부 | |
| 라이프 스타일 | | | |
| 소비 형태 | | | |

| ④ 확장 고객 | | |
|---|---|---|
| | | |

# 02-3
# 기획 ② 내 블로그, 무엇으로 채울까?

## 주제 - 전문성과 개성을 담으세요

### 먼저 어떤 주제들이 있는지 확인하기

네이버 블로그 섹션(section.blog.naver.com)에서 [주제별 보기]에 들어가면 분야별 카테고리가 어떻게 나뉘어 있는지 살펴볼 수 있습니다. [엔터테인먼트·예술], [생활·노하우·쇼핑], [취미·여가·여행], [지식·동향] 등과 같은 대분류 카테고리가 나오고, 이곳을 클릭하면 소분류 카테고리가 바로 아래에 펼쳐집니다.

☑ 내가 관심 있는 주제나 키워드의 글만 [관심 주제] 메뉴에 모을 수 있습니다. 오른쪽의 [설정 ⚙]을 누르고 주제와 키워드를 등록해 보세요.

네이버 블로그 섹션의 카테고리(section.blog.naver.com)

네이버가 선정한 블로그 주제들은 검색 알고리즘인 C-RANK와도 연관돼 있습니다. 그러므로 블로그 주제를 정할 때는 네이버의 [주제별 보기]를 참고해 어떤 카테고리에 들어갈지를 결정해야 합니다.

여기서 하나 더! 사람들이 많이 찾는 블로그, 자신만의 고유한 콘텐츠가 가득한 블로그를 만들기 위해서는 무엇보다 개성이 넘치는 주제를 찾는 것이 중요합니다. 이때 블로그 주제는 구체적이며, 세부 주제로 확장될 수 있는 것으로 정해야 합니다. 예를 들어 광범위하게 '여행'으로 잡기보다는 '유럽 여행'으로 범위를 좁히는 것이 좋습니다. 그래야만 목표 고객에 맞는 방문자를 모으기 쉽습니다.

☑ 유럽 여행 주제를 좀 더 구체화시켜 배낭 여행자들의 정보만 제공하는 블로그가 된다면, 더욱 개성 있는 블로그 운영이 가능하겠지요.

## 내가 원하는 주제 적어 보기

블로그 주제를 정할 때 가장 먼저 고려해야 할 점은 '다른 블로그에서 다루지 않는 개성 있는 주제'를 찾는 것입니다. 나만 쓸 수 있는 주제, 내가 잘 아는 주제를 선택해야 흥미로운 이야깃거리를 쉽게 찾아 낼 수 있고, 오랫동안 꾸준히 글을 쓸 수 있으며, 검색 결과 상위에 노출될 확률도 높아집니다.

그런데 블로그를 처음 운영하는 분들은 대부분 자신만의 주제를 어떻게 찾아야 하는지 어려워합니다. 특히 다양한 분야에 관심이 많은 분은 관심사마다 모두 블로그를 따로 만들어야 하느냐고 묻는 경우도 종종 있습니다. 이럴 때는 어떻게 해야 할까요?

**웹 디자이너 L 씨의 고민**

저는 현재 웹 디자이너로 일하고 있지만 관심사가 많습니다. 지금 하는 일 말고도, 앞으로 하고 싶은 일을 위해 블로그를 개설하고 싶습니다. 캠핑, 락 페스티벌, 웹 디자인에 대해서도 이야기하고 싶어요. 제 꿈은 경치 좋은 곳에 펜션을 짓고 사는 건데, 이 이야기도 블로그에서 다루려고 합니다. 그런데 막상 시작하려고 하니 블로그 주제를 어떻게 잡아야 할지 고민입니다. 어떻게 하면 좋을까요?

이런 경우, 블로그 주제를 어떻게 정해야 할까요? 먼저 L 씨가 하고 싶은 이야기를 모두 적습니다.

> 페스티벌, 락 페스티벌, 캠핑, 펜션, 여행, 싱글 라이프,
> 레저, 펜션 여행, 주말 여행, 스키

그런 다음 L 씨가 잘하고, 잘 아는 분야를 적습니다.

> 잡지 디자인, 편집 디자인, 웹 디자인, 몰입(flow)

언뜻 보면 두 주제 사이에는 연관성이 없어 보입니다. 하지만 조금만 생각의 폭을 넓혀 두 주제를 연결하는 주제를 찾아낸다면 일반 여행＆레저 블로그와는 차별되는 블로그 주제를 정할 수 있을 것입니다. 디자이너라면 락 페스티벌에 가서도 단순히 음악만 듣는 것이 아니라 공연 전체를 감상하며 즐기겠지요. 공

연 콘셉트, 소품 디자인 등 일반인의 눈에는 잘 띄지 않는 부분도 디자이너의 눈으로 파악할 수 있지 않을까요? 이와 마찬가지로 텐트와 같은 캠핑 용품이나 인테리어 등도 디자이너의 시각으로 이야기하고 분석해 줄 수 있겠지요.

이렇게 L 씨가 하고 싶은 일과 현재 하는 일을 합쳐 **'디자이너의 시각으로 여행, 페스티벌을 리뷰하는 블로그'**라는 주제를 정했습니다. 어떠세요. '여행&체험'이라는 일반적인 주제보다 훨씬 구체적이고 개성 있지 않나요?

## 하면 된다! } 블로그 주제를 선정하는 아이디어 노트 작성하기

| | |
|---|---|
| 목표 고객의 관심 | |
| 지역과 연계된 주제 | |
| 제품과 관련된 주제 | |
| 서비스와 관련된 주제 | |
| 나만 할 수 있는 이야기 | |

**종합**

| | |
|---|---|
| 블로그 주제 | (주제를 한 줄로 정리해 나만의 주제를 만들어 보세요.) |

## 블로그명 - 무엇을 이야기하는 블로그인지 한눈에 알 수 있게 만드세요

블로그명은 온라인에서 사람들이 나를 찾는 이름과 같습니다. 이름이 어려우면 기억하기 어렵고, 나중에 검색하기도 힘들죠. 블로그명을 지을 때는 쉽게 기억되고, 관련 분야에서도 검색될 수 있도록 구체적인 키워드가 들어가는 것이 좋습니다.

블로그명은 사람들에게 블로그의 성격을 가장 잘 보여 줍니다. 기업이나 단체명은 그 자체가 일종의 브랜드이므로 브랜드명을 블로그명으로 정하면 됩니다. '튼튼영어 공식 블로그', '정책주간지 공감 블로그'처럼 브랜드 인지도 확장을 위해 브랜드명에 '블로그'를 더해 블로그명을 만드는 것이 일반적이에요. 이는 브랜드명을 온라인에서 **빠르게** 각인시키는 방법입니다.

기업명(KDB산업은행)으로 정한 블로그 제목

소상공인이나 1인 기업의 경우 '지원맘의 중학 교육 이야기', '김쌤의 생물학 교실', '상수동 커피 볶는 여자'처럼 블로그 운영자를 좀 더 드러내는 것이 좋습니다. 닉네임(별명)이나 자신의 이름에 블로그 주제를 덧붙여 블로그명을 만드는 것도 좋은 방법입니다. 만일 닉네임이 '독장미'라면 '독장미의 블로그'라고 할 수 있는데, 이렇게 블로그명을 지을 경우 이 블로그가 어떤 성격의 블로그인지 알 수 없습니다. 이때는 블로그명에 블로그 주제를 추가하는 것이 좋습니다. '독장미의 소셜콘텐츠와 스토리텔링'이라고 정하는 식이죠. 블로그명만 봐도 블로그 성격을 쉽게 파악할 수 있도록 말입니다.

블로그명이 너무 길면 사람들이 기억하기 어려우므로 10자 내외로 정하는 것이 좋습니다. 또한 영문보다는 한글 제목이 더 기억하기 쉽겠지요? 짧은 문장으로 블로그의 성격을 드러낼 수 있는 제목을 정해보세요.

'도화 김소영'이라는 이름이 생소하기 때문에 제목에 '도자기 카네이션 브로치'라는 주제를 덧붙여 블로그의 성격을 드러냈습니다.

## 하면 **된다!** } 블로그명을 짓는 3가지 공식

다음은 블로그명을 짓는 3가지 공식입니다. 다음 표를 보고 자신이 운영할 블로그에 맞는 블로그명을 직접 지어 보세요.

| 공식 ① 닉네임 + 블로그 주제 | |
|---|---|
| 공식 ② 회사명 + 브랜드명 | |
| 공식 ③ 지역 + 가게 + 블로그 주제 | |

 **알아 두면 좋아요**

### 좋은 블로그명 20선

다음은 네이버 이달의 블로그에서 뽑은 '좋은 블로그명 20선'입니다. 블로그명이 잘 떠오르지 않는다면 참고해 보세요.

| 분야 | 블로그명 | 운영자 |
|---|---|---|
| 미술·디자인 | Art Design 정면돌파 | 정면돌파 |
| | 홍여사의 모바일그림세상 | 홍여사 |
| 일상·생각 | 글쓰는 엄마의 삼남매 육아 성장기 | 글쓰는 앨리 |
| 여행 | 박준규의 차없이 떠나는 여행이야기 | 박준규 |
| 건강·의학 | 아빠가 바로 우리집 주치의 | 아바우주 |
| 만화·애니 | 까라의 키덜트 문화 공간 | 까라 |
| 상품 리뷰 | 너희 동네 술은 뭐니~ | 명욱의 동네술이야기 |
| 사진 | 야생화 그리고 사진 이야기 | 하얀상어 |
| IT·컴퓨터 | 이시간의 즐거운 IT Story | 이시간 |
| | 4차산업 다이어리: 기업 및 산업에 관한 글 | 다이어리 |
| 육아·결혼 | 허군의 아빠될 수 있을까? | 허군 |
| 취미 | 모나코의 초록향기 | 모나코 |
| | 람모의 플라스틱 세상 | 람모 |
| 세계 여행 | 생생한 도쿄와 자동차이야기 | 도쿄드라이브 |
| | 북경 사는 조바심 | 조바심 |
| 교육·학문 | 드림퐁퐁의 교육놀이터 | 드림퐁퐁 |
| 영화 | 토마스모어의 영화방 | 이규웅 |
| 애완·반려동물 | 솔까집사의 냥냥성장일기 | 솔까집사 |
| | 채집쟁이 천마노 | 천마노 |
| 게임 | 부르심의 보드게임 모험기 | 부르심 |

## 카테고리 - 블로그 성격과 어울리게 만드세요

블로그를 방문할 때 블로그명 다음으로 살펴보게 되는 것이 왼쪽이나 오른쪽에 위치한 카테고리입니다. 카테고리는 블로그의 목차라고 할 수 있으며, 게시글들을 체계적으로 나눠 보여 주는 역할을 합니다. 또한 카테고리는 블로그의 성격을 규정 짓는 키워드가 됩니다. 그러므로 카테고리명은 핵심 키워드를 활용해 지어야 합니다.

### 짧고 명확한 단어를 사용한다

간단한 명사라도 글의 성격을 드러내지 못하는 카테고리는 피하는 것이 좋습니다. 예를 들어 '트로트'라는 이름의 카테고리가 있다고 가정해 보겠습니다. 음악 블로그에서 '트로트'라는 카테고리를 접한 순간, 사람들은 당연히 트로트 음악에 관한 이야기를 모아 뒀을 거라고 생각하겠지요. 그런데 다른 주제의 블로그에서도 그럴까요? 예를 들어 시사 블로그에 '트로트'라는 카테고리가 있다면, 방문자들은 당황할 것입니다. 이름만 트로트일 뿐, 내용을 들여다보면 시사와 관련된 이야기로 채워져 있을 거라고 생각했는데, 정말 트로트 음악 이야기라면 배신감을 느낄지도 모릅니다.

창의력이 넘쳐 몇 번을 봐도 도통 이해할 수 없는 추상적인 표현도 피하는 것이 좋습니다. 만일 레저 블로그를 운영하는데, 다음과 같은 카테고리로 이루어져 있다면 블로그가 무슨 내용을 다루고 있는지 상상이 되나요?

> • 하늘로 날다
> • 바다에 빠지다
> • 대지를 달리다

어렴풋하게 이해될 듯도 하지만, 카테고리명만 보고 어떤 내용이 담겨 있는지 정확히 알기 힘듭니다. 앞의 카테고리명을 다음과 같이 수정해 보겠습니다.

> • 스카이다이빙 즐기기
> • 스킨스쿠버 즐기기
> • 트래킹 즐기기

**카테고리** ▲
📁 **전체보기** (1525)
📁 KDB 새소식 (527) ▲
　📄 KDB 공지
　📄 KDB 이벤트
　📄 KDB 사회공헌
　📄 KDB 홍보영상
　📄 동영상 공모전 온라인 전시관
　📄 KDB사보
　📄 KDB SNS
　📄 KDB 유튜브
　📄 KDB 트렌드
　📄 KDB 생활정보
- - - - - - - - - - - -
📁 정책금융 파트너 K ▲ DB
　📄 4차산업혁명 지원

KDB산업은행 공식 블로그 카테고리

☑ 블로그 카테고리는 레이아웃에 따라 아래쪽에 위치하는 경우도 있습니다.

수정한 카테고리에서는 이 블로그가 어떤 내용을 다루고 있는지 바로 알 수 있습니다. 이렇게 블로그의 카테고리명을 지을 때는 자신이 하고 싶은 이야기를 정확히 알려 줄 수 있는 짧고 명확한 단어를 사용해야 합니다.

## 너무 많은 카테고리는 피한다

처음에는 4~5개 정도의 카테고리로 가볍게 시작하세요. 블로그를 처음 만드는 사람들은 대부분 카테고리를 많이 만들고 싶어 합니다. 하고 싶은 이야기가 많기 때문입니다. 하지만, 막상 블로그를 만들고 난 후에는 실상은 카테고리만 덩그러니 있고, 안에는 볼 만한 게시글이 없는 상태가 대부분입니다.

카테고리는 글이 쌓이면서 조금씩 추가할 수 있습니다. 또 언제든지 자유롭게 수정할 수 있으므로 블로그의 성격에 맞춰 그때그때 재조정하는 것이 좋습니다. 6개월에 한 번 정도는 카테고리를 점검해 보세요. 추가할 내용이 있는지, 어떤 카테고리명이 블로그의 성격을 더 잘 드러내는지 확인하는 과정을 주기적으로 거친 후 적절히 변화를 주는 것이 좋습니다.

## 카테고리명은 8자 이내로 정한다

카테고리명은 한 줄로 보여야 한눈에 잘 들어옵니다. 네이버 블로그는 카테고리명을 8자로 쓰도록 제한하고 있는데, 꼭 이러한 이유가 아니더라도 두 줄짜리 카테고리명은 가독성이 떨어지므로 최대 8자를 넘지 않도록 주의하세요. 간결하면서도 블로그의 성격을 잘 나타내는 카테고리명이면 더 좋겠지요.

## 카테고리의 순서는 핵심 주제가 위쪽에 오도록 배치한다

예를 들어 항공 회사라면, 맨 위에 [회사 소개]나 [회사 내부 소식]과 같은 카테고리가 아니라 [항공 관련 동향]이 오게 배치하는 것이지요. 방문자들이 관심을 가질 만한 내용을 먼저 보여 줌으로써 "이 블로그엔 좋은 정보가 많구나"라고 생각하게 만들어야 합니다.

# 02-4

# 잘나가는 블로그 벤치마킹하기

블로그를 본격적으로 기획하고 운영하기에 앞서 내가 하고 싶은 분야의 잘나가는 블로그는 어떻게 운영하는지 살펴보는 것이 중요합니다. 카테고리의 구성, 검색에 드러나는 제목, 글의 스타일이나 양, 이미지 사용법 등을 꼼꼼히 살펴보는 것만으로도 많은 도움이 됩니다.

일반적으로 파워블로그라고 불리는 이런 블로그들은 어디서 찾아보는 것이 좋을까요? 예전에는 네이버에서 '파워블로그'를 선정했지만, 현재는 '파워블로그' 제도가 사라졌기 때문에 '이달의 블로그' '공식블로그', '인플루언서 블로그' 등을 살펴보면 됩니다.

이들 블로그를 잘 살펴보면 좋은 블로그 운영 노하우를 알 수 있을 뿐 아니라 참신하고 다양한 기획 아이디어도 얻을 수 있습니다.

자신이 운영할 분야의 파워블로그나 경쟁사의 블로그를 찾아보고 이들이 어떤 콘텐츠로 방문자들과 소통하고 있는지 살펴보세요.

## '이달의 블로그' 살펴보기

요즘 뜨는 블로그는 어디서 볼 수 있을까요? 네이버는 매달 주제를 정해 이달의 블로그를 선정해 소개하고 있습니다. 단순히 방문자 수만 많은 블로그가 아니라 자신만의 색깔을 갖고 운영하는 블로그를 주로 보여 주고 있지요. 또한 '이달의 블로그'에 선정되면 자신의 블로그에 앰블럼이 달립니다.

[블로그]의 상단 메뉴에서 [이달의 블로그]로 들어가면 볼 수 있습니다.

네이버 블로그팀에서는 매월 초 이달의 블로그를 추천받고 있습니다. 자신을 직접 추천하기보다는 이웃 블로그를 소개해 달라고 하고 있고, 자신만의 주제를 가지고 꾸준히 운영하고 있는 블로그를 추천받고 있어요. 현재 네이버 '이달의 블로그' 코너에서는 2020년 6월부터 선정된 이달의 블로거들을 찾아볼 수 있습니다. 매달 초 새로운 블로거들을 소개하고 있는데, 다양한 스타일의 블로그를 살펴볼 수 있으니 참고하면 기획에 도움이 되겠지요?

## 네이버 공식블로그 살펴보기

블로그가 폭발적으로 늘어나면서 기업이나 공공 기관의 고민도 동시에 커지게 됐습니다. 사람들이 기업이나 공공 기관의 이름을 검색하면 해당 기관과 관련해 개인 블로거가 작성한 글도 함께 검색되는데요. 문제는 이로 인해 잘못된 정보까지 검색 결과의 상위에 그대로 노출된다는 것입니다. 이에 네이버는 신뢰하고 안심할 수 있는 정보를 제공하기 위해 공식블로그 제도를 운영하고 있습니다.

공식블로그 화면의 메뉴에 보이는 방송·미디어, 매거진, 출판사, 문화·예술, 해외관광청, 네이버 서비스, 공공 기관뿐 아니라 전자 공시 시스템에서 확인되는 상장 기업과 외부 감사를 받는 주식회사의 기업 블로그도 공식블로그로 선정될 수 있습니다. 현재 14,654개(2024년 1월 기준)의 공식블로그가 등록돼 있는데요. 이들은 말 그대로 단체의 공식블로그이기 때문에 양질의 게시글을 벤치마킹하는 데 도움이 됩니다.

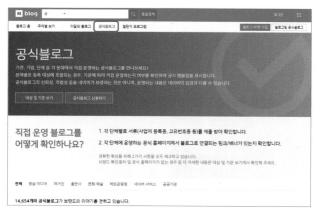

[블로그]의 상단 메뉴에서 [공식블로그]로 들어가면 볼 수 있습니다.

공식블로그에는 공식 엠블럼을 제공합니다.

☑ 일반 기업의 공식블로그인 경우 기업의 성격에 맞는 글을 올려야 합니다. 그렇지 않을 경우 공식블로그 신청이 거절당할 수 있습니다.

브랜드명으로 검색할 때 공식블로그나 공식포스트 뿐만 아니라 기업에서 네이버에 등록한 페이스북, 인스타그램, 유튜브 등 SNS 채널들이 함께 연관되어 검색됩니다.

네이버에서는 사용자 선호도 및 최신 게시글 존재 여부, 인증 여부 등 다양한 요소들을 고려해 연관 채널의 최신 게시물을 함께 노출합니다. 게시물 노출은 블로그, 포스트뿐만 아니라 인스타그램, 유튜브 등의 게시물도 함께 노출합니다.

☑ 이렇게 연관되어 노출하기 위해서는 네이버 웹마스터 도구를 통해 사이트를 등록하고 여기에 맞는 연관 채널을 넣어야 합니다. 관련한 자세한 사항은 08-4절의 웹마스터 도구로 웹사이트 등록하기에서 살펴볼 수 있습니다.

문화체육관광부를 네이버에서 검색하면 홈페이지가 대표로 검색됩니다. 그리고 하단에 '최신 콘텐츠'로 공식 블로그의 콘텐츠와 유튜브 영상 등이 노출됩니다.

## 인플루언서 블로그 살펴보기

네이버에서는 [인플루언서 검색] 서비스를 통해 인플루언서를 모집하고, 검색 결과로 나타나는 콘텐츠의 질을 높이고 있습니다. 현재 네이버에서는 인플루언서 검색을 통해 분야별 전문 창작자들의 정보와 주요 콘텐츠를 먼저 보여주고 있습니다.

☑ [인플루언서 검색]에 들어가면 키워드별, 인플루언서별 블로그를 찾을 수 있어요.

관심 있는 키워드 검색 결과에 나온 인플루언서들의 블로그를 살펴보면 블로그 운영에 대한 팁을 얻을 수 있습니다.

## 경쟁사 블로그의 장단점 분석하기

기업 블로그를 운영한다고 가정했을 때 파워블로그보다 꼼꼼히 분석해야 할 것이 바로 '경쟁사 블로그'입니다. 경쟁사의 블로그를 살펴 운영이 잘되고 있다면 그 이유는 무엇인지, 반대로 운영이 잘 안 되고 있다면 그 원인은 무엇인지 파악합니다. 3~5개 정도의 핵심 경쟁사를 골라 분석해 보면 공통된 장단점을 찾을 수 있습니다.

이때 경쟁사 블로그의 장점은 더 보강해 자신의 블로그에 적용하고, 단점은 보완해 블로그 방문자에게 더 좋은 정보를 전달하도록 노력해야 합니다. 이렇게 해야 늦게 시작해도 빠르게 사랑받는 블로그로 키울 수 있습니다. 블로그를 분석할 때는 다음 사항을 꼭 확인해 보세요.

> ☑ 경쟁사 블로그를 찾기 위해서는 우선 우리 회사와 같은 분야의 블로그를 찾아봅니다. 그다음 기업의 서비스나 제품 관련 키워드를 찾아 검색되는 블로그를 찾아보는 방법도 있습니다.

- 블로그 개설일 및 운영 기간
- 게시글 수
- 총 방문자(일일 방문자)
- 카테고리 수와 카테고리별 주제
- 서로이웃이나 이웃의 수
- 공감 수와 댓글 수
- SNS 활동 체크
- 핵심 키워드 관련 글과 내용

> ☑ 경쟁사의 블로그를 분석할 때 사람들의 관심을 끄는 게시글을 살피는 가장 좋은 방법은 공감글 수나 댓글 수를 살펴보는 것입니다. 이와 더불어 반응이 좋은 게시글의 주제를 눈여겨보고 자신의 노하우를 더해 포스팅해 보세요.

이외에도 방문자들이 어떤 스타일의 글에 반응하는지, 반응을 일으키는 사진이나 동영상 스타일은 어떤 것인지, 인기가 많은 글이 블로그의 콘셉트와 잘 맞는지 살펴보세요. 목표 고객이 관심을 가질 만한 게시글이 어떤 방법, 어떤 내용으로 이야기되고 있는지 정확히 이해하는 것이 중요합니다.

경쟁사가 많을 때는 핵심 경쟁사를 더욱 세심하게 선택해야 합니다. 예를 들어 빵집의 경쟁사를 찾을 경우, '빵'과 관련된 블로그가 많아 모든 블로그를 일일이 살펴보기가 쉽지 않습니다. 빵 만드는 노하우를 알려 주는 블로그를 운영할 것인지, 빵집의 소소한 이야기를 들려 주는 일상 블로그를 운영할 것인지, 맛있는 디저트를 소개하는 블로그를 운영할 것인지에 따라 분석해야 할 블로그도 달라질 것입니다. 운영 주제를 정확히 잡은 후 해당 분야의 파워블로그를 찾아 분석해 보세요. 이외에도 회사나 기업이라면 업계의 선두 기업을 분석하는 것도 한 가지 방법입니다. 만일 선두 기업이 블로그 운영이나 SNS 활동에 소극적이라면, 더욱 적극적인 활동을 통해 온라인 고객을 선점할 수 있을 테니 말입니다.

## 하면 된다! } 경쟁사 블로그 분석하기

| 구분 | 경쟁사 1 | 경쟁사 2 |
|------|----------|----------|
| 블로그 제목 | 지원이네 손뜨개 | |
| 블로그 개설일 | 2013년 11월 20일 | |
| 운영 기간 | 1년 8개월 | |
| 게시글 수 | 300개 | |
| 총 방문자(일 방문자) | 1,300명 | |
| 카테고리 | 지원맘 이야기<br>지원이랑 함께 가요<br>손뜨개 기초<br>손뜨개 재료 소개<br>손뜨개 아이용품 | |
| 서로이웃 수 | 2,000명 | |
| SNS 활동 | 페이스북 팬 - 500명<br>카카오스토리 이웃 - 1,000명 | |

2장에서는 블로그를 만들기 전, 가장 중요한 **블로그 기획**에 관한 전반적인 내용을 살펴봤습니다. 어떤 주제로 블로그를 운영할지 정하고, 이렇게 정한 주제에 맞는 블로그명을 정하는 방법도 배웠습니다. 2장을 읽고 따라 하면서 느낀 점은 무엇인가요? 내 블로그가 깔때기의 출구처럼 뾰족하게 하나의 주제로 달려가는 것을 알 수 있을 거예요. 좋은 블로그는 이것저것 다 하는 것처럼 보이지 않고, 하나의 주제를 잘 다루는 블로그입니다.

2장은 블로그 기획에도 도움이 되지만, 실제 온라인 마케팅을 기획할 때도 반드시 체크해야 하는 중요한 요소이니 잘 알아 두세요!

# 한눈에 보는 블로그 기획 단계

| 운영 목적 세우기 :<br>어떤 성과를<br>얻고 싶나요? | 운영 목표 잡기 :<br>달성해야 하는<br>구체적인 수치는? | 운영 대상 정하기 :<br>누가 보기를<br>원하나요? |
|---|---|---|
| 회사, 기업, 가게의 운영<br>방향에 맞는 온라인 운영<br>목적을 정하세요. | 구체적인 수치로<br>장·단기 목표를<br>세우세요. | 내 블로그에 방문하면<br>좋은 연령대, 성별, 성향에<br>대해 정리하세요. |

## 블로그 주제 정하기 : 무엇을 이야기하는 블로그인가요?

- 네이버 블로그 섹션의 주제를 참고해 보세요.
- 목표 고객의 관심, 지역, 제품, 서비스와 관련된 주제를 정리해 보세요.
- 나만이 할 수 있는 이야기가 무엇인지 정리해 보세요.

## 블로그명 정하기 : 키워드로 검색될 수 있는 블로그명 정하기

- 네이버 공식블로그 섹션의 블로그들, 파워블로그 섹션의 블로그들을 참고해 블로그명을 정해
보세요.

## 경쟁사 블로그 장단점 분석하기

- 방문자나 이웃은 얼마나 되는지, 콘텐츠 업로드 주기는 어떤지 살펴보세요.
- 경쟁사의 카테고리를 살펴보고, 내 블로그의 카테고리를 정해 보세요.

## 내 블로그 소개글 및 프로필 쓰기

- 프로필에는 브랜드의 회사 소개, 소개글에는 문의 전화나 메일을 넣어 주세요.

## 카테고리 정하기

- 기본 4개에서 시작해 보세요. 우선 메인 카테고리를 정하고, 글이 많아지면 서브 카테고리를
정리하세요.

# 회사 블로그를 운영한다면?
# 단체 블로그 아이디 만들기!

블로그를 만들 때, 개인 용도로 사용할 것이 아니라면 단체로 사용할 수 있는 단체 블로그 아이디를 만들어 관리하세요.
네이버 로그인 우측 하단의 [회원 가입]을 클릭한 후 화면 하단의 [단체, 비즈니스 회원 가입]을 누르세요.

네이버 이용약관 동의와 개인정보 수집 및 이용 동의 등 체크 사항에 체크한 후 [확인]을 누르면 [단체 회원 아이디/비밀번호]를 정할 수 있습니다. 단체 확인 정보를 정확히 기재한 후 가입하면 됩니다.

단체 확인 부가 정보에는 단체 대표자명과 단체의 종류를 선택하세요.. 비공식 단체 아이디의 경우 그대로 가입해도 되지만, 기업은 회사의 종류에 맞춰 체크한 후 사업자등록번호, 법인등록번호 등을 적어 넣어야 합니다.

단체 아이디가 생성된 후에는 멤버마다 새로운 비밀번호를 발급해 각자 관리하게 만들 수 있습니다. 네이버 메인 화면에서 프로필 사진을 클릭하거나 상단의 프로필 사진을 클릭한 후 [내정보 → 보안설정 → 비밀번호 → 멤버 비밀번호]에서 멤버명과 비밀번호를 수신할 이메일 주소를 적은 후 발급하면 됩니다.

**둘째
마당**

# 시작!
# 블로그 만들기

둘째마당에서는 블로그를 만들어 기본 정보를 적고, 자신의 개성이 돋보이게 꾸며 보겠습니다. 또한 웹과 모바일 블로그 앱을 가리지 않고 어디서든 편하게 블로그를 운영할 수 있는 방법도 소개합니다.

자, 지금부터 직접 만들어 볼까요?

# 03

# 나의 첫 블로그 만들기

블로그를 처음 만들 때 가장 중요한 부분은 무엇일까요? 초보자는 눈에 보이는 타이틀 이미지나 스킨이라고 생각할 것입니다. 하지만 기본 정보와 프로필 등 소개글을 꼼꼼히 적는 것이 더 중요합니다. 블로그 소개글은 방문한 사람들에게 신뢰를 주고, 어떤 성격의 블로그인지 쉽게 알릴 수 있는 중요한 홍보 수단이기 때문입니다.

3장에서는 PC와 모바일로 보는 블로그 화면을 이해하고, 자신을 소개하는 기본 정보 작성 방법을 배웁니다. 편리한 리모콘 도구, 다양한 디자인 요소, 무료 스킨 등을 활용하면 처음 시작한 사람도 블로그를 멋지게 꾸밀 수 있습니다.

# 03-1

# PC와 모바일, 서로 다른 화면 이해하기

예전에는 대부분 데스크톱 컴퓨터를 이용해 블로그에 접속했지만, 요즘은 블로그뿐 아니라 거의 모든 SNS 활동을 스마트폰을 이용하고 있습니다. 그래서 이제는 블로그를 운영할 때 모바일 환경도 생각해야 합니다.

네이버 블로그는 PC에서 보이는 블로그 화면과 모바일 브라우저에서 보이는 블로그 화면, [네이버 앱]이나 [네이버 블로그 앱]의 화면이 모두 조금씩 다릅니다. 각각의 화면 구성을 알아두면 블로그의 어느 부분을 강조해서 꾸며야할 지 알 수 있습니다.

블로그를 본격적으로 만들기에 앞서 PC로 본 블로그 화면, 모바일에서 본 화면, [네이버 블로그 앱]으로 본 화면이 어떻게 다른지 살펴보겠습니다. 각각의 차이를 살펴보면, 그때그때 상황에 맞춰 편하게 블로그 활동을 할 수 있어요.

☑ 네이버에서는 스마트폰에서 쉽게 사용할 수 있도록 [네이버 블로그 앱]을 만들었습니다. 본격적으로 블로그 활동을 하고 싶은 사람이라면 반드시 [네이버 블로그 앱]을 설치하세요.

## PC에서 블로그 화면 구성 살펴보기

네이버 블로그를 시작했을 때 컴퓨터에서 만나는 첫 화면은 다음과 같습니다. 네이버에 로그인한 후 상단 메뉴에서 [블로그]를 찾아 누르세요. 그런 다음, 오른쪽 아래의 정보란에서 [내 블로그]를 누르면 자신의 블로그로 이동합니다.

네이버 홈에서 [블로그]를 클릭한 후
[내 블로그]에 들어갑니다.

블로그의 초기 화면을 보면 네이버 블로그가 중요하게 생각하는 서비스가 무엇인지, 어떤 영역을 신경 써서 꾸며야 하는지 알 수 있습니다.

블로그를 처음 만들었을 때 볼 수 있는 화면은 [타이틀 영역], [글 영역], [블로그 메뉴 영역]으로 나뉩니다. 맨 위에 블로그의 정체성을 보여 줄 수 있는 [타이틀 영역]이 위치하고, 가운데에 [글 영역]이 위치하며, 아래쪽에 카테고리 등과 같이 정보를 정리해 둔 [블로그 메뉴 영역]이 위치합니다.

[타이틀 영역]을 제외한 블로그 화면 위쪽의 [글 영역]과 아래쪽의 [블로그 메뉴 영역]으로 나눠 설명하겠습니다.

## 글 영역

글 영역에는 블로그 글쓰기를 도와주는 [블로그씨] 메뉴와 글 영역이 있습니다.
글 영역에 있는 [글쓰기] 또는 프로필 아래쪽의 [글쓰기]를 눌러 글을 작성하면
이곳에서 볼 수 있습니다.

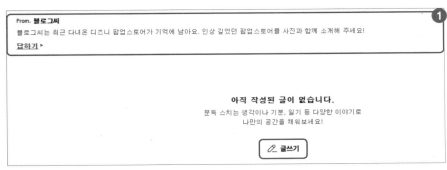

프로필 아래쪽의 [글쓰기]          글 영역의 [글쓰기]는 아무 글도 없을 때에만 나타납니다.

❶ **[블로그씨]** : 매일 새로운 주제를 블로거들에게 제공하는 서비스입니다. 생활 속에서 누구나 이야기할 수 있는 주제를 전달해 편하게 포스팅하도록 유도합니다. [블로그씨]의 질문에 잘 답하면 블로그 섹션의 상단에 노출될 수 있습니다.

## 블로그 메뉴 영역

가장 하단의 [블로그 메뉴 영역]에는 [프로필], [카테고리], [활동정보], [검색]
메뉴가 기본으로 제공됩니다. 각 기능은 다음과 같습니다.

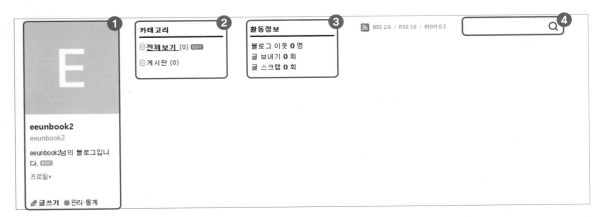

❶ **[프로필]** : 방문자들은 '프로필 사진'과 '자기소개'를 보고 블로그의 첫인상을 결정지으며, 신뢰도를 높입니다. 그러므로 프로필을 구성할 때는 자신을 가장 잘 드러낼 수 있는 사진과 내용으로 꾸며야 합니다.

❷ **[카테고리]** : 블로그가 담고 있는 게시글을 쉽게 알려 주고, 글을 모아 볼 수 있게 해 줍니다.

❸ **[활동정보]** : 블로그 이웃이 몇 명인지, 글을 어디로 보냈는지 그리고 어떤 글이 스크랩되었는지 알 수 있습니다. 스크랩한 글을 살펴보면 방문자들이 내 블로그에서 어떤 글을 관심 있게 살펴보는지 알 수 있습니다.

❹ **[검색]** : 내 블로그 안의 글을 검색할 수 있습니다.

## 모바일 웹에서 블로그 화면 구성 살펴보기

'모바일 웹'이란, 모바일 인터넷 웹브라우저(익스플로러, 크롬, 사파리 등)에서 네이버 웹 사이트로 들어가거나 직접 주소를 입력했을 때 나타나는 화면을 말합니다. 모바일 웹이나 앱에서 저장한 글을 PC 블로그에서는 모두 수정할 수 있지만, 모바일 웹에서는 PC나 모바일 블로그 앱에서 쓴 글을 수정할 수 없습니다. 모바일과 PC를 오가며 자유롭게 사용하고 싶다면 [네이버 블로그 앱]을 다운로드해 사용하는 것이 좋습니다.

☑ 네이버 블로그 앱에서는 PC에서 쓴 글을 수정할 수 있고, PC에서도 앱에서 쓴 글을 수정할 수 있습니다. 이제 어디서든 편하게 블로그를 작성하고 이웃을 관리할 수 있게 됐습니다.

모바일 웹 브라우저나 네이버 공식 앱에서 들어갈 때는 [블로그] 메뉴를 누르세요.

모바일 웹에서는 이웃의 새글이나 추천 블로그 글, 이웃 목록 등을 가장 먼저 확인할 수 있습니다.

모바일 웹에서 블로그 글쓰기를 하고 싶다면, 오른쪽 위의 [더 보기] ☰로 들어가 [글쓰기]를 누르면 됩니다.

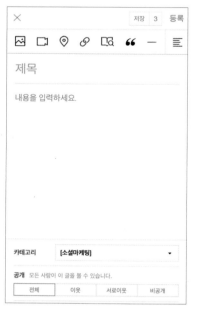

모바일 웹에서도 글을 쓸 수 있습니다. 카테고리를 정리하거나 공개 범위를 선택할 수 있고, 글쓰기 설정도 가능합니다.

## 네이버 블로그 앱에서 화면 구성 살펴보기

### 블로그 앱의 첫 화면

아이폰이라면 앱스토어(App Store), 안드로이드폰이라면 구글 플레이(Google Paly)에서 '네이버 블로그-Naver Blog' 앱을 다운로드합니다. 모바일 블로그 앱을 실행한 후 로그인하면 첫 화면이 나타납니다. 첫 화면에서는 [이웃새글]을 살펴볼 수 있습니다. 네이버 블로그가 무엇보다 이웃과의 교류를 중요하게 생각한다는 것을 보여 주는 화면 구성이라 할 수 있습니다.

주요 메뉴를 살펴보면 [이웃새글], [추천], [글쓰기], [내소식], [내블로그] 그리고 [더 보기] 메뉴가 있는데, 각 메뉴의 기능은 다음과 같습니다.

☑ 블로그 앱에 대한 자세한 사용법은 4장에서 살펴보겠습니다.

❶ **[이웃새글]** : 내가 맺은 이웃의 새글을 모아 보여 줍니다.

❷ **[추천]** : 네이버에서 추천하는 블로그 글을 주제별로 살펴볼 수 있습니다.

❸ **[글쓰기]** : 블로그 앱에서 쉽고 빠르게 포스팅할 수 있는 글쓰기 도구입니다.

❹ **[내소식]** : 내 블로그에 달린 공감, 댓글 등을 한눈에 살펴보고, 빠르게 관리할 수 있습니다.

❺ **[내블로그]** : 내 모바일 블로그의 첫 화면을 살펴볼 수 있습니다.

❻ **[더 보기]** : 내 블로그를 관리할 수 있는 모든 메뉴를 볼 수 있으며, 네이버 블로그팀의 다양한 메뉴도 함께 볼 수 있습니다.

### 내블로그 메뉴

네이버 블로그 앱에서 가장 중요한 메뉴는 [내블로그], [더 보기]입니다. 우선 [내블로그]를 눌러 블로그의 첫 화면 구성을 살펴보겠습니다.

내 블로그의 첫 화면입니다.

❶ **[홈편집]** : 블로그 앱의 메인 화면을 꾸미는 메뉴입니다. 커버 스타일과 이미지를 변경하고, 블로그명과 별명을 입력할 수 있습니다. 또한 외부 SNS 채널을 추가하거나 블록의 순서를 변경할 수도 있습니다.

❷ **[카테고리]** : 내 블로그의 카테고리와 카테고리별 게시글의 개수를 한눈에 볼 수 있습니다.

❸ **[안부글]** : 내 블로그에 남긴 안부를 살피고 답글을 남길 수 있습니다.

❹ **[이웃목록]** : 이웃 목록을 통해 이웃들의 활동을 확인할 수 있습니다.

❺ **[통계]** : 블로그 앱에서도 통계 정보를 일별로 확인할 수 있습니다.

❻ **[공유아이콘]** : 카카오톡, 라인, 문자, 밴드 등에 메시지를 보내 친구를 내 블로그로 초대할 수 있습니다.

❼ **[전체글]** : [전체글]을 누르면 블로그 카테고리를 살펴볼 수 있고, 카테고리별 게시글들을 모아 볼 수 있습니다. ❷의 [카테고리]와 같은 기능입니다.

## 더 보기 메뉴

[더 보기] 메뉴를 누르면 위와 같은 화면이 펼쳐집니다.

블로그 앱에서 주목할 기능은 [더 보기] 메뉴입니다. 이쪽으로 들어가면 글쓰기, 통계, 환경 설정 등 블로그를 관리하는 데 필요한 모든 메뉴뿐 아니라 내 동영상, 내 모먼트 등 동영상 관련 메뉴, 마켓 구매 내역과 같은 판매 메뉴 등도 살펴볼 수 있습니다.

이외에도 블로그의 [일별 조회수], [일별 방문수] 그래프나 네이버 블로그 팀의 공지 사항을 볼 수 있는 [블로그팀 공식블로그], 다른 블로거들의 활동을 살펴볼 수 있는 [이달의 블로그], [공식블로그] 메뉴 등 블로그 활동에 필요한 모든 기능을 모아 놓았습니다.

# 03-2

# 3분 만에 뚝딱! 블로그 만들기

네이버에는 초보 블로거들이 블로그를 쉽게 만들 수 있는 간편한 제작 기능이 있습니다. 처음 블로그를 만들면 [블로그 쉽게 만들기] 화면이 팝업으로 나타납니다. 이 기능을 따라 하면 블로그를 쉽고 빠르게 꾸밀 수 있습니다.

☑ [블로그 쉽게 만들기] 기능은 PC 에서만 사용할 수 있습니다.

## 하면 된다! } 클릭 한 번으로 블로그 쉽게 만들기

프로필 아래쪽의 [관리]를 눌러 관리 화면에 들어간 후 오른쪽 위에 있는 [블로그 쉽게 만들기] 메뉴로 들어가 [시작하기]를 누르세요.

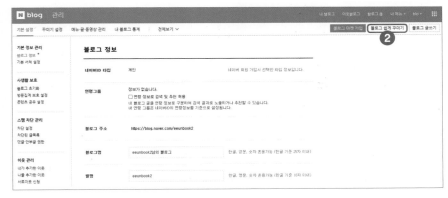

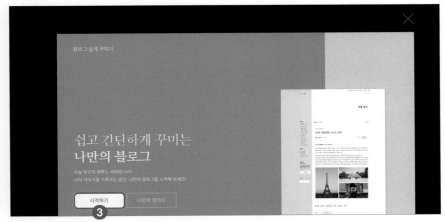

## 1. 스킨 선택하기

네이버에서 제공하는 40개의 스킨 중 마음에 드는 것을 선택합니다. 각각의 스킨에 마우스 커서를 올려 놓으면 [미리보기]와 [이 스킨 적용]이 나타납니다. [미리보기]를 누르면 블로그에 적용된 모습을 바로 볼 수 있습니다.

오른쪽에는 [1단], [2단] 구성 중 원하는 것만 모아 볼 수 있는 메뉴가 있습니다. 예전에는 왼쪽이나 오른쪽에 사이드바가 있는 구성을 주로 사용했지만, 요즘은 모바일 환경의 보급으로 제목과 글을 강조하는 1단형 스킨을 주로 사용하는 추세입니다.

원하는 스킨을 선택한 후 [이 스킨 사용하기]를 눌러 다음 단계로 넘어갑니다.

☑ [블로그 쉽게 만들기]로 블로그를 설정하더라도 스킨과 프로필은 다시 수정할 수 있습니다.

## 2. 블로그 정보 입력하기

프로필 이미지, 별명, 블로그명 등의 정보를 입력합니다. 오른쪽 화면에 자신이 올린 프로필 이미지와 별명, 블로그명이 어떻게 적용되는지 바로 볼 수 있습니다.

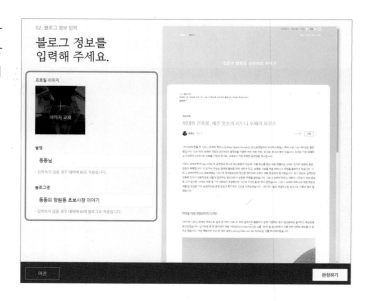

## 3. 완성하기

정보 입력이 끝난 후에는 [완성하기]를 누릅니다. 완성된 후에는 바로 [글쓰러 가기]를 눌러 글을 쓸 수도 있고, [내 블로그 가기]를 눌러 완성된 블로그를 확인할 수도 있습니다.

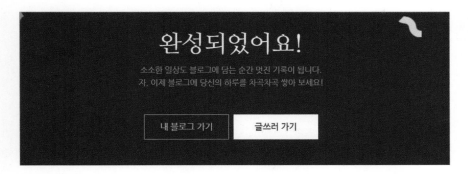

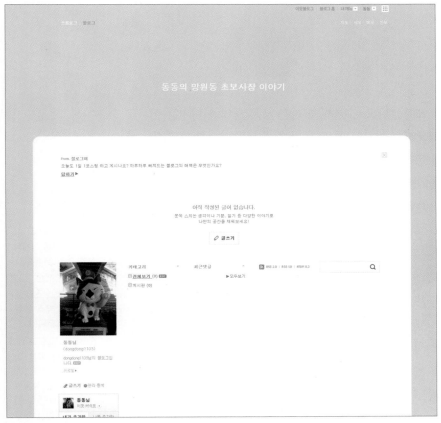

[블로그 쉽게 만들기]가 완료된 화면입니다. 바로 글을 올릴 수 있도록 깔끔하게 완성됐습니다.

## 하면 된다! } 나만의 개성이 담긴 블로그 스킨 만들기

자신의 개성이 담긴 스킨을 갖고 싶다면 [레이아웃 설정]과 [세부 디자인 설정]을 통해 좀 더 멋지게 꾸밀 수 있어요. 우선 [관리 → 꾸미기 설정 → 스킨 선택]에서 마음에 드는 스킨을 골라 보세요.

메뉴 영역과 글 영역을 2단 또는 1단으로 할지, 타이틀 제목 영역 이미지는 어떻게 꾸밀지, 프로필과 카테고리는 어느 곳에 둘지 등을 꼼꼼히 살펴본 후 가장 마음에 드는 스킨을 고르면 됩니다. 이렇게 선택한 후 [세부 디자인 변경]을 눌러 이동합니다. [세부 디자인 변경]으로 들어가면 누구나 편하게 블로그를 꾸밀 수 있도록 리모콘 기능이 저절로 활성화됩니다.

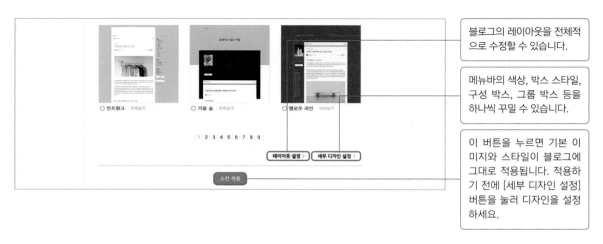

블로그의 레이아웃을 전체적으로 수정할 수 있습니다.

메뉴바의 색상, 박스 스타일, 구성 박스, 그룹 박스 등을 하나씩 꾸밀 수 있습니다.

이 버튼을 누르면 기본 이미지와 스타일이 블로그에 그대로 적용됩니다. 적용하기 전에 [세부 디자인 설정] 버튼을 눌러 디자인을 설정하세요.

네이버 블로그는 리모콘 기능으로 모든 블로그 요소를 쉽게 꾸밀 수 있습니다. 리모콘을 구성하는 각각의 메뉴를 누르면 오른쪽 박스에 세부적으로 설정할 수 있는 기능이 펼쳐집니다. 매우 세부적인 부분까지 꾸밀 수 있으므로 자신의 개성을 마음껏 표출할 수 있어요. 다음 리모콘 메뉴 설명을 참고해 스킨을 만들어 보세요.

① [스킨배경] : 블로그 바탕화면을 꾸밀 수 있습니다. 2

② [타이틀] : 타이틀과 이미지를 꾸밀 수 있습니다. 3

③ [네이버 메뉴] : 타이틀 영역에 있는 [이웃 블로그], [블로그홈], [내메뉴] 등과 같은 메뉴 스타일을 정할 수 있습니다. 4

④ [블로그 메뉴] : 프롤로그, 블로그라고 써진 타이틀 아래의 영역을 꾸밀 수 있습니다.

⑤ [전체 박스] : 블로그 영역 전체를 감싸는 박스 디자인과 배경을 꾸밀 수 있습니다.

⑥ [구성 박스] : 카테고리, 최근 댓글, 다녀간 블로거, 태그 등 블로그 메뉴 영역에 있는 메뉴의 서식을 꾸밀 수 있습니다.

⑦ [그룹 박스] : 프로필과 블로그 메뉴 영역의 서식을 꾸밀 수 있습니다.

⑧ [글·댓글 스타일] : 글의 제목 크기와 제목 색상, 포스트 내용 글자의 색상, 강조할 때 사용하는 색상, 댓글 스타일을 정할 수 있습니다. 댓글에 프로필을 사용할 것인지, 퍼스나콘(캐릭터)을 사용할 것인지, 간단하게 이름만 들어가도록 할 것인지를 정할 수 있습니다.

⑨ [프로필] : 프로필 사진, 자기소개 등 프로필 영역의 박스를 꾸밀 수 있습니다. 프로필 사진을 표시할 것인지, 사진을 뺄 것인지를 선택할 수 있고, 프로필 글자의 색상을 지정할 수도 있습니다.

⑩ [RSS/블로그 로고] : 사이드바의 아래쪽에 있는 RSS나 네이버 로고의 스타일을 정할 수 있습니다.

⑪ [스킨 변경] : 메뉴를 누르면 [스킨 변경] 화면으로 이동합니다.

⑫ [레이아웃 변경] : 메뉴를 누르면 [레이아웃 변경] 화면으로 이동합니다.

**알아 두면 좋아요**

**내가 만든 스킨 저장하기**

자신이 직접 꾸민 스킨은 반드시 [내가 만든 스킨]에 저장해 두세요. 저장할 때 스킨을 만든 날짜와 스타일 주제를 정리해 놓으면 내 스킨의 히스토리를 알 수 있고, 테마에 따라 다시 원상 복구시키거나 이슈별 스타일로 바꿀 수 있어요.

세부 디자인 설정을 마친 후 리모콘 상자의 아래에 있는 [적용]을 누르면 '현재 디자인을 적용하시겠습니까?' 라는 창이 나타납니다. [내가 만든 스킨에 저장합니다]에 체크 표시를 한 후 스킨 이름을 입력하고 [적용]을 누르면 스킨이 적용됩니다. 저장된 스킨은 [꾸미기 설정 → 스킨 → 내 스킨 관리 → 내가 만든 스킨]에서 확인할 수 있어요.

# 03-3

# 나를 알리는 기본 정보 입력하기

블로그를 개설한 후 가장 먼저 해야 할 일은 기본 정보 작성입니다. 기본 정보가 제대로 작성돼 있어야 블로그 글 또한 잘 검색되기 때문이지요. 특히 제목, 별명, 소개글은 블로그를 방문한 사람들이 이 블로그의 주인이 누구인지, 어떤 성격의 블로그인지 쉽게 알 수 있도록 꼼꼼히 적어야 합니다.

소상공인이라면 이메일이나 홈페이지, 운영하는 SNS 채널을 블로그 소개글에 적어 넣는 것도 온라인 공간에서 자신을 홍보하는 좋은 방법입니다. 그럼, 블로그의 기본 정보를 작성해 볼까요?

## 하면 된다! } 블로그 기본 정보 작성하기

블로그 맨 위 오른쪽의 [내 메뉴 → 관리]로 들어가 [기본 정보 관리 → 블로그 정보]에서 작성할 수 있습니다. 프로필 자기소개 영역에서 [EDIT]를 눌러도 됩니다.

블로그 정보를 다음 순서대로 하나씩 등록해 보겠습니다.

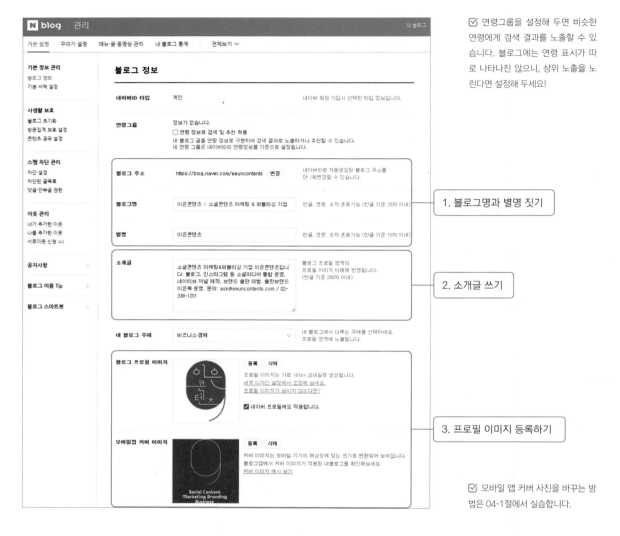

☑ 연령그룹을 설정해 두면 비슷한 연령에게 검색 결과를 노출할 수 있습니다. 블로그에는 연령 표시가 따로 나타나진 않으니, 상위 노출을 노린다면 설정해 두세요!

☑ 모바일 앱 커버 사진을 바꾸는 방법은 04-1절에서 실습합니다.

## 1. 블로그명과 별명 짓기

블로그를 처음 개설하면 블로그명은 '○○○(아이디) 님의 블로그'로 설정돼 있습니다. 블로그명은 25자 이내로 한글, 영문, 숫자를 섞어 만들 수 있습니다.
별명은 프로필의 아래쪽에 들어가는 이름입니다. 이왕이면 자신을 잘 소개할 수 있는 별명을 지어 보세요. 육아 블로그의 경우 '○○맘'이라는 별명을 많이 사용하는데, 별명에서 '엄마'라는 정체성이 자연스럽게 드러납니다. 브랜드의 경우 브랜드명이 곧 별명이 될 수도 있으며, 브랜드나 블로그의 운영 목적에 맞는 친근한 별명을 따로 지을 수도 있습니다.

☑ 블로그명을 짓는 요령은 02-3절을 참고하세요.

경기도교육청의 별명　　　　육아 블로거의 별명　　　　이지스에듀(초·중등 학습 브랜드)의 별명

이지스에듀의 별명은 '이지스쌤'입니다. 별명만 봐도 이미지에듀 블로그가 다양한 교육 관련 이야기를 하고 있음을 알 수 있습니다.

하지만 기업 블로그의 경우 별명을 꼭 의인화해 붙일 필요는 없습니다. 사람이 이야기하는 것처럼 별명을 붙이면 친근함은 더할 수 있지만, 자칫 가볍게 느껴져 블로그 정보에 대한 신뢰를 떨어뜨릴 수 있습니다. 별명을 지을 때는 블로그의 목표 고객이 누구인지 생각해 보세요.

> ☑ 이지스에듀 블로그의 경우 '이지스쌤'이라는 별명으로 '선생님'이라는 이미지가 주는 신뢰성을 가져왔습니다. 이런 별명은 블로그의 성격을 잘 나타냅니다. 요즘 일반인의 블로그는 '~로그' 형식으로 붙이기도 합니다.

 **알아 두면 좋아요**

**브랜드를 연상할 수 있는 아이디를 사용하는 것이 좋아요!**
프로필의 별명 아래에 괄호가 붙어 있을 텐데, 그 안에 적힌 것은 네이버 아이디입니다. 네이버 아이디는 그 자체가 블로그의 주소가 되므로 처음부터 브랜드를 연상시킬 수 있는 아이디로 만드는 것이 좋습니다.
네이버에서는 한 사람이 3개의 아이디를 만들 수 있으므로 개인 아이디와 기업 아이디를 구분해 쓰고 싶다면 회원 가입을 새로 하면 됩니다. 이와 더불어 모바일 블로그 앱을 사용한다면 여러 아이디를 간편 로그인 아이디로 등록할 수 있어서 아이디별로 쉽게 관리할 수 있습니다.

## 2. 소개글 쓰기

소개글은 블로그 성격을 보여 주는 내용으로 정리하되, 200자 이내로 간략하게 적습니다. 블로그의 운영 주제, 블로그에서 다룰 내용 또는 블로그 방문자에 대한 인사 문구를 적으면 됩니다.

기업의 경우, 문의용 이메일 주소나 전화번호를 적어 방문자들이 빠르게 연락할 수 있도록 하는 것이 좋습니다. 네이버 블로그에서 가장 눈에 잘 띄는 곳이 프로

> ☑ 소개글의 아래쪽에 [프로필 ▶] 링크가 있습니다. 이 링크는 자신의 프로필을 상세히 적어 소개하는 곳입니다.

필 영역이라는 것을 안다면 하나의 정보라도 소홀히 할 수는 없겠지요.

다음은 소개글의 작성 예입니다. '감성형 소개글'과 '정보형 소개글'이 있습니다.

**독장미 (rose91103)**

소셜콘텐츠 퍼블리싱 회사 이은 콘텐츠운영, 블로그, 페이스북, 이북 등 통합 콘텐츠 기획 및 컨설팅. 네이버 블로그는 개인 이야기가 많습니다. 회사 사이트 : www.eeunconte nts.com 공식블로그 : docja ngmi.com 페이스북 : ww wfb.com/hwangyunjung 문의 메일 : docjangmi@gmai l.com EDIT

프로필 ▸
✎ 포스트쓰기 ✿ 관리·통계

프로필의 소개글 영역

☑ 네이버 블로그 앱에서 소개글은 위쪽에 배치돼 있습니다. 그만큼 소개글은 기업과 제품을 홍보하기 좋은 영역입니다. 블로그 소개뿐 아니라 문의 연락처도 함께 넣는 것이 좋습니다.

| | |
|---|---|
| **감성형 소개글** | 글과 여행을 사랑하는 노무사입니다. 박노무사 블로그에서는 우리가 살아가는 사회 속 사람들의 관계를 이야기하고, 제가 좋아하는 여행 관련 이야기도 종종 올려 보려고 합니다. |
| **정보형 소개글** | 노무법인 유앤 노무사. 기업 및 근로자의 인사, 노무 관련 정보 제공. 쪽지나 댓글로 상담 문의 가능. 문의 전화 : 010-1234-5678 |

소개글 작성의 2가지 유형

## 3. 프로필 이미지 등록하기

프로필은 블로그 주인을 잘 표현할 수 있는 이미지를 사용해야 합니다. 개인이 운영하는 블로그의 경우, 자신의 얼굴이 신뢰를 증명하는 수단이므로 인물 사진을 올리는 것이 원칙입니다. 이때 딱딱한 느낌의 명함 사진보다는 미소 짓는 사진이 친근감을 주겠지요. 방문자의 입장에서 이런 사진을 보면 마치 자신을 쳐다보며 웃는 것처럼 느껴져 함께 대화하고 싶은 마음이 들 것입니다. 만약 기업 블로그라면 프로필 이미지로 기업의 로고나 대표 제품 사진을 사용하는 것도 좋은 방법입니다.

☑ 블로그에 프로필 사진이 보이지 않을 때는 블로그 위쪽의 [내 메뉴 → 세부 디자인 설정]으로 들어간 후 [프로필]에서 [프로필 이미지 표시]에 체크하면 됩니다.

**블로그 프로필 이미지**          등록  삭제

프로필 이미지는 가로 161px 섬네일로 생성됩니다.
세부 디자인 설정에서 조정해 보세요.
프로필 이미지가 보이지 않는다면?

☑ 네이버 프로필에도 적용합니다.

프로필 사진을 등록한 모습

블로그 기본 스킨에서 프로필 이미지를 등록하면 크기가 가로세로 161픽셀(px)에 자동으로 맞춰집니다. 그러므로 사진은 최대한 정사각형으로 만들어 올리는 것이 좋습니다. 그렇지 않으면 블로그 스킨에 따라 축소/확대돼 보일 수 있고, 직사각형의 기업 로고는 일부가 잘릴 수 있으니 주의하세요. 또한 프로필 이미지를 등록하면 PC와 모바일 앱에 동시 반영됩니다.

단, 모바일 앱의 프로필은 원형이라는 점을 고려해야 합니다. 로고나 얼굴이 잘리지 않게 프로필을 만드는 것이 좋습니다.

 **알아 두면 좋아요**

**프로필 이미지가 너무 크다면? 이미지 다운사이징!**

블로그 프로필로 사용하고 싶은 이미지가 있는데 이미지 크기가 너무 크다면 크기를 줄여야 합니다. 네이버 블로그는 프로필 이미지의 크기를 가로 161px로 제한하고 있기 때문이죠. 이처럼 이미지 크기를 줄이는 작업을 이미지 다운사이징이라고 합니다. 이는 그림판을 이용하면 간단하게 진행할 수 있습니다.

이미지를 줄이기 위해서는, 그림판에서 이미지를 불러온 후 단축키 Ctrl + W를 누르거나 [크기 조정 및 기울이기]를 누릅니다. [크기 조정 및 기울이기] 창에서 [픽셀]을 누르고 가로, 세로에 161을 입력한 후 [확인]을 누르고 [저장]하면 됩니다.

윈도우 11의 그림판

윈도우 10의 그림판

☑ 블로그 프로필에 넣을 이미지는 정사각형의 이미지를 사용하는 것이 좋습니다.

## 4. 댓글 이미지 등록하기

블로그를 만들면 프로필 이미지가 댓글 이미지로 바로 설정됩니다. 이때 색다른 이미지를 등록하고 싶다면 댓글 이미지 설정을 변경해 보세요. 귀여운 이모티콘 스타일의 퍼스나콘으로 정할 수도 있고, 심플형으로 댓글 이미지를 없앨 수도 있습니다.

댓글 이미지는 블로그 위쪽의 [내 메뉴 → 세부 디자인 설정]으로 들어간 후 [글·댓글 스타일]의 가장 아래쪽에 있는 [댓글 스타일]에서 바꿀 수 있습니다.

☑ 프로필 스타일 댓글 사진은 [관리 → 기본 설정 → 블로그 정보]로 들어가면 나타나는 [프로필형 댓글 사진]에서도 지정할 수 있습니다.

프로필, 퍼스나콘, 심플 스타일의 특징은 다음과 같습니다.

**퍼스나콘 스타일**은 별명 앞에 퍼스나콘이 댓글 이미지로 들어갑니다. 귀엽고 앙증맞은 캐릭터로 방문자에게 좀 더 친근하게 다가갈 수 있습니다. **프로필 스타일**은 블로그의 프로필 이미지가 댓글 이미지로 함께 사용됩니다. 신뢰감을 주거나 통일된 이미지를 전달하고 싶을 때 사용하면 좋습니다. 개인 블로그라면 친근감을 주는 퍼스나콘 스타일의 댓글 프로필을 설정하는 것이 좋고, 기업 블로그라면 기업이나 브랜드 로고를 자연스럽게 노출할 수 있는 프로필 스타일 이미지를 사용하는 것이 좋습니다. **심플 스타일**은 댓글을 쓸 때 블로그 별명만 나타나고, 프로필 이미지나 퍼스나콘은 보이지 않습니다.

퍼스나콘 스타일 댓글

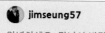

프로필 스타일 댓글

심플 스타일 댓글

알아 두면 좋아요

## 네이버의 무료 퍼스나콘 이미지 사용하기

무료 퍼스나콘은 아이템 팩토리에서 마음에 드는 퍼스나콘을 골라 저장한 후에 설정해야 합니다. 퍼스나콘형 댓글은 블로그 위쪽의 [내 메뉴 → 관리]로 들어가 [꾸미기 설정 → 아이템 설정 → 퍼스나콘]에서 설정할 수 있습니다. [무료 퍼스나콘 전체 보기]를 눌러 퍼스나콘을 다운로드한 후에 활용해 보세요.

퍼스나콘을 저장하지 않았다면 퍼스나콘 보관함이 아무것도 없는 상태로 보입니다.

# 03-4

# 눈길을 끄는 타이틀 만들기

타이틀 이미지는 블로그의 정체성을 가장 잘 드러내 줍니다. 그렇기 때문에 블로그 주제나 블로그명과 어울리게 꾸며야 합니다.

예를 들어 작은 빵집을 운영한다면, 타이틀에는 맛있는 빵이 가득한 가게 내부 사진을 올리는 게 좋고 펜션을 운영한다면 펜션 건물과 함께 아름다운 경치가 돋보이는 전경이나 인테리어가 잘된 내부 사진을 올리는 게 좋겠지요. 농산물 직거래 매장이라면, 매장 사진이나 밭에 심은 농산물을 이미지로 사용하는 것이 매장에 대한 신뢰도를 높일 수 있을 것입니다.

이렇게 타이틀에는 자신을 가장 잘 표현하면서도 블로그의 성격을 한눈에 알 수 있는 이미지를 올립니다.

### 블로그 타이틀, 어떤 스타일이 있을까?

블로그 타이틀은 다양한 스타일로 꾸밀 수 있는데요. 크게 보면 깔끔하게 주제 이미지만 올리는 이미지형 타이틀, 제품이나 블로그 운영자를 강조한 브랜드 홍보형 타이틀로 나눌 수 있습니다.

이미지형 타이틀은 자신의 공간이나 제품 이미지를 타이틀로 사용합니다. 사진을 찍어 올리기도 하고, 일러스트 이미지를 올리기도 하죠. 블로그 아이템 팩토리에서 찾아보는 스킨들도 타이틀이 이미지형인 경우가 많습니다. 이미지 타이틀에는 [리모콘] 기능을 통해 블로그 제목을 넣거나 뺄 수 있습니다.

제주도 골드호텔의 공식 블로그 타이틀은 호텔 내부에서 본 제주의 풍경입니다. 이 사진만으로도 멋진 호텔이란 인상을 바로 받을 수 있습니다.

세종학당재단의 공식 블로그 타이틀은 우리나라 고궁에서 사진을 찍은 외국인들입니다. 이 사진만으로도 세종학당재단이 외국인들에게 한국과 한국어를 알리는 기관이라는 것을 바로 알 수 있지요.

제품이나 블로그 운영자를 강조한 브랜드 홍보형 타이틀은 기업 블로그, 브랜드 블로그, 공공 기관 블로그에서 많이 사용합니다.

만약 기업 블로그라면 기업의 브랜드 색상을 기본색으로 해서 꾸미는 게 효과적입니다. 그리고 기업을 대표하는 CI, BI뿐 아니라 업종을 한눈에 시각화해 보여 줄 수 있는 이미지를 넣는 것이 좋습니다.

브랜드의 슬로건이 들어가 메시지가 더 돋보이는 이지스에듀 타이틀 이미지입니다.

소상공인이나 중소기업의 경우, 타이틀을 꾸미면서 회사 홈페이지나 문의 전화를 함께 넣기도 합니다. 다만 전화번호, 상품 정보 등 홍보 요소를 타이틀에 넣을 때는 전체 타이틀 이미지와 자연스럽게 어울리도록 넣는 것이 좋습니다.

홍보 문구만 너무 드러날 경우, 블로그의 전문성보다는 홍보성이 더 강조돼 일회성 방문자들만 늘어날 수 있습니다. 사람들이 오랫동안 꾸준히 들어오는 블로그를 만들기 위해서는 내 블로그를 즐겨찾기해 두고 정보를 지속적으로 얻어가는 방문자들이 많아져야 합니다. 그런데 이처럼 대놓고 광고하는 블로그에는 다시 찾아오고 싶지 않겠지요.

간혹 타이틀 이미지와 기본 구성을 전문 업체에 맡기는 블로거들이 있습니다. 세련된 이미지로 꾸미고 싶기 때문인데요. 네이버 블로그에서 제공하는 기능만 잘 활용해도 얼마든지 멋진 타이틀을 만들 수 있습니다.

## 블로그 타이틀을 직접 꾸미는 3가지 방법

블로그 타이틀을 직접 꾸미는 방법은 리모콘에서 디자인을 선택해 꾸미기, 직접 글감 사진을 검색해 꾸미기, 직접 디자인한 이미지로 꾸미기가 있습니다. 세 가지 방법 모두 [리모콘]을 이용해 꾸며 줄 수 있습니다. [관리 → 꾸미기 설정 → 디자인 설정 → 타이틀 꾸미기]로 들어가면 타이틀을 꾸며 주는 리모콘이 바로 실행됩니다.

리모콘을 사용하는 법만 알면 블로그의 모든 요소를 자신만의 스타일로 꾸밀 수 있습니다. 타이틀 이미지를 편집하는 [타이틀] 메뉴는 다음과 같이 3가지 기능을 지원합니다.

① 블로그 제목의 표시 여부와 글꼴, 크기, 색상, 위치를 지정할 수 있습니다.

② 블로그 제목 영역의 높이를 지정할 수 있습니다. 높이는 600픽셀까지 가능합니다.

③ 타이틀의 디자인과 색상을 바꾸거나 직접 제작한 타이틀 이미지를 삽입할 수 있습니다.

## 하면 된다! } 리모콘에서 제공하는 디자인으로 타이틀 꾸미기

**1.** [리모콘 → 타이틀]로 들어가 하단의 [디자인 → 스타일]에서 이미지를 클릭하면 타이틀 부분에 이미지가 바로 적용됩니다. 다른 이미지들도 적용해보면 이미지에 따라 높이가 자동으로 바뀌는 것을 확인할 수 있습니다. 가장 마음에 드는 이미지를 하나 선택하세요.

이미지를 고를 때는 내 블로그의 주제와 제목에 잘 어울리는지 확인해야 합니다.

**2.** 타이틀을 변경한 후에는 블로그 제목이 잘 보이는지 확인하세요. 제목이 이미지보다 작을 때는 [블로그 제목]에서 글자의 크기를 키우고, 이미지가 복잡해 제목이 잘 드러나지 않을 때는 색상과 위치를 조정해 잘 보이게 만드세요. 블로그의 제목 글꼴도 블로그 성격에 맞춰 바꿔 주세요.

세로 크기는 영역 높이를 통해 조절할 수 있습니다. 세로를 300픽셀에서 250픽셀로 줄이고 제목의 위치를 조정한 타이틀.

## 하면 된다! } 무료 이미지를 검색해 타이틀 꾸미기

1. [리모콘 → 타이틀]로 들어가 하단의 [디자인 → 직접등록]을 클릭합니다. 하단의 [무료 이미지]를 클릭한 후 원하는 종류의 이미지를 검색합니다. 자신의 블로그 주제에 맞는 검색어를 넣어 보세요.

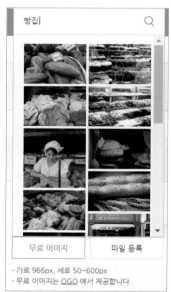

2. 검색된 이미지 중에서 블로그 타이틀로 적당한 이미지를 골라 클릭하면 블로그 이미지가 적용됩니다.

3. 마지막으로 [영역 높이]를 정한 후 블로그 제목의 컬러와 위치를 알맞게 조정하면 됩니다.

## 하면 된다! } 직접 디자인한 이미지로 타이틀 꾸미기

기업 블로그나 쇼핑몰, 병원 등의 블로그는 타이틀 이미지를 직접 디자인해 브랜드의 정체성을 살려 줍니다. 타이틀 이미지를 직접 등록하면 제품이나 상품의 이미지를 노출할 수 있고, 제목의 글꼴도 기업의 정체성에 맞춰 자유롭게 사용할 수 있기 때문입니다. 로고나 캐릭터를 활용해 타이틀 이미지를 만들 수도 있지요.

☑ 서체를 사용할 때는 저작권에 위배되지 않는 무료 서체를 사용해야 합니다. 개인용으로는 무료인 서체가 기업용이나 브랜드가 사용했을 때는 저작권에 위배될 수 있으니 사용 전에 반드시 꼼꼼히 체크하세요.

제품이 잘 드러나는 타이틀 이미지

기업 로고를 넣어 깔끔하게 표현한 타이틀 이미지

원장 사진으로 신뢰도를 높인 타이틀 이미지

1. 직접 만든 블로그 타이틀 이미지는 [타이틀 → 직접등록 → 파일등록]을 통해 등록할 수 있습니다. 타이틀을 제작할 때는 가로, 세로 크기를 맞춰 줘야 하는데, 가로는 966픽셀, 세로는 50~600픽셀 사이에서 이미지를 자유롭게 제작하면 됩니다.

2. 타이틀 이미지에 이미 블로그명을 넣었다면 네이버 블로그의 타이틀은 숨기는 것이 좋습니다. [타이틀 → 블로그 제목] 옆에 있는 [표시]를 체크 해제하면 타이틀에서 블로그명이 없어집니다.

# 03-5

# 레이아웃·위젯으로 보기 좋게 꾸미기

스킨을 적용했으면 이제 레이아웃을 정리해 보겠습니다. [레이아웃·위젯 설정] 기능을 사용하면 블로그 메뉴 영역에 들어갈 메뉴를 정할 수 있고, 타이틀을 위쪽 또는 아래쪽에 배치하거나 레이아웃을 1단부터 3단까지 원하는 형태로 구성할 수 있습니다. 또 원하는 위젯을 추가해 노출 위치도 조정할 수 있습니다.

> ☑ [레이아웃 ·위젯 설정] 기능을 통해 요즘 유행하는 홈페이지형 블로그 메인을 만들 때 필요한 위젯을 넣어 줄 수도 있습니다.

## 레이아웃 화면 살펴보기

### 레이아웃 선택 메뉴

먼저 [관리]를 누른 후 [꾸미기 설정 → 디자인 설정 → 레이아웃·위젯 설정] 화면으로 들어갑니다.

레이아웃은 화면의 위쪽에서 선택할 수 있습니다. 왼쪽부터 2단, 3단, 1단 레이아웃이 총 12개 있습니다. 이전에는 사이드바가 오른쪽이나 왼쪽에 자리잡은 2단 구성이 사람들에게 익숙했지만, 모바일 사용자가 늘어나면서 블로그 메뉴가 하단에 있는 1단 구성이 늘어나고 있습니다. 홈페이지형 블로그를 구성하는 사람들이 늘어나면서 타이틀이 강조되고, 블로그 글이 바로 보이는 1단 구성이 인기를 끌자, 네이버에서도 이제 1단 레이아웃을 기본으로 보여 주고 있습니다. 이에 맞춰 1단 레이아웃을 적용하는 방법을 소개하겠습니다.

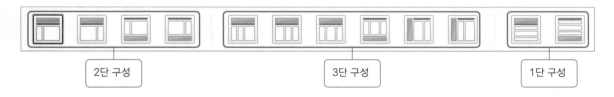

2단 구성    3단 구성    1단 구성

### 세부 설정 메뉴

레이아웃을 선택한 후에는 메뉴의 사용 여부, 위치 등을 상세히 설정해야 합니다. 레이아웃·위젯 설정은 왼쪽의 '레이아웃 화면 영역'과 오른쪽의 '설정 영역'으로 나뉘어 있습니다.

'레이아웃 화면 영역'을 살펴보면 하단에 [프로필 영역], [카테고리], [최근댓글], [검색], [이웃커넥트] 등의 사이드바 위젯이 위치하고 있는 것을 알 수 있습니다.

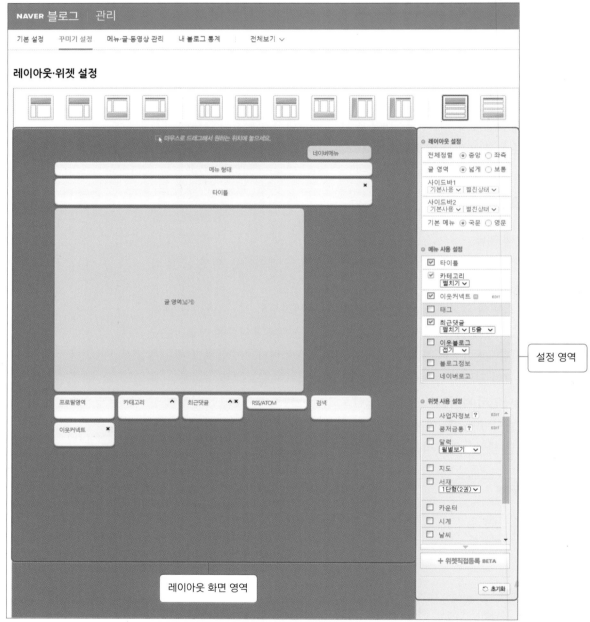

1단 레이아웃의 위젯은 [글 영역] 하단이나, [타이틀] 하단에 추가할 수 있습니다.

## 1단 레이아웃과 2단 레이아웃의 차이점

지금은 1단 레이아웃이 기본이 되었지만, 예전에는 사이드바가 왼쪽에 들어가는 2단 레이아웃이 주로 쓰였습니다. 아직도 많은 분이 2단 레이아웃이 익숙할 거예요.

1단 레이아웃은 사이드바가 하단에 위치하고 있고 공간을 넓게 사용할 수 있다는 장점이 있어요. 글영역이 먼저 나오고 프로필이나 카테고리는 하단에 위치해서 블로그 포스트를 편하게 읽을 수 있어요. 또한 요즘은 모바일에서 블로그 글을 읽는 경우가 많기에, 1단 레이아웃을 추천합니다.

1단 레이아웃을 꾸밀 때는 본문 영역 하단의 위젯 영역을 잘 정리해야합니다. 불필요한 위젯은 숨기고 필요한 위젯만 남기세요. 특히 [카테고리], [카운터], [이웃커넥트] 등의 위젯은 남기는 걸 추천합니다.

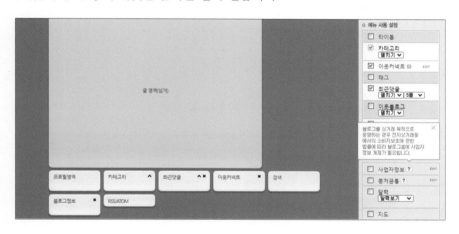

2단 레이아웃은 타이틀 하단에서 바로 프로필과 카테고리를 살펴볼 수 있다는 것이 큰 장점이에요. 사이드바 영역과 본문 영역으로 나뉘며, 사이드바는 오른쪽이나 왼쪽에 위치해요. 주로 블로그에 방문하는 사람이 모바일보다는 PC로 접속한다면, 2단 레이아웃으로의 구성을 고민해 보세요.

2단 레이아웃에서는 사이드바의 메뉴를 중요도에 따라 정리해야 합니다. 주로 [프로필], [카테고리], [최근댓글] [이웃커넥트] [방문자] 순으로 배치하는 걸 추천합니다.

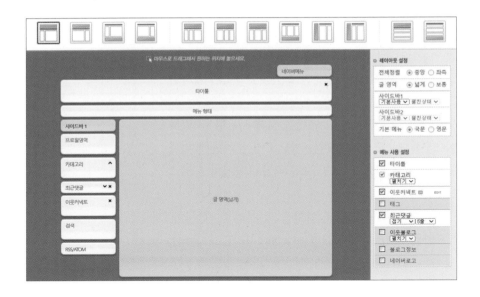

## 하면 된다! } 1단 레이아웃 설정하기

### 1. 위젯 사용 설정하기

레이아웃의 위젯을 다음과 같이 배치해 보세요. 특히, [카운터] 위젯을 꼭 추가 해 주세요. 블로그의 신뢰도를 높이는 데 도움을 줍니다.

☑ [카운터] 위젯은 블로그 방문자 수를 보여 주는 위젯입니다.

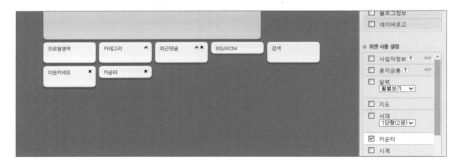

### 2. 위젯 위치 정리하기

레이아웃 화면 영역의 하단 사이드바를 보면 지금까지 선택한 메뉴와 위젯을 확인할 수 있습니다. 박스 형태로 된 각 메뉴와 위젯을 드래그하면서 위치를 자 유롭게 바꿔 보세요. 작업이 모두 끝나면 [적용]을 누릅니다.

## 3. 적용한 블로그 확인하기

실제 적용된 모습을 확인해 보세요. 1단 레이아웃의 사이드바는 하단에 위치하고 있기 때문에 상하 2단으로 배치할 수 있는데요. 상단의 위젯이 길면 그만큼의 공간이 떨어진 후 하단의 위젯이 들어가기 때문에 길이가 긴 위젯과 길이가 짧은 위젯을 적절하게 배치하는 것이 보기에 좋습니다.

## 하면 된다! } 2단 레이아웃 설정하기

예전에는 사이드바가 왼쪽에 들어가는 2단 레이아웃이 주로 쓰였습니다. 아직도 많은 분이 2단 레이아웃이 익숙할 거예요. 블로그에 접속하면 타이틀 아래에서 바로 프로필과 카테고리를 살펴볼 수 있다는 것이 2단 레이아웃의 장점이죠.

1. [관리 → 꾸미기 설정 → 디자인 설정 → 레이아웃·위젯 설정] 화면으로 들어가 상단의 구성 아이콘 중 가장 왼쪽의 2단 레이아웃을 선택합니다. 레이아웃을 바꾼 후에는 [적용]을 누릅니다.

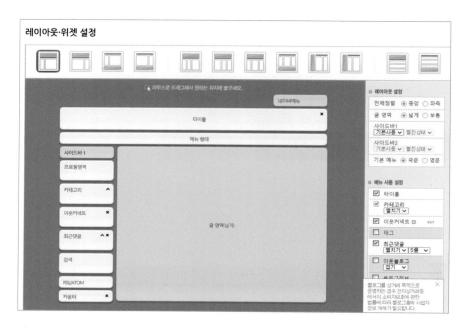

2. 사이드바의 메뉴를 중요도에 따라 위치를 정리해 놓습니다. [프로필], [카테고리], [최근댓글] [이웃커넥트] 순으로 배치하면 됩니다. 매일의 방문자를 보여주는 [카운터]는 가장 하단에 넣어 줍니다.

| TODAY | 0 |
| TOTAL | 0 |

방문자를 보여 주는 카운터

## 블로그를 홈페이지처럼 꾸며 주는 위젯 만들기

공식 블로그나 기업 블로그를 살펴보면 상단의 화면이 홈페이지처럼 꾸며져 있는 것을 종종 볼 수 있습니다. 여러 배너가 붙어 있어 클릭하면 다양한 페이지로 넘어가게 되지요. 이와 같은 블로그를 '홈페이지형 블로그'라고 합니다.

소상공인, 1인 기업 등 홈페이지를 따로 만들기 어려운 사람이라면 블로그를 홈페이지처럼 만들어 운영하면 됩니다. 타이틀의 하단에 직접 만든 배너 위젯을 등록하면 멋진 배너가 달린 홈페이지형 블로그를 만들 수 있습니다.

## 하면 된다! } 배너형 위젯 만들고 배치하기

네이버 위젯을 만들기 위해서는 우선 이미지 주소와 이미지를 누르면 이동할 페이지 주소가 필요합니다. 위젯은 HTML 코드를 사용해야 하므로 스마트에디터에서 만들려면 이미지 주소와 이동할 페이지 주소가 들어간 위젯 코드를 만들어서 입력해야 합니다.

☑ 네이버가 이전 에디터 서비스를 종료하면서, 앞으로는 스마트에디터를 활용한 코드만 가능합니다.

1. 블로그 글쓰기로 들어가 위젯 이미지를 올려줍니다. 이때 이미지명은 정확하게 입력합니다. 위젯1, 위젯2와 같은 방법으로 만들어주는 것이 좋습니다. 이미지의 가로 사이즈는 170px, 세로 사이즈는 600px이 넘어서는 안됩니다. 이미지를 업로드 한 후에는 비공개 발행을 해줍니다.

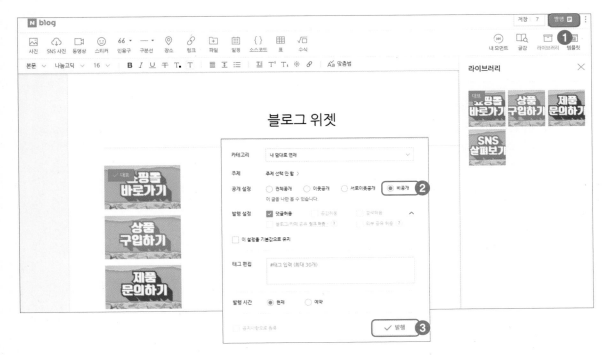

2. 블로그에 업로드한 이미지는 각각의 이미지 주소를 복사합니다. 각각의 이미지에 마우스 오른쪽 버튼을 누른 후 [이미지 주소 복사]를 하면 해당 이미지의 주소가 복사됩니다. 복사한 주소는 모두 워드나 메모장에 옮겨 두고 각 위젯이 이동할 링크도 따로 모아 둡니다.

〈이미지 주소 예시〉
https://postfiles.pstatic.net/MjAyMjA2MTRfMjUz/MDAxNjU1MTY1MDg1MzUy.
wR2IzzOyDT9g8Mw4-bBPalhWHe_7Vnlv7e_HrjyIqhog.EFT_kkCZQKVAc0GU
Qley4Zz_1oZ-gVJIBusJ8LcF7UAg.PNG.eeuncontents/%EC%9C%84%EC%A0%AF1.
png?type=w966

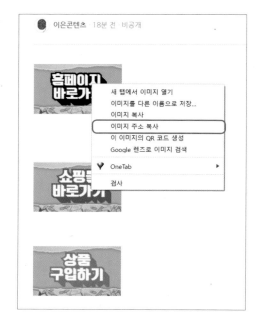

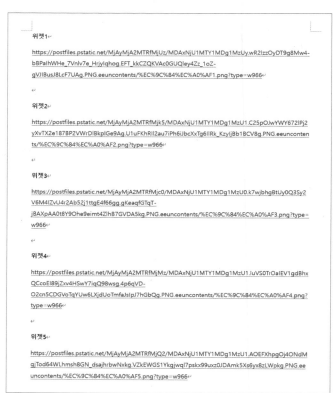

워드에 이미지 주소를 옮긴 화면

3. 이제 위젯에 들어갈 HTML 코드를 작성하겠습니다. 위젯의 HTML 코드는 다음과 같습니다. 앞쪽의 〈 〉는 이동할 페이지 링크를 넣는 곳이고, 뒤쪽의 〈 〉는 위젯에 보여질 이미지 링크를 넣는 곳입니다. 아래를 참고하여 위젯 HTML 주소를 만들어 보세요.

```
<a href="이동할페이지링크url" target="_blank"><img src="위젯이미지url" border="0"
width="170" height=" " /></a>
```

- **〈a〉〈/a〉 태그** : 하이퍼링크를 걸어주는 태그입니다.
- **〈img〉 태그** : HTML에서 이미지를 삽입할 때 사용하는 태그 입니다.
- **a href** : 하나의 문서에서 다른 문서로 이동하는 명령어입니다. " "안에 이동하는 페이지의 링크주소를 넣어줍니다.
- **target 속성** : 문서를 여는 프레임을 지정하는 값입니다.
- **_blank** : 새로운 브라우저창을 열고, 그 창에 내용을 표시합니다.
- **src 속성** : 이미지 소스의 주소를 넣어, 경로를 지정해주는 값입니다.
- **border 속성** : 이미지의 테두리를 설정하는 속성입니다. 색이 있는 이미지라면 보통 0을 넣고, 테두리를 넣고 싶다면 1이나 2를 넣어줍니다. 숫자가 커질수록 테두리가 두꺼워집니다.
- **width 속성** : 이미지의 너비를 나타냅니다. 네이버 위젯은 최대 170px 이므로 가로 사이즈를 170으로 넣어주었습니다.
- **height 속성** : 이미지의 높이를 나타냅니다. 높이값을 표시하지 않을 경우, 원 이미지의 높이값이 지정됩니다.

4. 위의 예시를 활용해 만들어진 코드는 다음과 같습니다. 이 코드를 모두 복사하세요. 메모장 같은 곳에 코드를 저장해 관리하면 좀 더 편리합니다.

HTML은 따옴표가 하나만 빠져도 이미지가 보이지 않으므로, 코드를 작성하거나 복사할 때는 빠진 것이 없는지 꼭 살펴봐야 합니다.

```
<a href="https://eeuncontents.com" target="_blank"><img src="https://postfiles.
pstatic.net/MjAyMjA2MTRfMjUz/MDAxNjU1MTY1MDg1MzUy.wR2lzzOyDT9g8Mw4-
bBPalhWHe_7Vnlv7e_Hrjylqhog.EFT_kkCZQKVAc0GUQley4Zz_1oZ-
gVJIBusJ8LcF7UAg.PNG.eeuncontents/%EC%9C%84%EC%A0%AF1.
png?type=w966" border="0" width="170" height=" " /></a>
```

5. 다시 [관리 → 꾸미기 설정 → 레이아웃·위젯 설정]으로 들어가 오른쪽 메뉴 중 제일 아래에 있는 [+ 위젯직접등록 BETA]를 누르면 위젯 등록을 도와주는 팝업 창이 나타납니다. 여기에 위젯명과 앞에서 복사한 코드를 붙여넣습니다

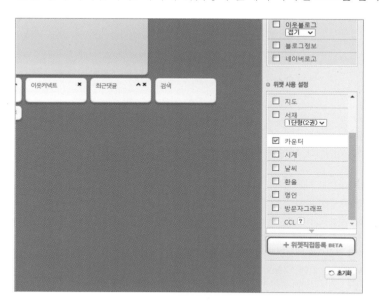

6. [위젯코드입력]에 코드를 복사해 붙여넣은 후 [다음]을 누르면 내가 만든 위젯의 형태를 확인할 수 있습니다. [미리보기]를 눌러도 위젯을 확인할 수 있습니다. 마지막으로 [등록]을 누르면 내가 만든 위젯이 등록됩니다.

☑ 타이틀 영역에 위젯을 등록할 때는 본문의 너비에 따라 위젯이 달라지는데요. 보통 너비일 때는 4개, 넓을 때는 5개의 위젯을 넣어 줍니다.

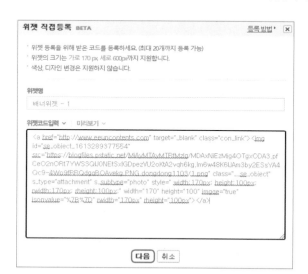

**7.** 등록된 위젯은 레이아웃의 아래쪽 배치되는데, 원하는 자리에 드래그해 올립니다. 마지막으로 [적용]을 누르면 위젯이 적용됩니다.

☑ 2단 레이아웃일 때는 위젯이 왼쪽이나 오른쪽, 1단 레이아웃일 때는 위쪽이나 아래쪽에 위치할 수 있습니다.

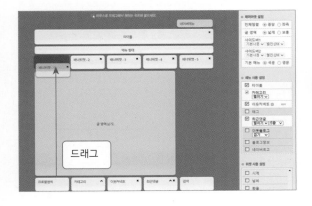

## 하면 된다! } 투명 타이틀, 투명 위젯 만들기

홈페이지형 스타일의 블로그를 만들기 위해서는 상단 이미지를 꾸미고, 링크를 걸어 주는 것이 중요합니다. 일반적인 타이틀 꾸미기 기능은 블로그 글 상자 정도의 너비(가로 966픽셀)에만 이미지가 채워지고, 그 외 부분의 스킨 배경과 잘 이어지지 않는다는 단점이 있습니다.

컴퓨터 모니터의 좌우 화면 크기에 맞춰 배경이 이어지게 하려면 블로그를 가득 채울 스킨 이미지를 만들어야 합니다. 기본적으로 가로 크기는 Full HD급 모니터 해상도가 1,920~2,560픽셀이므로 이보다 큰 크기로 만들면 이미지가 잘리지 않습니다. 일반적으로 2,500~3,000픽셀을 가로 크기로 잡습니다. 세로 크기는 타이틀 영역의 50~600픽셀과 [네이버 메뉴]가 차지하는 공간(40픽셀)까지 포함해 정하는 것이 좋습니다. 90~640픽셀 정도에서 적당한 크기를 정합니다. 여기에 상단 위젯을 투명하게 만들어 올리면 더욱 넓은 타이틀 이미지로 꾸밀 수 있습니다.

이렇게 상단 이미지가 들어갈 공간을 만들기 위해서는 타이틀과 위젯을 투명하게 꾸며 줘야 합니다.

## 1. 투명 타이틀 만들기

[리모콘 → 타이틀]로 들어가 [블로그 제목] 옆에 있는 [표시]의 체크를 해제한 후 [영역 높이]를 600픽셀(최대)로 지정합니다. 마지막으로 [디자인 → 컬러]로 들어가 왼쪽 위에 있는 투명 스타일에 체크표시를 합니다. 이를 적용하면 투명한 타이틀을 만들 수 있습니다.

## 2. 투명 위젯 만들기

투명 위젯을 만들기 위해서는 투명 위젯에 들어갈 코드를 알아 둬야 합니다. 위젯은 가로 170픽셀, 세로 600픽셀까지 제작할 수 있는데요. 이를 기준으로 크기를 정하면 됩니다. 최대 높이로 정했을 때의 코드는 다음을 참고하세요.

```
<table width="170"><tbody><tr><td width="170" height="600" /></tr></tbody></table>
```

이 코드를 [위젯 직접등록]에 '투명위젯'으로 등록해 주면 됩니다.

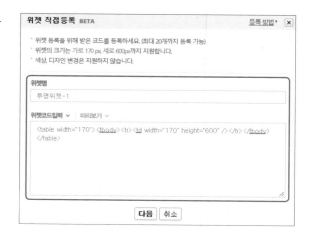

# 03-6

# 블로그 메뉴와 카테고리 쉽게 설정하기

## 조회수를 올리는 블로그 상단 메뉴 지정하기

블로그 메뉴는 [블로그], [프롤로그]와 같이 블로그에 올린 글을 보여 주는 상단 메뉴와 [지도], [서재], [메모], [안부] 등의 부가 메뉴로 구분됩니다.
보통 상단메뉴는 블로그 타이틀 밑에 자리잡고 있으며, [프롤로그]와 [블로그]가 기본으로 설정돼 있지만, 추가로 블로그에서 강조할 카테고리를 지정해 넣을 수 있습니다.

블로그를 찾은 방문자들은 맨 먼저 상단메뉴에 어떤 내용이 있는지부터 살펴봅니다. 상단메뉴를 보고 계속 머물지, 나갈지를 선택하기도 합니다. 그러므로 블로그에서 가장 중요한 정보가 모여 있는 카테고리를 이곳에 배치하세요. 그러면 방문자들을 자연스럽게 해당 글로 끌어올 수 있겠지요.
병원 블로그라면 진료 문의 카테고리, 쇼핑몰 블로그라면 상품 카테고리를 상단메뉴로 올리세요. 개인 블로그라면 운영 목적이나 목표와 밀접한 핵심 카테고리를 상단메뉴에 올리는 것이 좋습니다. 블로그를 오래 운영하다 보면 게시글도 쌓이고, 카테고리도 늘어나게 마련입니다. 이때 상단메뉴를 이용하면 특히 강조하고 싶은 카테고리를 방문자들 눈에 잘 띄게 배치할 수 있습니다.

상단 메뉴를 지정하기 위해선 관리 화면의 [메뉴·글·동영상 관리 → 메뉴 관리 → 상단메뉴 설정]으로 들어갑니다. [메뉴사용 관리]에서 어떤 메뉴를 대표로 놓고 사용할 것인지 체크 표시를 하세요.

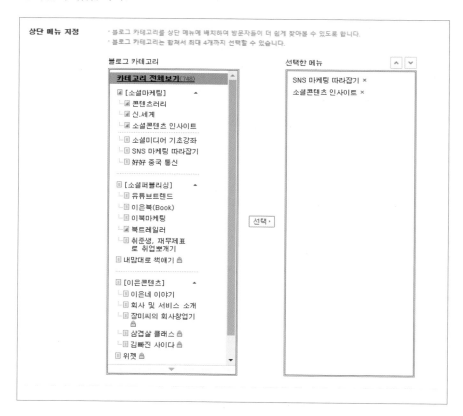

카테고리를 상단 메뉴로 지정하려면, [상단 메뉴 설정 → 상단 메뉴 지정]에서
카테고리를 클릭한 후 양쪽 박스의 가운데에 있는 [선택 ▶]을 누릅니다. 메뉴
선택은 메인 및 서브 카테고리 중 어느 것이라도 고를 수 있으며 최대 4개까지
선택할 수 있습니다.

## 블로그의 대문 종류는 2가지! ─ [블로그]와 [프롤로그]

블로그 대문은 컴퓨터로 블로그를 방문했을 때 처음 보이는 화면 구성을 말합니다. 어떤 블로그는 접속하면 블로그 글이 바로 보이고, 또 어떤 블로그는 작은 섬네일들이 다양하게 배치돼 블로그의 여러 글을 한 번에 볼 수 있습니다. 상단 메뉴 설정에서 [블로그]를 대표메뉴로 설정했을 때는 글이 바로 보이고, [프롤로그]를 대표메뉴로 설정했을 때는 섬네일이 보입니다.

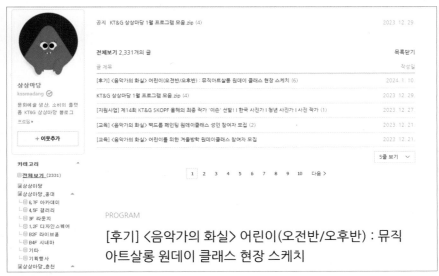

첫 화면이 [블로그]로 설정된 경우

첫 화면이 [프롤로그]로 설정된 경우

블로그 글이 많이 쌓이지 않았다면 글이 바로 보이는 [블로그]로 대표메뉴를 설정하고, 블로그를 시작한 지 1개월 정도 지나 글이 20개 이상 쌓였을 때 [프롤로그]를 설정하는 것이 좋습니다.

## 하면 된다! } 프롤로그를 대표 메뉴로 설정하고 화면 꾸미기

1. 프롤로그를 대표메뉴로 설정하려면, 관리 홈 화면에서 [메뉴·글·동영상 관리 → 메뉴 관리 → 상단메뉴 설정] 순으로 들어갑니다.

2. 프롤로그의 [사용], [대표메뉴] 순으로 두 항목 모두에 체크 표시를 한 후 오른쪽에 있는 [프롤로그 관리]를 누릅니다.

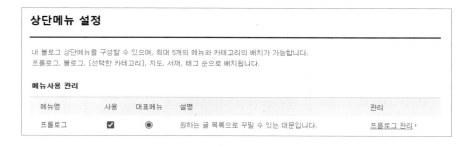

3. [프롤로그]는 글 목록을 두드러져 보이게 하는 '글 강조형'과 이미지 중심으로 노출되는 '이미지 강조형'으로 지정할 수 있습니다. 여기서는 이미지 강조형으로 설정해 보겠습니다.

[형태]는 [이미지 강조]를 선택하고, 글목록의 [사용설정] 항목에 체크 표시를 합니다. 이어서 노출수를 1~3줄 정도로 설정합니다.

4. '메인 이미지목록'과 '글목록'에 나타날 글은 자신이 원하는 카테고리로 설정할 수 있습니다. [카테고리/메뉴 선택] 옆의 [변경]을 눌러 원하는 카테고리를 선택합니다. 모든 설정이 끝났으면 [확인]을 눌러 내 블로그에 적용해 보세요.

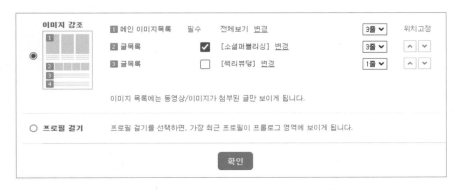

## 블로그 카테고리 쉽게 편집하기

블로그 카테고리는 자신의 관심 분야나 운영할 블로그의 목표에 맞게 정하되, 핵심 키워드가 포함된 것이 좋습니다. 카테고리는 처음부터 많이 만들어 둘 필요는 없습니다. 오히려 시작 단계에서는 핵심 주제만 있는 것이 더 좋아요. 처음에는 4~5개 정도만 만들어 운영해 보세요. 차츰 늘어나는 글과 더불어 카테고리 수도 자연스럽게 늘리면 됩니다.

화면에 노출되는 글의 개수는 글의 길이에 맞춰 페이지당 글 수를 정하는 것이 좋습니다. 만일 블로그 글 내용이 길다면 1개가 적당하지만, 내용이 짧다면 3개 정도 보이게 설정해도 무방합니다. 너무 많으면 화면이 길어져서 불편할 수 있으므로 주의하세요.

## 하면 된다! } 카테고리 추가 및 삭제하기

1. [메뉴·글·동영상 관리 → 메뉴 관리 → 블로그] 메뉴에 들어가면 블로그 카테고리를 편집할 수 있습니다.

[카테고리 추가]를 누르면 상위 카테고리가 만들어집니다. 또한 각각의 카테고리를 선택한 채 [카테고리 추가]를 누르면 지정한 카테고리 밑에 하위 카테고리가 생성됩니다.

☑ 카테고리를 드래그해 순서를 바꿀 수도 있고, 상위, 하위 카테고리로 옮길 수도 있습니다.

2. 카테고리는 각각 세부적으로 설정할 수 있습니다. 글을 많은 사람에게 보여주려면 당연히 카테고리를 공개해야 합니다. 반면, 자료 모으기 용도로 사용하는 카테고리라면 비공개로 두고 혼자서 관리하면 됩니다.

3. 카테고리의 [주제분류]는 글의 성격을 규정하고, 검색에 더 잘 노출될 수 있게 해줍니다. 블로그 상위 노출을 노린다면, 반드시 카테고리마다 주제 분류를 지정하세요.

☑ 사람들이 많이 찾는 주제는 [블로그 평균 데이터]를 확인하세요.130쪽에서 자세히 다룹니다.

4. [글 보기]는 기본적으로 [블로그형]으로 설정하지만, 만약 사진이 강조되는 카테고리라면 [앨범형]으로 지정하는 것을 추천합니다.

[앨범형] 카테고리의 경우에는 [섬네일 비율] 메뉴에서 노출되는 섬네일의 크기를 정할 수 있습니다. [정방형] 섬네일은 가로세로 1 : 1, [원본비율] 섬네일은 1 : 2의 비율로 노출됩니다.

☑ [섬네일 비율]은 [앨범형]일 때, [목록보기]는 [블로그형]일 때만 지정할 수 있습니다.

5. [블로그에서 이 카테고리를 기본으로 보여 줍니다]에 체크 표시하면, 원하는 카테고리의 글이 블로그 첫 화면에 노출됩니다. 지정한 카테고리 옆에는 [대표]라는 아이콘이 나타납니다.

☑ 만일 매일 새로운 글이 올라오는 블로그라면, 일부러 기본 카테고리를 지정해 두기보다 새글이 맨 첫 페이지에 보이도록 그대로 두는 것도 좋습니다.

> 블로그 스마트봇
> ☐ 블로그에서 이 카테고리를 기본으로 보여줍니다.
> · 드래그앤드랍으로 2단계 카테고리를 만들거나 카테고리 순서를 변경할 수 있습니다.
> · 글이 많은 카테고리는 설정이 반영되는데 시간이 소요됩니다. (예. 공개설정 변경, 카테고리 상위/하위 정렬변경)
> 확인

6. 카테고리가 많을 때는 구분선을 추가해 분리해 주세요. [구분선 추가]를 누르면 구분선이 생깁니다. 구분선도 드래그해 옮길 수 있으며, 구분선을 없애고 싶을 때는 생성된 구분선을 선택한 후 [– 삭제]를 누르면 됩니다.

7. 카테고리나 구분선을 삭제하고 싶다면, 해당 카테고리를 선택한 후 [− 삭제]를 누릅니다. 단, 카테고리를 삭제할 때는 그 카테고리에 포함된 글도 함께 사라지므로 중요한 글은 다른 카테고리로 미리 옮겨 놓아야 합니다.

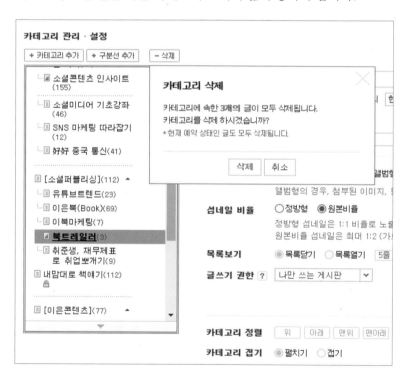

## 알아 두면 좋아요

**공식블로그에서는 카테고리마다 글쓰기 권한을 설정할 수 있어요**

운영하는 블로그가 공식블로그인 경우, [글쓰기 권한]으로 카테고리마다 글쓰기 권한을 부여해 줄 수 있습니다. [글쓰기 권한]에서 [나만 쓰는 게시판]으로 설정하면 블로그 운영자만 글을 작성할 수 있습니다. [함께 쓰는 게시판]은 메뉴를 설정하면 오른쪽에 나타나는 [권한 관리]에서 권한을 부여한 이웃블로거나 이웃그룹과 함께 글을 쓸 수 있습니다.

[글쓰기 권한] 메뉴를 클릭해 [나만 쓰는 게시판]이나
[함께 쓰는 게시판]으로 설정합니다.

[함께 쓰는 게시판]으로 설정하면 오른쪽에 [권한 관리] 메뉴가 생깁니다.

[함께 쓰는 권한관리]에서 왼쪽 메뉴를 누르면 [이웃그룹 검색]을 하거나 [ID/닉네임 검색]을 통해 카테고리에 함께 쓰는 블로거를 추가할 수 있습니다. 이웃그룹을 추가할 경우, 해당 그룹에 속한 블로거들이 자유롭게 글을 쓸 수 있습니다.

함께 쓸 이웃 블로거나 이웃그룹을 추가한 후 [적용]을 누르면 [함께 쓰는 블로거 목록]에서 살펴볼 수 있습니다.

왼쪽 아래의 [초기화]를 누른 후 [적용]을 누르면 그동안 함께 쓰기가 가능했던 블로거들이 모두 지워지고 초기화됩니다.

함께 쓰는 기능을 통해 새로운 필자를 영입하고 공식블로그 글의 수준과 다양성을 높여 사람들이 많이 찾는 블로그로 거듭나세요!

# 04

# 모바일 앱으로 블로그 관리하기

이제는 블로그 앱만 깔면 언제 어디서든 컴퓨터와 스마트폰을 오가며 블로그 글을 쓸 수 있습니다. 바쁜 일정에 시달리는 작은 기업이나 소상공인 사장님도 자신의 블로그를 편하게 운영할 수 있게 됐죠.

네이버 블로그 앱의 첫 화면(대문)을 바꾸는 방법부터 스마트폰으로 직접 글을 작성하는 방법까지 차례대로 알아보겠습니다.

# 04-1

# 모바일 블로그 세팅, 더 중요한 이유

## 모바일 시대에는 모바일 환경에 맞는 세팅이 필요하다

블로그를 처음 운영하는 분 중에는 PC에서 보이는 화면에만 신경 쓰고, 모바일 홈 화면은 아예 꾸미지 않는 경우가 많습니다. 하지만 이제는 스마트폰에서 정보를 얻는 비율이 90%가 넘기 때문에 모바일 블로그 홈 화면도 잘 꾸며야 합니다. 방문자들은 스마트폰에서 검색해서 글을 본 후에, 마음에 들면 저장해두기도 하고, 꾸준히 글을 살펴보면서 해당 블로그 글의 주인이 궁금하면, 홈 화면에서 블로그의 성격과 내용 등을 살펴보기 때문입니다. 내 블로그에 관심을 가진 사람들은 우리의 가장 강력한 잠재 고객이 됩니다. 그러므로 블로그를 운영할 때 모바일 환경에 맞는 세팅을 해주는 것이 중요하지요.

모바일 블로그 홈 화면에는 운영하는 사이트나 SNS의 링크, 가게나 사무실 주소, 연락처 등을 모두 넣어둘 수 있어 모바일 홈페이지와 같은 역할을 합니다. 네이버 스마트스토어를 운영할 때는 링크에 운영하는 스마트스토어 주소를 넣어줄 수 있고, 외부 쇼핑몰이라고 해도 웹 사이트 등록이 가능하므로 모바일 블로그 홈을 통해 쇼핑몰로 들어올 수 있게 만들 수 있습니다.

이외에도 네이버 모바일 블로그에는 [소개]란에 전화번호와 주소를 입력할 수 있어요. [전화하기]를 누르면 스마트폰으로 바로 전화가 걸리고, [위치보기]를 누르면 네이버 지도에 표시된 회사의 위치뿐만 아니라 자신의 위치에서 해당 위치까지 찾아갈 수 있는 법까지 안내받을 수 있죠. 내비게이션에서 주소를 입력하거나 따로 찾지 않아도, 모바일 블로그 주소만 안다면 편하게 찾아갈 수 있습니다.

모바일 홈 화면을 잘 꾸미면 마케팅의 CTA(Call to Action)도 자연스럽게 이어진다는 사실을 잊지 마세요. 관련하여 모바일 앱 화면을 꾸미는 법을 하나씩 알아보겠습니다.

## 블로그 앱의 커버 이미지

모바일 블로그의 홈 화면 상단에는 해당 블로그의 모바일 이미지와 제목이 함께 들어가 있습니다. PC와 달리 모바일에서는 제목을 숨길 수 없습니다. 블로그 커버 영역에는 블로그 제목, 프로필뿐 아니라 이웃 추가, 카테고리 등 여러 아이콘이 배치돼 있으므로, 앱의 커버 이미지는 복잡하지 않게 만드는 것이 좋습니다.

블로그 성격에 맞게 커버를 꾸미는 것이 중요합니다.

## 하면 된다! } 블로그 앱의 커버 이미지 변경하기 📱

1. 블로그 앱은 구글 플레이 또는 앱스토어에서 누구나 쉽게 무료로 다운로드할 수 있습니다. 앱을 실행한 후 네이버 아이디와 비밀번호를 입력해 로그인하면 '이웃새글'이 제일 먼저 보입니다. 이때 아래쪽의 [내블로그] 아이콘을 눌러 첫 화면으로 이동합니다. 이어서 화면 중간에 보이는 [홈편집] 버튼을 누릅니다.

☑ 모바일 블로그의 홈 화면에는 요소가 많기 때문에 시선을 끌 수 있는 이미지를 사용하는 것이 좋습니다. 이런 스타일 외에도 PC 블로그 이미지를 뒤쪽에 배치하고, 아이콘이 있는 곳은 단색으로 두는 경우도 있습니다.

**2.** '홈편집' 상태가 되면 이미지 변경, 커버 스타일, 블로그명, 프로필 사진, 별명이 활성화됩니다. 커버 사진을 바꾸려면 화면 위쪽의 [이미지 변경]을 선택해야 합니다.

☑ 모바일 블로그 화면의 이미지는 각자 갖고 있는 모바일 기기의 해상도에 맞는 크기로 변환돼 보입니다. 보통 가로의 기본값은 980픽셀, 세로는 3:4 정도의 비율로 지정합니다.
모바일 커버 이미지를 꾸밀 때 텍스트 영역에 그림이 들어갈 경우, 블로그명이 잘 보이지 않는 것을 고려해 디자인하는 것이 좋습니다.

**3.** '이미지 변경'을 선택하면 커버 이미지를 바꾸는 2가지 방법이 나타납니다. 자신의 스마트폰으로 직접 촬영하거나 앨범에서 선택하는 방법과 PC에서 보이는 기본 커버 이미지를 선택하는 방법이 있습니다. 커버 이미지를 자유롭게 바꿔 보세요.

☑ [촬영 또는 앨범에서 선택]을 누른 후 [움짤 만들기]를 선택하면 사진 여러 개 또는 동영상을 이용해 움직이는 커버 이미지를 만들 수 있습니다.

**4.** 이어서 화면의 위쪽에 있는 [커버 스타일] 버튼을 누릅니다. '커버 스타일'에서는 커버 이미지와 블로그 제목, 프로필, 별명 등의 스타일을 변경할 수 있습니다. 총 8가지 스타일 중에서 마음에 드는 커버를 선택합니다.

**프로필 사진의 위치를 바꾸고 싶어요!**

커버 스타일은 총 8개입니다.

[홈편집 → 커버 스타일] 메뉴에서는 8가지 커버 스타일을 제공합니다. 프로필 사진, 별명, 블로그명의 위치나 커버 이미지의 길이에 맞춰 원하는 스타일을 선택해 보세요.

## 하면 된다! } 블로그 앱에서 프로필 사진 올리기 📱

요즘에는 카메라 대신 스마트폰으로 사진을 많이 찍는데요. 블로그 앱에서는 스마트폰의 사진을 가져와 프로필 사진으로 지정할 수 있습니다.

**1.** 프로필 사진을 스마트폰의 사진으로 바꾸고 싶을 때는 [홈편집]으로 들어가 카메라 아이콘 모양의 [프로필 사진] 메뉴를 누릅니다.

2. 프로필 사진은 스마트폰에 저장돼 있는 사진을 사용할 것인
지, 새로 촬영할 것인지, 움짤을 만들 것인지 선택할 수 있습니
다. 사진을 확대해서 보려면 사진의 가운데, 사진을 선택하려
면 사진의 오른쪽 위에 있는 아이콘(✓)을 누릅니다. 적당한 프
로필 사진을 선택한 후 오른쪽 위의 [다음]을 누릅니다.

사진은 하나만 선택할 수 있습니다.

3. 프로필 사진을 편집할 수 있는 화면이 나타납니다. 원은 블
로그 앱에서 보이는 프로필 영역입니다. 원 안에 자신의 얼굴
이나 로고, 프로필을 구분할 수 있는 이미지가 들어갈 수 있도
록 조절해 주세요. 오른쪽 상단의 완료를 누르면 프로필 설정
이 완료됩니다.

사진은 확대할 수 있습니다.

**알아 두면 좋아요**

**내가 찍은 동영상으로도 움짤을 만들 수 있어요!**

내가 찍은 사진, 비디오나 연사 촬영, 라이브 포토로도 움짤을 만들 수 있습니다. 움짤을 만드는 기본적인 방법은 사진을 여러 장 선택해 만드는 것이에요. 핸드폰에 저장된 사진 중에서 블로그의 성격에 맞는, 블로그에서 다루고 싶은 내용의 사진을 선택해 움짤을 만들어 프로필로 활용하세요.

직접 찍은 영상으로 움짤을 만들 때는 [움짤·모든 유형]을 누른 후 [비디오]로 들어가 원하는 영상을 선택합니다. 동영상에서 원하는 구간을 선택한 후 ▷를 눌러 움짤 방향과 배속을 선택합니다. [v]를 누르면 움짤이 완성됩니다. 이렇게 만든 움짤은 핸드폰에 자동으로 저장됩니다.

# 04-2

# 마케팅에 도움이 되는 첫 화면 설정하기

블로그 앱에서는 공지글도 볼 수 있고 [소개글], [인기글], [외부채널], [외부채널 글] 항목을 삽입하거나 위치도 자유롭게 조정할 수 있습니다. 이런 메뉴들을 잘 활용하면 좋은 글을 우선 보여 주거나, 내 블로그 글을 여러 SNS로 확장하는데 큰 도움이 됩니다.

### 하면 된다! } 외부채널 추가하고 순서 바꾸기 📱

**1.** [홈 편집 → +]로 들어가면 모바일 블로그의 여러 요소인 [소개], [인기글/대표글], [외부채널] 등을 추가하거나 숨길 수 있습니다. 원하는 메뉴에 체크 표시를 한 후 오른쪽 위의 [적용]을 누르세요.

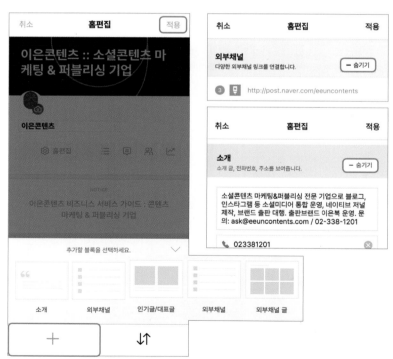

[+]를 누르면 추가할 블록의 종류가 나타납니다.
추가한 블록은 각 항목의 [-숨기기]를 추가가 취소
됩니다.

**2.** 추가한 요소는 자신이 원하는 순서대로 배열할 수 있습니다. ⬆️⬇️를 누른 후 각 메뉴의 오른쪽에 있는 ☰를 누른 채 드래그하면 원하는 순서대로 배열할 수 있습니다. 설정이 끝났으면 오른쪽 위에 있는 [적용]을 누릅니다.

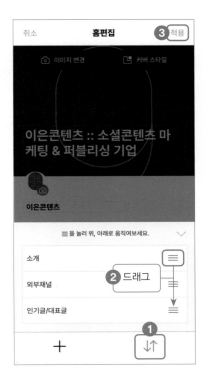

**3.** 추가한 메뉴를 삭제하고 싶을 때는 [홈 편집]에서 각 메뉴의 오른쪽에 있는 [숨기기] 버튼을 누른 후 [적용]을 누르면 됩니다.

## 하면 된다! } 블로그 앱에서 대표글 설정하기 📱

1. 내 블로그를 대표하는 인기글과 대표글을 설정할 수 있습니다. '인기글'은 주간 인기글이 자동으로 나타나지만, '대표글'은 블로거가 직접 지정해 줘야 합니다. 우선 [홈편집 → +]에서 [인기글/대표글]을 추가합니다. 이어서 [대표글]의 [글 추가하기]를 누릅니다.

☑ 글을 선택한 순서에 따라 [대표글]이 배치되므로 가장 중요하고 제일 먼저 보여 주고 싶은 글부터 추가해 주세요.

2. [전체글]을 누른 후 원하는 [카테고리]로 들어가 대표글을 고릅니다. 키워드를 검색해 찾을 수도 있습니다.

3. [대표글]을 선택한 후 [확인]을 누릅니다. 기업 블로그라면 방문자
에게 신뢰를 줄 수 있도록 제품 설명, 서비스 가이드, 성과 등을 소개
하는 글을 대표글로 설정하세요.

4. [홈편집 → 인기글/대표글]로 들어가면 [글 추가하기]나 [대표글
관리]를 눌러 대표글을 추가하거나 삭제할 수 있습니다. 대표글은 10
개까지 추가할 수 있습니다.

**알아 두면 좋아요**

**잘 정돈된 블로그를 원한다면, 홈 화면을 정리하세요!**

현재 네이버에서는 숏폼 영상을 강조하며 블로그 이용자들도 영상 콘텐츠를 많이 만들도록 다양한 이벤트를 진행하고 있습니다. 블로그의 홈 화면에서도 [블로그]와 [모먼트]를 같이 보여 주고 있지요.

모바일 블로그앱의 첫 화면에서는 블로그 포스트나 모먼트 영상을 첫 화면으로 보여줄 수 있어요.

블로그 앱의 [홈편집] 화면을 아래로 내려보면 마지막 쪽에 [목록 탭 & 뷰 타입]이라는 메뉴가 있습니다. 여기서는 블로그나 모먼트를 첫 화면으로 설정할 수 있고, 블로그를 선택했다면 첫 화면을 [앨범형], [목록형], [카드형]으로 선택할 수 있어요.

요즘은 인스타그램의 영향으로, 블로그 구성도 [앨범형]으로 설정하는 추세입니다. 음식점 리뷰나 요리, 인테리어, 여행 등 이미지가 멋진 블로그를 운영한다면 [앨범형]으로 설정하세요. 만약 내용을 강조하고 싶다면 [목록형]으로 선택하면 됩니다.

# 04-3

# 모바일 블로그 메뉴 꼼꼼하게 살펴보기

## 더 보기 탭의 메뉴로 블로그 편하게 관리하기

[더 보기] 탭에는 블로그를 관리하는 데 필요한 메뉴가 모두 담겨 있습니다. 빠르게 살펴볼 수 있는 일간 현황과 통계 분석뿐 아니라 이웃 소식도 살펴볼 수 있고, 내 동영상을 모아 보며, 모먼트를 바로 만들 수 있죠. 이외에도 블로그 마켓 제품, 내 구매내역 등을 살펴볼 수 있습니다. 네이버 블로그팀 공식 블로그, 이 달의 블로그 등을 통해 네이버 블로그 정책이나 인기있는 블로그의 정보도 얻을 수 있어요. 블로그 관리를 모바일에서도 편리하게 도와주는 [더 보기] 탭의 메뉴들을 조금 더 구체적으로 살펴볼게요.

❶ **[상단 메뉴]** : [내소식], [이웃목록], [통계], [모먼트 만들기], [글쓰기] 등 자주 사용하는 메뉴들이 있습니다.

❷ **[일별 조회수]** : 1주일 단위로 방문자를 체크할 수 있는 그래프가 있습니다. 블로그 일별 조회수나 방문수를 볼 수 있습니다.

❸ **[블로그 콘텐츠 영역]** : 포스트에 표시한 체크인 기록, 내 블로그의 동영상이나 모먼트를 모아서 볼 수 있고, 이전에 쓴 글 중 오늘 날짜의 글을 볼 수 있습니다.

[내 동영상] 화면

[내 모먼트] 화면

[지난 오늘 글] 화면

❹ **[블로그 마켓 영역]** : 블로그 마켓 플레이스의 제품을 보거나 마켓에서 구입한 구매내역을 바로 볼 수 있습니다. [마켓 구매내역] 메뉴를 누르면 네이버 N 페이의 결제내역으로 바로 이동됩니다.

[마켓 플레이스] 화면

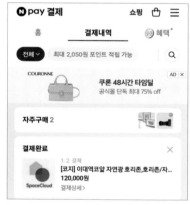
[마켓 구매 내역] 화면

❺ **[블로그 연관 서비스 영역]** : [블로그 홈]을 누르면 내 블로그의 홈으로 갈 수 있습니다. [블로그팀 공식 블로그]에서 새로운 변경 소식을 찾아보거나 [이달의 블로그], [공식 블로그] 등 잘 운영되는 블로그들도 볼 수 있습니다.

[블로그팀 공식블로그] 화면

[이달의 블로그] 화면

[공식블로그] 화면

❻ **[블로그 앱 관리 영역]** : [공지사항]에서는 블로그 앱의 업데이트 소식을 알려주고, [환경 설정]에서는 연령 정보로 검색 및 추천 허용, 글쓰기 기본값, 블로그 정보, 카테고리 수정, 알림, 블로그 홈을 누를 때 보이는 첫 화면 등을 설정할 수 있습니다. PC 버전으로 어떻게 보이는지도 체크할 수 있습니다.

[공지사항] 화면

[환경설정] 화면

[PC 버전으로 보기] 화면

## 블로그 운영와 관리를 더 쉽게 만들어 주는 4가지 메뉴 살펴보기

더보기 탭의 상단에는 블로그 운영과 관리에 도움이 되는 대표 메뉴들이 배치되어 있습니다. 이 메뉴들만 잘 이해해도 블로그 앱을 쉽고 빠르게 다룰 수 있습니다. 지금부터 [내소식], [이웃목록], [통계], [글쓰기] 메뉴를 살펴보겠습니다.

## 1. 내소식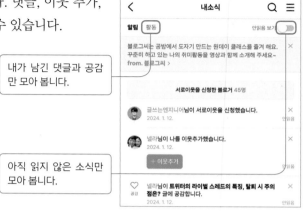

내 블로그의 활동 소식을 바로 체크할 수 있습니다. 댓글, 이웃 추가,
이웃 신청, 공감 활동 등을 바로 확인하고 관리할 수 있습니다.

내가 남긴 댓글과 공감
만 모아 봅니다.

아직 읽지 않은 소식만
모아 봅니다.

## 2. 이웃목록

자신과 이웃 또는 서로이웃을 맺은 사람들의 목록을 확인합니다. 블로그명이나
별명으로 이웃을 검색할 수도 있습니다. 또한 이웃별로 알림을 설정해 놓으면
이웃의 새글을 놓치지 않고 볼 수 있습니다. 이와 반대로 특정 이웃의 새글 알림
을 받지 않을 수도 있습니다. 이 기능은 이웃이 많아졌을 때 사용하는 것이 좋습
니다.

[새그룹] 화면

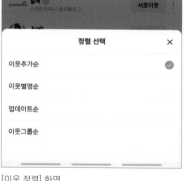

[이웃 정렬] 화면

[더보기] 화면

❶ [새그룹] : 그룹을 새로 만들 수 있습니다. 그룹명을 입력하고, 공개·비공개 설정을 할 수
있습니다.

❷ [이웃 정렬] : 이웃 정렬 순서를 바꿀 수 있습니다. 이웃추가순, 별명순, 업데이트순, 그룹
순으로 선택을 할 수 있습니다.

❸ [더 보기] : 앱 알림, 이웃새글 소식 받기, 그룹 이동, 이웃취소를 할 수 있습니다.

## 3. 통계 ![통계]

[더 보기] 탭에서 일별 조회수를 바로 살펴볼 수 있지만, 분석 결과를 상세하게 보고 싶다면 [통계] 메뉴에서 알아볼 수 있습니다. 이를 통해 내 블로그가 목표 고객에게 잘 전달되고 있는지, 방문자들이 원하는 글로 유입되고 있는지를 체크합니다. 마케팅을 목적으로 블로그를 운영할 때는 좋은 게시글을 발행하는 것만큼, 내 블로그를 방문하는 사람들의 성향을 정확히 파악하고 분석하는 것이 중요합니다. 어떤 기기에서 내 블로그를 찾아왔는지, 어떤 글에 관심이 더 큰지 꼼꼼히 살펴보세요.

❶ [일간현황] : 실시간으로 달라지는 [오늘 조회수]와 [오늘 지표]를 확인할 수 있습니다. 더불어 조회수, 방문횟수, 조회수 순위, 유입경로, 성별/연령별 분포를 일간으로 확인할 수 있습니다. 아래에는 주간, 월간 분석이 있습니다.

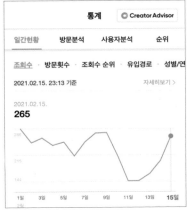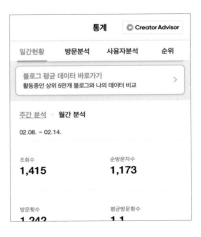

❷ [방문분석] : 일간, 주간, 월간으로 방문 기록을 분석해 보여 줍니다. 조회수, 순방문자수, 방문횟수, 평균방문횟수, 재방문율, 평균사용시간 등을 알 수 있어요.

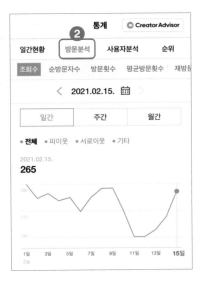

- **조회수** : 내 블로그 글이 얼마나 조회됐는지 나타나는 수
- **순방문자수** : 내 블로그를 방문한 사람의 수(중복 제외)
- **방문횟수** : 사람들의 전체 방문 횟수
- **평균방문횟수** : 주간/월간 평균 방문 횟수
- **재방문율** : 주간/월간 한 번 왔던 방문자 중 다시 방문한 사람의 수
- **평균사용시간** : 내 블로그에 방문자들이 머무는 시간

❸ **[사용자분석]** : 방문자들이 어떤 방식으로 들어왔는지, 어떤 시간에 주로 내 블로그의 글을 읽는지, 연령대와 성별은 어떤지 등을 살펴봅니다. 유입분석, 시간대분석, 성별연령별분포, 기기별 분포, 이웃방문현황, 이웃증감수, 이웃증감분석, 국가별 분포 등을 알 수 있습니다.

☑ 유입분석을 보면 유입 기기도 확인할 수 있습니다. 대부분 모바일을 통해 유입하는 비율이 높은 것을 알 수 있습니다.

❹ **[순위]** : 일간, 주간, 월간 게시글과 주제의 조회수 순위를 살펴볼 수 있습니다. 조회수순위, 공감수순위, 댓글수순위를 알 수 있습니다.

## 4. 글쓰기

[글쓰기] 메뉴에는 PC로 꾸밀 수 있는 거의 모든 기능이 구현돼 있습니다. 사진을 간단히 편집하거나 움짤로 만들 수 있고, 글꼴을 바꿀 수도 있습니다. 사진이나 글에 링크를 걸 수 있고, 글을 쓰다가 사진이 부족할 때는 임시로 저장한 후 PC나 스마트폰에서 언제든지 불러와 이어 쓸 수 있습니다.

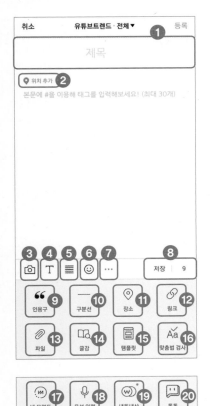

❶ **[제목]** : 제목을 적어 넣을 수 있습니다.

❷ **[위치 추가]** : 장소를 검색해 위치 정보를 넣을 수 있습니다.

❸ **[사진]** : 스마트폰에 있는 사진과 동영상뿐 아니라 움짤을 만들고 직접 사진을 찍어 올릴 수 있습니다.

❹ **[텍스트]** : 글꼴, 크기, 줄 맞추기, 두껍게, 밑줄, 글자 색깔, 박스, 링크 등 다양한 서식을 지정할 수 있습니다.

❺ **[정렬]** : 한 번씩 누를 때마다 정렬을 바꿉니다.

❻ **[스티커]** : 재미있는 스티커를 본문에 넣을 수 있습니다.

❼ **[더 보기]** : 화면 아래에 링크, 장소 등을 삽입할 수 있습니다.

❽ **[저장]** : [저장]을 누르면 글이 임시 저장됩니다. [저장] 버튼 오른쪽에 있는 숫자 부분을 누르면 글을 불러올 수 있습니다.

❾ **[인용구]** : 단어나 문장을 인용구로 강조할 수 있습니다.

❿ **[구분선]** : 읽기 편하게 글을 구분하는 선입니다. 짧은 선과 긴 선을 골라 사용할 수 있습니다.

⓫ **[장소]** : 내 위치 정보 기능을 사용하거나 국내, 국외 장소명을 입력해 장소를 표시할 수 있습니다.

⓬ **[링크]** : 지정한 글이나 사진에 영역을 지정하여 링크를 삽입할 수 있습니다.

⓭ **[파일]** : 네이버 클라우드의 파일을 첨부할 수 있습니다. 단, 파일을 첨부하려면 클라우드 앱을 미리 설치해야 합니다.

⓮ **[글감]** : 책, 영화, TV 방송, 음악 등 연관 글감을 추가할 수 있습니다. 추가하는 글감에 따라 주제 분류가 자동으로 변경됩니다.

⓯ **[템플릿]** : 블로그 글의 스타일을 멋지게 꾸밀 수 있는 템플릿을 제공합니다. 특히 협찬·리뷰 템플릿은 블로그 활동을 하면서 제품 협찬을 받아 리뷰글을 작성할 때 적어야 할 가이드도 함께 제공합니다.

⓰ **[맞춤법 검사]** : 글을 다 쓴 후 오타나 띄어쓰기를 수정할 수 있습니다.

⓱ **[내 모먼트]** : 내가 작성한 모먼트 영상을 한번에 볼 수 있고, 모먼트 영상을 글에 삽입할 수 있습니다.

⓲ **[음성입력]** : 텍스트를 음성으로 입력할 수 있습니다.

⓳ **[내돈내산]** : 내가 직접 사고 구매한 물건의 리뷰를 적을 때 사용해요. 네이버 쇼핑과 예약에 연계되어 리뷰할 수 있어요.

⓴ **[톡톡]** : 블로그 마켓 등을 진행할 때 궁금증을 바로 물어볼 수 있는 톡톡을 삽입할 수 있어요.

글을 다 쓴 후 화면 위쪽의 [전체 ▼]를 누르면 [발행 옵션]을 지정할 수 있습니다. 카테고리, 공개 설정, 글쓰기 설정, 태그 편집, 공지사항으로 등록할 수 있습니다. 글쓰기 설정으로 들어가면 댓글, 공감, 검색, 공유 등을 허용할지 선택할 수 있으며, 네이버 검색 결과에 나타나게 하려면 검색 허용을, 다른 SNS에 확장하려면 외부 공유 허용을 해야 합니다.

태그 편집에서는 블로그 글에 연관된 핵심 키워드로 태그를 넣어줄 수 있으며, 태그는 30개까지 추가할 수 있습니다.

☑ 글을 쓰고 오른쪽 위의 [등록]을 누르면 글이 즉시 발행됩니다. 글을 발행하기 전, 설정을 체크하는 것을 잊지 마세요.

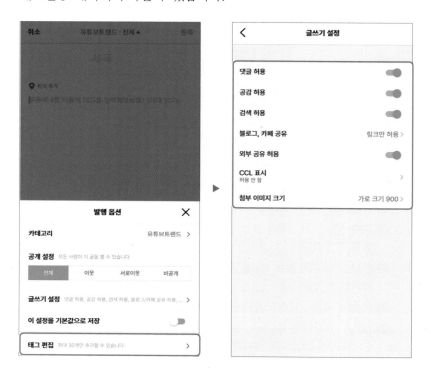

블로그 글은 발행할 때마다 주제를 선택하는 것이 좋습니다. 구체적인 주제 분류가 검색 노출에 영향을 미치기 때문입니다. 블로그 앱에서는 카테고리별 주제 설정만 가능한데요. 글을 쓰고 카테고리를 설정하면 카테고리에 설정된 주제로 글이 자동으로 분류됩니다. 만약 분류돼 있지 않다면 [카테고리]의 맨 아래에 있는 [주제 분류]를 눌러 글의 주제를 선택하세요.

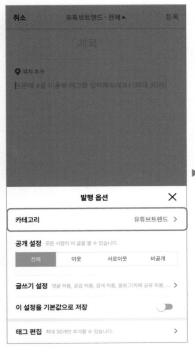

## 모바일 블로그에서 나만의 환경 설정하기

블로그 첫 화면에서 [더 보기] 탭을 눌러 [환경설정] 메뉴에 들어가면 기본적으로 글쓰기 설정, 동영상 설정, 카테고리 설정, 알림 설정 등을 바꿀 수 있습니다. 이외에도 여러 항목이 있으므로 자신의 블로그 운영 방식에 맞춰 자유롭게 설정하세요. 간단하게 첫 화면 설정과 알람 설정을 해 보겠습니다.

## 1. 블로그 앱 첫 화면 바꾸기

[환경설정 → 첫 화면 설정 → 블로그 홈]을 누르면 홈 화면을 변경할 수 있습니다. [블로그 추천]이나 [내블로그]를 블로그 앱 첫 화면으로 지정할 수 있습니다. 원하는 화면으로 바꿔 보세요.

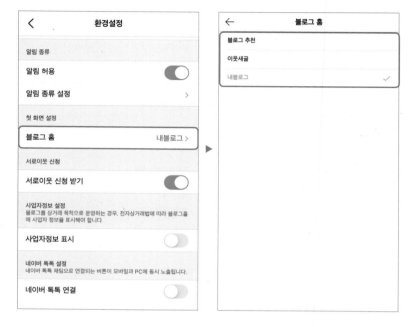

## 2. 알림 설정하기

블로그에 새로운 소식이 생겼을 때 알림을 받을 것인지 아닌지를 알림 종류에서 선택할 수 있습니다. 그중 [꼬박꼬박 글쓰기] 알림은 게을러지기 쉬운 초보 블로거나 블로그를 처음 시작하는 분에게 딱 맞는 기능입니다. 말 그대로 글쓰기 시간을 잊어버리지 않도록 미리 알림을 설정해 두는 것이지요. [꼬박꼬박 글쓰기] 알림 설정으로 블로그 글을 꾸준히 써 보세요.

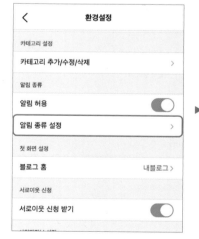
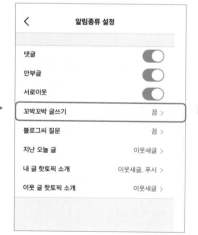

## 모바일 데이터 메뉴 4가지로 내 활동 체크하기

네이버 블로그 앱의 특징은 다양한 데이터를 모바일에서 직접 확인할 수 있다는 점입니다. 블로그 앱의 [통계]로 들어가면 모먼트의 데이터나 블로그 광고 예상 수익, 그리고 전체 네이버 블로그의 평균 활동 데이터, 동영상 통계 분석 등을 통해 내 블로그 활동을 종합적으로 살펴볼 수 있습니다.

방문자가 많이 들어오는 블로그로 키우기 위해서는 어떤 콘텐츠에 방문자들이 반응하는지를 세심히 살펴보는 것이 좋습니다.

### 1. 예상수익 확인하기

블로그를 꾸준히 운영하면 애드포스트에 가입해 광고 수익을 얻을 수 있습니다. [크리에이터 어드바이저]의 [리워드] 메뉴에서 해당 계정의 활동에 따른 예상 수익을 살펴볼 수 있어요. 애드포스트는 블로그, 포스트, 네이버 TV에 설치가 되기 때문에 전체 활동에 따른 비용을 알 수 있습니다. 방문자가 많을수록 수익도 올라가겠지요. [통계 → 블로그 예상 수익 확인]으로 들어가면 해당 블로그의 예상수익 외에도 블로그 영역별 수익이나 광고 클릭과 노출수, 콘텐츠별 예상수익액을 살펴볼 수도 있어요. 이를 통해 수익이 어떤 콘텐츠에서 나는지 체크하며 더 많은 사람들이 광고를 클릭할 수 있게 콘텐츠를 기획하세요!

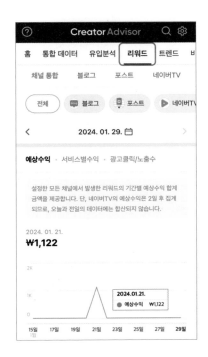

## 2. 블로그 평균 데이터 확인

[블로그 평균 데이터 확인]에서는 네이버 블로그 전체의 데이터를 확인할 수 있습니다. 블로그를 이용하는 사람들이 어떤 주제를 많이 보는지, 게시글을 얼마 동안 보고 있는지, 언제 보는지, 성별과 나이는 어떤지, 어떤 기기를 통해 보는지 등을 확인할 수 있습니다. 또한 자신이 운영하는 블로그를 평균 지표 대비 위치로 살펴볼 수 있습니다.

☑ 블로그 평균 지표는 1월, 4월, 7월, 10월 등 3개월에 한 번 씩 업데이트 됩니다.

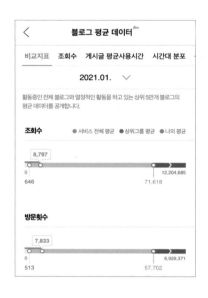

[블로그 평균 데이터]에서는 주제별 평균 조회수나 평균사용시간, 시간대 분포 등을 보여주기도 합니다. '영화'라는 주제를 살펴보면, 사람들은 영화를 주제로 쓰인 게시물을 읽는 데 200초 정도 사용합니다. 그리고 그 글을 읽는 시간대는 저녁 6~10시 사이가 많습니다. 영화 관련 주제의 글을 보는 사람들의 나이와 성별은 35~45세 사이의 남성과 여성이 가장 많습니다. 그리고 다른 주제에 비해 특히 더 모바일 기기로 읽는 경우가 많습니다.

즉, 내가 영화 관련 블로그를 운영한다면 모바일 기기에 최적화돼 있고, 35~45세의 남성과 여성 모두를 아우르면서 3분 정도면 읽을 수 있는 글을 쓰는 게 가장 많은 방문자를 모을 수 있을 것입니다. 이렇게 [블로그 평균 데이터]를 통해 여러분의 블로그 운영 방향을 정할 수 있습니다.

## 3. 모먼트 데이터 분석하기

틱톡이나 인스타그램 스토리 같은 숏 폼 콘텐츠가 유행하면서 네이버에서도 짧은 영상으로 일상을 공유할 수 있는 모먼트 서비스를 오픈했습니다. 모먼트는 블로그 앱의 상단에 위치해 있기 때문에 방문자들이 나의 일상을 영상으로 볼 수 있습니다. 네이버 블로그 앱의 [모먼트 데이터 분석하기]로 들어가면 [크리에이터 어드바이저]로 연결되는데요. 여기서는 블로그의 글과 모먼트를 포함한 게시물 전체의 조회수를 체크할 수 있으며, 모먼트의 조회수도 체크할 수 있습니다.

## 4. 동영상 통계 분석

[통계 → 동영상 통계 분석]으로 들어가면 내 블로그에 올려진 동영상의 재생수나 시청자수, 재생시간 등을 살펴볼 수 있습니다.
블로그에 들어간 동영상은 유튜브와 비교해 위력은 떨어지지만, 물건을 판매하거나, 제품을 보다 입체적으로 소개해줄 수 있어서 최대한 활용하는 것이 좋습니다.

알아 두면 좋아요

**블로그 내 동영상을 모아서 보는 [내 동영상] 메뉴**

네이버는 동영상 메뉴를 지속적으로 강화하고 있어요. 사람들이 동영상 정보를 더 많이 찾아본다는 것을 깨닫고 블로그 앱에도 내가 올린 동영상을 한 번에 볼 수 있는 메뉴를 추가했어요. 앞으로 더욱 강력해질 동영상 시대에 대응하고 있는 것이죠.

**자신의 추억을 되새길 수 있는 [지난 오늘 글]**

일상을 기록하는 공간인 네이버 블로그는 일반 사용자들이 자신의 기록과 히스토리를 찾아볼 수 있도록 [지난 오늘 글] 기능을 만들어 놓았어요. 1년, 2년 전의 내가 어떤 글을 썼는지 찾아보고 기억할 수 있게 만든 것이죠. 왠지 그날을 찾아보기 위해 블로그 글을 차곡차곡 써야 할 것 같아요.

# 모바일 최적화 블로그 노하우

네이버 블로그의 검색 유입 지수를 살펴보면 거의 70~80%가 모바일을 통해 블로그 포스트를 살펴본다는 것을 알 수 있습니다. 그러므로 사람들이 많이 방문하는 블로그를 운영하려면 모바일 환경에 맞춰 최적화를 해주는 것이 중요합니다.

## 1. 한 문단은 PC 기준 2줄!

모바일 사용자는 정보를 빠르게 얻으려고 합니다. PC 버전으로 작성한 글의 길이가 3줄이면, 모바일에선 5~6줄로 보이기 때문에 읽기 피곤해져요. 그러므로 한 문단은 PC 버전 기준으로 2줄 정도의 기준으로 정리하세요.

## 2. 문단 형태는 앞줄 맞춤이나 좌우 맞춤으로!

문단 형태는 앞줄 맞춤이나 좌우 맞춤을 통해 마치 책이나 기사를 읽듯 편하게 글을 읽을 수 있게 꾸며 주세요. 또한 요즘은 스마트폰의 크기가 모두 다릅니다. 모바일 화면 크기에 맞췄다고 해도 어떤 화면에서는 글줄이 너무 짧게, 어떤 화면에서는 글줄이 중간에 마음대로 넘어가기도 해서 가독성을 떨어뜨릴 수 있으니 주의하세요!

## 3. 이미지는 가로 혹은 정사각형으로 배치하세요

인스타그램 등 SNS를 사용하다 보면, 2~3번 스크롤하고 재미가 없으면 바로 나가버리죠. 이때 그다음 내용에 궁금증을 주기 위해서는 전체 화면을 사진으로 채우기보다 사진과 글을 한 번에 볼 수 있게 만들어야 합니다. 블로그에 올라갈 사진은 가로나 정사각형이 좋아요. 또한 이미지 캡션도 꼭 달아주세요.

## 4. 이미지에 글씨를 넣을 때도 화면 크기를 고려하세요

만약 이미지에 글씨를 넣는 경우에는 정사각 이미지를 기준으로 했을 때 1/4 ~1/5정도의 크기의 글자로 꾸며주는 것이 눈에 확! 들어와요. 텍스트 또한 모바일에서도 편히 읽을 수 있는 크기인지 제작 후 반드시 체크한 후 올리세요.

## 5. 인용구와 구분선을 잘 활용하세요

모바일은 글을 읽을 때 화면을 스크롤해서 보게 돼요. 이때는 인용구나 구분선을 통해 중요한 정보를 강조해 주는 것이 좋아요. 모바일 환경일수록 중간 제목으로 중심 내용을 정리하세요.

## 6. 전문용어를 사용한다면 아래 간단한 해설문을 덧붙이세요

마지막으로 전문용어를 사용해야 한다면 간단한 해설문을 덧붙이는 게 좋아요. 글을 읽다가 전문용어를 검색하기 위해 블로그에서 이탈하거나 아예 읽지 않는 경우도 있기 때문이에요. 이렇게 해설문을 정리해 주면, 블로그의 전문성도 높아지고 체류 시간도 올라가 블로그 지수에도 좋은 영향을 준답니다.

셋째
마당

# 실전!
# 블로그 글쓰기

블로그를 도배한 100개의 의미 없는 글보다 제대로 쓴 50개의 글이 검색 결과에 더 잘 노출됩니다. 비슷한 내용을 계속 올려 봤자 검색에 도움도 안 되고, 사람들에게 신뢰를 주기도 어렵습니다. 글에는 전달하고자 하는 바를 명확하게 담아야 합니다. 그리고 분위기를 한눈에 파악할 수 있는 이미지나 관심을 끌 수 있는 동영상을 활용하면 글을 더욱 알차게 작성할 수 있습니다.

# 05

# 검색 상위 노출로 이어지는 글쓰기 기술

블로그 글은 어떻게 검색되는 걸까요? 네이버는 '검색 엔진'이라는 프로그램을 통해 사람들의 글을 수집합니다. 한마디로 기계가 우리의 글을 판단하는 것이지요. 그래서 어떤 분은 '검색 엔진의 알고리즘(어떤 문제를 해결하기 위한 일련의 순서화된 절차)'을 잘 파악해야 상위에 노출될 수 있다고 말합니다.

문제는 알고리즘을 어설프게 적용하면 오히려 글의 매력도를 떨어뜨린다는 것입니다. 키워드만 잔뜩 나열한, 알맹이 없는 글이 돼버리지요.

네이버 검색 엔진에서는 전문적인 글, 좋은 글이 상위에 노출된다고 명시하고 있습니다. 그렇다면, 어떻게 좋은 글을 쓸 수 있을까요?

5장에서는 매력적이면서 검색 엔진에도 잘 노출되는 글쓰기 방법을 소개합니다. 더불어 요즘 핫이슈로 떠오른 AI를 통해 글쓰기 도움을 받는 법도 소개합니다.

# 05-1

# 작심삼일을 피하는 글쓰기 계획 세우기

클라이언트들을 만나다보면 보면 "블로그를 만들었지만, 개점휴업 상태예요."라는 말을 많이 듣습니다. 블로그 만들기는 쉽지만, 매일 글을 써서 올리는 건 여간 부담스러운 일이 아닌가 봅니다. 무엇보다 뭘 써야 할지 몰라 막막하다고 합니다. 개점휴업을 피하려면 먼저 글 작성 계획을 잘 세워야 합니다. 블로그는 게시글이 많아질수록 신뢰도도 높아지고, 방문자도 늘어납니다. 하지만 꾸준히 글을 쌓겠다는 초심과 달리, 실제로 좋은 글을 매일 쓰기란 쉽지 않습니다. 작심삼일 블로그가 되지 않도록 다음 원칙들을 하나씩 따라 해 보세요.

## 하나, 업무 시간 중 하루에 1개 쓰기

먼저 하루 중 글쓰기가 가장 편한 시간이 언제인지 생각해 보세요. 그런 다음, 블로그 글쓰기로 하루 업무를 시작하거나 마무리하겠다는 계획을 세웁니다. 집중이 잘되는 시간이 가장 좋겠지요?

글은 하루에 하나씩 쓰는 것을 원칙으로 합니다. 만약 평일에 시간이 없다면 휴일을 이용하는 것도 좋습니다. 휴일에 미리 여러 개의 글을 써놓은 후 예약을 걸어 두세요.

> ☑ 블로그를 빠르게 활성화하고 싶다면, 주 3건의 글을 올리는 것을 추천합니다.

## 둘, 요일별로 주제를 잡고 쓰기

막상 컴퓨터 화면을 마주하면 머릿속이 하얘지면서 글감이 안 떠오르나요? 블로그 글을 쓸 때 시간만 잡아먹고 결과가 신통찮은 이유는 글의 주제를 미리 정해두지 못했기 때문입니다. 요일별로 어떤 내용을 쓸 것인지 미리 정해 둔다면 고민하는 시간은 줄이고, 글쓰기 시간을 늘릴 수 있습니다.

| 월 | 화 | 수 | 목 | 금 | 토 | 일 |
|---|---|---|---|---|---|---|
| 업무 팁 | 업무 관련 전문 정보 | 구성원 이야기 | 업무 이슈 | 회사 주변 맛집 | 여행이나 스포츠 | 문화나 방송 관련 정보 |

블로그 요일별 주제 예시

주중에는 업무와 관련된 글이나 블로그 방문자들에게 도움이 되는 정보 위주로 글을 올리고, 주말에는 일상이나 취미와 관련된 글로 관심을 집중시켜 보세요. "이번 주말에 뭐 할까?"라고 고민하는 사람들에게 도움이 되는 정보를 준다면 내 블로그에 오지 말라고 해도 찾아오겠지요?

위의 표처럼 주제를 요일별로 자세히 나눠 놓으면 글쓰기도 편하고, 내용이 풍부해져 검색에도 도움이 됩니다.

☑ 요일별 테마를 잡기 힘들다면 카테고리별로 하루 하나씩 글을 채우는 것도 한 가지 방법입니다.

## 하면 된다! } 나만의 요일별 주제 정하기

| 월 | 화 | 수 | 목 | 금 | 토 | 일 |
|---|---|---|---|---|---|---|
| 이 주의 신제품 또는 주목 제품 | 가게나 제품 관련 에피소드 | 관련 업계 이야기 | | | | |

요일별 주제를 정한 후 그에 맞는 글감을 찾아내면 글쓰기 속도가 더 빨라질 것입니다. 좋은 글을 쓰려면 무엇보다 주변을 잘 관찰해야 합니다. 일하다가 떠오른 팁, 고객을 상대하면서 겪은 일, 제품을 만들면서 얻게 된 노하우나 사연 등 공유하고 싶은 내용이 있다면 아무리 사소한 것이라도 메모하고 사진을 찍어 정리해 두세요. 스마트폰 메모장이나 개인 수첩에 적힌 몇 줄의 메모가 좋은 글의 밑거름이 돼 줄 것입니다.

## 셋, 브랜드 검색 반영을 위한 기본 글 10개 먼저 만들기

그렇다면 첫 번째 글은 어떤 주제로 쓰는 것이 좋을까요? 누군가를 처음 만났을 때 인사를 하고 자기소개를 하는 것처럼 블로그도 마찬가지입니다. 첫 번째 글에는 블로그 활동을 시작했다고 알리는 한편, 자신은 누구이고 또 앞으로 어떤 이야기를 할 것인지 소개해야 합니다. 이런 글을 '기본 글'이라고 하는데, 단순한 블로그 소개를 넘어 두 가지의 중요한 역할을 하고 있습니다.

첫째, 기본 글은 자신의 이름이나 브랜드를 소개함으로써 누군가가 브랜드 이름을 검색했을 때 자연스럽게 자신의 글이 노출되게 만듭니다. 특히 이전에 전혀 검색되지 않았던 회사나 브랜드일수록 글이 더 잘 노출됩니다.

둘째, 갓 만들어진 블로그는 블로그 지수가 낮아 포털 검색에 제대로 반영되지 않기 때문에 좋은 글을 올려도 많은 사람에게 전달되기 힘듭니다. 이럴 때는 우선 블로그에 내용을 채우는 일이 시급하겠지요. 기본 글은 블로그의 성격을 잡고 초기에 게시글을 쌓는 데 큰 도움을 줍니다.

기본 글은 블로그에 대한 설명, 운영자에 대한 소개, 블로그 주제에 대한 설명 등 회사나 개인의 다양한 모습을 보여 줄 수 있는 내용으로 기획합니다.
기업 블로그의 경우, 블로그 운영 정책을 알리는 것도 필수입니다. 회사 대표의 인사말도 기본 글의 소재가 될 수 있지요. 개인 블로그를 운영한다면 10문 10답 형식으로 자기소개와 자신이 하는 일을 설명할 수 있습니다.
다음에 소개하는 10가지 주제를 참고해 기본 글을 만들어 보세요. 블로그 레이아웃과 꾸미기가 완성되지 않았더라도 최대한 빨리 게시글을 쌓아 나가는 것이 블로그 지수를 올리는 길입니다. 블로그를 개설하고 2주 동안 주중에 하루 1개씩 써서 올리세요.

1. 블로그 소개
2. 블로그 운영 원칙
3. 필자(기자단) 또는 담당자 소개
4. 회사 소개
5. 인사말(대표 또는 회사를 대표하는 간부)
6. 상품 소개(전체 상품 소개나 상품 카테고리)
7. 회사 연혁
8. 영업 시간 또는 찾아오시는 길
9. FAQ(자주 묻는 질문들)
10. 상품 또는 서비스 구입 방법

만일 홈페이지를 운영하는 기업이라면 그 안에 담긴 내용도 적극적으로 활용해 보세요. 텅 빈 블로그를 채우는 좋은 글감이 됩니다. 먼저 홈페이지의 글이 네이버에서 검색되는지 확인해 보세요. 홈페이지의 내용을 복사한 후 검색했을 때 나타나지 않는다면, 현재 홈페이지 관련 정보가 네이버에 검색되지 않는다는 의미입니다. 이때 홈페이지의 내용을 재가공해 블로그에 올리면 기업 소식을 쉽고 빠르게 알릴 수 있습니다.

이와 반대로 홈페이지의 글을 네이버 검색으로 찾을 수 있다면, 그 글은 블로그에 넣지 마세요. 똑같은 내용을 반복해 쓰면 다른 사람의 글을 베꼈다는 오해를 받아 새롭게 시작하는 블로그가 피해를 입을 수 있습니다.

 **알아 두면 좋아요**

**기관이나 기업의 블로그는 운영 원칙을 꼭 올리는 것이 좋아요**

블로그 운영 원칙이란, 블로그 안에서 여러 사람이 편하게 자신의 의견을 주고받을 수 있도록 하기 위해 만든 규칙을 말합니다. 기관이나 기업의 블로그를 운영할 때는 방문자들과 원활한 소통을 위해 운영 원칙을 만들어 올리는 것이 좋습니다. 기본적으로 블로그 글은 여러 사람이 함께 살펴보고, 공유할 수 있게 하는 것이 좋습니다. 다만, 원본 출처를 표기하지 않거나 남의 글을 복사해 자신의 글인 양 올리는 일 등에 대한 제재는 표시해야 합니다.

1. 콘텐츠 주제 및 책임

이은콘텐츠 블로그는 소셜콘텐츠 퍼블리싱 전문회사 이은콘텐츠에서 운영하고 있습니다. 블로그에 실린 내용은 이은콘텐츠의 자료를 바탕으로 작성됩니다.

2. 댓글, 트랙백 정책

이은콘텐츠 블로그는 댓글 및 트랙백, 공감, SNS 공유를 통한 여러분의 참여와 관심을 언제나 환영합니다. 이은콘텐츠 블로그의 모든 댓글과 트랙백은 오픈 정책으로 운영됩니다.

단, 블로그의 주제와 부합되지 않거나 다른 블로그 방문자에게 피해를 주는 욕설, 비방, 외설적인 댓글, 광고성 스팸 댓글의 경우 사전 공지 없이 관리자에 의해 삭제될 수 있음을 알려드립니다.

이은콘텐츠 블로그 운영 정책 (blog.naver.com/eeuncontents/220400059485)

## 넷, 블로그의 신뢰도를 높이는 히스토리 글 만들기

2주 동안 기본 글을 모두 작성했다면, 이제 히스토리 글을 작성할 차례입니다. 히스토리 글은 기업이나 브랜드, 개인을 잘 드러내는 글을 말합니다. 이 글은 블로그를 운영하는 기업이나 개인의 신뢰감을 높여 주고, 브랜드나 기업 관련 검색어를 풍부하게 만드는 역할도 합니다. 그렇기 때문에 기업이나 소상공인들의 블로그에서는 히스토리 글이 더욱 중요합니다. 제품이 신뢰를 얻기 위해서는 제품이 만들어진 배경, 제품 구성, 판매 원칙 등이 투명하게 보여야 하기 때문입니다.

예전에는 멋진 광고에 현혹돼 제품을 구입하는 소비자들도 많았지만, 요즘 소비자들은 제품 구성 정보부터 구매 후기까지 꼼꼼하게 따진 후 자신에게 가장 맞는 제품을 고릅니다. 만일 온라인 사용자들이 개인이 올린 잘못된 제품 정보를 먼저 본다면 어떻게 될까요? 당연히 구매할 마음을 접거나 망설이겠지요. 더욱이 형식적인 구매 후기만으로는 소비자들이 제품의 특징을 파악하는 데 한계가 있습니다. 그러므로 기업은 공식적인 글을 통해 소비자들이 올바른 정보를 얻을 수 있도록 해야 합니다.

히스토리 글은 일주일에 한 번 정도 올리고, 상황이 어렵다면 적어도 한 달에 두세 번 정도 작성하는 것이 좋습니다.

- 기업 히스토리 소개(창업 계기, 창업 과정 소개, 창업 시 성공 요인, 실패 요인 등)
- 상품 소개(개별 상품을 구체적으로 소개)
- 구성원 소개(구성원이 말하는 회사 이야기)
- 부서 소개(각 부서나 팀에서 하는 일)
- 언론 보도 자료 정리
- 다른 블로그들의 소개글
- 이달의 행사나 이슈

블로그 신뢰감을 높이는 히스토리 글 주제

예를 들어 한의원 블로그를 운영하고 있다면 치료 원칙, 치료 과목, 환자들의 후기, 약을 처방하고 달이는 과정을 쓰는 것입니다. 글은 자세하고 정확한 정보를 담고 있어야 하며, 반드시 사용자에게 도움이 되는 내용을 적어야 합니다. 자화자찬하는 내용은 광고성 글로 여겨져 오히려 신뢰를 떨어뜨릴 수 있기 때문입니다.

# 05-2
# 네이버가 좋아하는 키워드는 따로 있다

## '서교동 맛집'을 검색했을 때 내 블로그가 보이면 좋겠어요

서교동에서 음식점이나 커피 전문점을 운영하는 분이라면 모두 같은 고민을 할 것입니다. 이럴 때 키워드 검색 광고로 효과를 봤다는 이야기를 들으면 솔깃하겠지요? 하지만 키워드 검색 광고를 하려면 비용이 꽤 듭니다. 예를 들어 '서교동 맛집'과 '서교동맛집'은 띄어쓰기만 다를 뿐이지만 다른 키워드(검색어)로 분류되며, 광고비 또한 각각 지불해야 합니다. 키워드 하나만 구매해 검색 광고를 하자니 다른 키워드로 검색하는 사람들이 마음에 걸리고, 그렇다고 모든 키워드를 모두 구매해 광고를 하자니 비용이 만만치 않습니다. 더욱이 요즘 온라인 사용자들은 키워드 검색 결과가 일종의 광고 효과임을 잘 알고 있기 때문에 쉽게 현혹되지 않습니다.

## 블로그의 핵심, 키워드 전략

사람들이 키워드를 입력했을 때 자신의 글이 노출되기를 바란다면 지식iN, 카페, 블로그 코너에서 사람들이 자주 찾는 키워드로 글을 쓰면 되겠지요? 우리가 흔히 듣는 '블로그 마케팅'이나 '지식iN 마케팅'은 이렇게 핵심 키워드에 자신의 글이 노출되게 만드는 마케팅 기법입니다.

특히 여러 정보 중 **가장 오랫동안 노출되며, 신뢰를 쌓을 수 있는 채널이 블로그**입니다. 블로그는 작성하는 글의 양에 제한이 없어 소셜미디어 중에서 키워드를 가장 다양하게 담을 수 있다는 장점이 있습니다. 하고 싶은 이야기가 많으면 글도 길어집니다. 이 과정에서 다양한 키워드가 자연스럽게 들어가 검색 엔진에 노출되는 것이지요.

많은 사람에게 자신의 블로그와 그 안에 담긴 게시글을 보여 주고 싶다면, 무엇보다 '핵심 키워드'를 잘 선정해야 합니다.

## 꼭 노출돼야 하는 핵심 키워드 정하기

핵심 키워드란, 온라인에서 노출되기를 바라는 목표 키워드를 말합니다. 자신의 블로그 글이 여러 검색 결과 중에서 가장 위쪽에 노출되기를 바란다면 핵심 키워드를 공략하세요. 핵심 키워드를 통해 관심 분야가 서로 비슷한 사람들에게 자신의 블로그가 더 자주 노출될 수 있으며, 이것이 반복되면서 자연스럽게 온라인 마케팅이 이뤄집니다.

네이버나 다음과 같은 포털 웹 사이트들은 온라인 사용자들이 궁금해하는 자료와 정보를 다양한 형식으로 제공하며, 그들이 포털 웹 사이트 안에 오랫동안 머물게 합니다. 이때 포털 웹 사이트는 사람들 눈에 잘 띄는 곳에 여러 형태의 배너 광고를 배치하거나 각종 키워드 검색 광고를 통해 수익을 얻습니다.

'한의원'을 검색했을 때 결과로 나오는 한의원 목록

검색 키워드를 입력했을 때 파워 링크나 파워 콘텐츠, 비즈 웹 사이트에 노출되는 웹 사이트는 모두 검색 광고의 결과라고 생각하면 됩니다. 이때 클릭 한 번당 적게는 몇 십 원에서 많게는 몇 만 원을 주고 사야 하며, 경쟁률이 높은 키워드일수록 값이 비쌉니다. 검색 광고로 노출된 웹 사이트를 사람들이 한 번 클릭할 때마다 몇 만 원을 내야 한다면, 소규모 자영업자나 작은 기업은 광고를 할 엄두를 내기 힘들겠지요.

이때 네이버의 검색 결과 노출 순서를 보면 블로그 마케팅이 왜 중요한지 알 수 있습니다. **키워드가 세부적일수록 검색 결과 상위에 블로그의 게시글이 놓입니**

다. 예를 들어 '설날 연휴 여행지'를 검색했을 때 광고 다음으로 블로그의 게시글이 맨 위에 노출되는 식이지요.

☑ 현재 네이버에서는 검색 결과로 블로그 글들을 모아서 보여주는 동시에, 네이버 AI 기반 분석 알고리즘을 적용해 찾고자 하는 정보에 근접한 텍스트를 자동으로 추출해 보여주는 '지식스니펫' 서비스도 시험적으로 적용 중이에요.

구체적으로 표현한 키워드를 '세부 키워드'라고 합니다. '여행지'보다는 '연휴 여행지', '설날 여행지'가 더 구체적이고, 이들 키워드를 합쳐 놓은 '설날 연휴 여행지'가 세부 키워드가 됩니다.

그렇다면 네이버는 왜 블로그 글을 상위에 노출하는 걸까요? 그 이유는 다음과 같습니다. 블로그는 실시간으로 빠르게 업데이트되며, 여러 사람의 정보를 담고 있기 때문에 늘 새로운 정보를 제공합니다. 어떤 키워드를 입력하든 그에 맞는 정보를 제공하는 것이 포털 웹 사이트의 서비스 목표인데, 세상의 모든 정보를 담는 역할을 블로그가 하는 것이지요.

네이버나 다음 등의 포털 웹 사이트들은 블로그나 카페 서비스를 확장하고 활동을 독려합니다. 콩 저금통을 주거나, 블로그에 광고를 달게 하거나, 이달의 블로그로 선정하며 블로거가 좋은 게시글을 더 많이 만들어 낼 동기를 부여해 줍니다.

블로그의 핵심 키워드를 무엇으로 정할지 막막하다면, 자신이 왜 블로그를 운영하고 있는지 생각해 보세요. 예를 들어, 수원에 있는 카센터 사장이 블로그를 운영할 경우 어떤 단어를 핵심 키워드로 하는 것이 좋을까요?

일단 '카센터'를 검색했을 때 자신의 글이 맨 위에 오면 가장 좋겠지요. 다음으로는 사람들이 카센터를 찾는 이유인 자동차 수리나 정비 관련 키워드, 즉 '흠집', '도장'과 같은 키워드를 사용하거나 카센터가 위치한 지역명인 '수원'도 키워드로 적합합니다. 물론 자신의 카센터 이름을 검색했을 때도 정보가 나와야 합니다.

이런 기준으로 잡은 핵심 키워드는 다음과 같습니다.

1. 수원 카센터
2. 자동차 수리
3. 자동차 고장
4. 현대 AS센터
5. 블루핸즈 대리점
6. 흠집 도장
7. 타이어 교체

수원 카센터 블로그의 1차 핵심 키워드 예시

> ☑ 핵심 키워드를 정할 때는 목표로 삼은 고객의 관심사나 활동을 참고해 그 고객이 자주 검색할 만한 키워드를 찾아내야 합니다.

1차 핵심 키워드는 5~7개 정도로 잡습니다. 그런데 핵심 키워드가 '카센터'라면 너무 일반적이지 않을까요? '카센터'와 관련된 글들이 줄줄이 검색될 텐데, 여기에 자신의 글이 상위에 노출되기는 어렵겠지요. 특히 블로그를 시작한 지 얼마 되지 않은 경우라면 오래 활동해 온 기존 블로그에 밀려 더욱 힘들겠지요. 이때는 검색 결과 상위를 노릴 만한 '2차 키워드'를 잡아야 합니다.

## 검색 결과 상위 노출의 핵심! 2차 키워드 잡기

2차 키워드는 마인드맵처럼 1차 키워드를 좀 더 세분화해 확장시켜 줍니다. 핵심 키워드를 조합해 만들 수도 있고, 연관된 키워드를 찾아 확장시킬 수도 있지요. 키워드를 '열쇳말'이라고도 하는데, 정말 이 말대로 키워드는 글을 쓰기 위한 열쇠와 같습니다. 자신이 뽑은 키워드가 구체적이고 다양할수록 이야기의 소재도 구체적이고 다양해집니다.

핵심 키워드를 조합할 때 마인드맵을 이용하면 키워드의 연결을 한눈에 볼 수 있기 때문에 블로그 글의 제목이나 내용에 들어갈 키워드를 쉽게 살펴볼 수 있습니다.

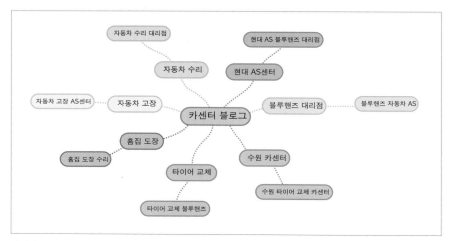

카센터 블로그의 핵심 키워드를 조합해 만든 2차 키워드

키워드를 조합해 2차 키워드를 만들 때는 주제와 관련된 단어들을 적어가며 키워드를 확장하는 방법도 있습니다. 대분류에서 소분류로 나아가면 됩니다. 이런 식으로 적다 보면 자신이 블로그에서 하고 싶은 이야기가 좀 더 구체적으로 드러납니다. 마인드맵을 활용해 2차 키워드를 잡아 보세요.

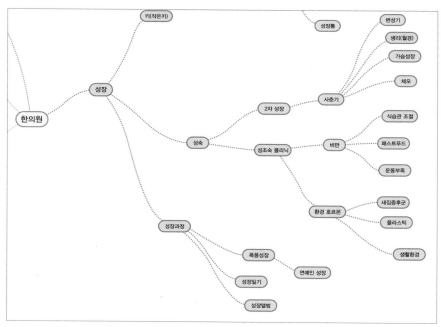

대분류에서 소분류로 생각을 좁혀 가면서 '한의원' 키워드를 확장합니다.

## 하면 된다! } 핵심 키워드 선정하기

키워드는 분기별로 새롭게 선정하는 것이 좋습니다. 이전에 정한 키워드로 검색했을 때 자신의 블로그 글이 있다면, 현재 노출되고 있는 키워드 외에도 새로운 키워드를 추가 또는 확장해 블로그로 유입될 수 있는 키워드를 늘려야 합니다.

1차 키워드에는 자신의 산업군, 지역, 제품의 특성에 관련된 키워드를 적고, 2차 키워드에는 이를 확장해 좀 더 구체적인 키워드를 적습니다. 1차 키워드는 기본적으로 5~10개 정도로 정합니다. 1차 키워드를 구체화한 2차 키워드는 1차 키워드별로 2~3개씩 추가합니다. 이렇게 만든 키워드를 살펴보면 그 자체로 블로그 글의 소재가 되며, 글의 제목도 될 수 있습니다.

자신의 블로그를 떠올리면서 다음 키워드 표를 직접 작성해 보세요.

| 1차 키워드 | 2차 키워드 |
|---|---|
| 카센터 | 수원 카센터 |
|  | 현대 블루핸즈 카센터 |
|  | 차 잘 고치는 카센터 |
|  |  |
|  |  |
|  |  |
|  |  |
|  |  |
|  |  |
|  |  |
|  |  |
|  |  |
|  |  |
|  |  |

# 검색이 잘되는 키워드를 찾는 5가지 방법

이제 사람들은 검색을 통해 정보를 얻는 것이 너무 당연하고 익숙합니다. 블로 그는 검색 서비스에 최적화된 소셜미디어 서비스입니다. 특히, 블로그의 모든 글은 검색 결과에 그대로 반영됩니다. 그렇기 때문에 글을 처음 쓸 때부터 목표 고객을 불러들일 수 있는 키워드를 담는 것이 무엇보다 중요합니다.

키워드를 아무리 강조해도 지나치지 않은 이유가 바로 이 때문입니다. **정확하 고 구체적인 키워드를 선정해야 내가 원하는 고객들을 내 블로그로 불러들일 수 있습니다.** 또한 사람들이 어떤 키워드에 관심을 갖고 있는지, 어떤 키워드를 주로 검색하는지 꾸준히 살펴야 시의적절한 키워드를 도출해 방문자 수를 늘릴 수 있습니다.

네이버에서는 검색에 도움을 주는 다양한 연관 검색어 서비스와 계층별, 지역 별, 시간대별로 사람들의 관심을 보여 주는 여러 키워드 서비스를 제공하고 있 습니다. 이 서비스들을 이용하면 블로그 글의 주제도 쉽게 찾을 수 있고, 블로그 검색률도 높이는 일석이조의 효과를 얻을 수 있습니다.

앞의 실습에서 1차 키워드, 2차 키워드를 선정하기가 막막했다면 여기서 소개 한 4가지 방법을 활용해 키워드를 정해 보세요.

## 1. 네이버 검색어를 활용하자

네이버 메인으로 들어가 볼까요? 우리에게 익숙한 초록색 창이 보입니다. 이 창 에 원하는 검색어를 입력해 보세요. 모두 입력하기도 전에 네이버가 제시하는 검색어가 아래 리스트로 보입니다. 사용자의 검색을 빠르게 도와주는 '자동 완 성 검색어'입니다.

검색어를 모두 입력한 후 [검색]을 누릅니다. 검색 결과 화면의 위쪽에 '연관 검 색어' 서비스가 보입니다. 내가 검색한 검색어의 의도에 맞는 비슷한 결과를 보 여 주는 검색어를 알려 주는 것이죠. 자동 완성 검색어와 연관 검색어는 사람들 이 많이 사용하는 키워드를 기반으로 나타나기 때문에 키워드를 선정할 때 활 용하면 큰 도움이 됩니다.

### ① 검색창의 자동 완성 검색어로 2차 키워드 잡기
자동 완성 검색어는 사람들이 궁금해하고 자주 검색하는 키워드를 우선적으로 보여 줍니다.

다음은 '여름휴가'라는 핵심 키워드를 입력했을 때 자동으로 보이는 자동 완성 검색어입니다. 여행 관련 일을 하고 있다면 '여름휴가 제주도'라는 키워드를 과일 가게를 운영하고 있다면 '여름휴가 선물'을 2차 키워드로 잡아 글을 써야겠지요.

'여름휴가'라는 키워드와 관련된 자동 완성 검색어

☑ 검색어 입력 시 제일 위쪽에 자신이 이전에 검색한 검색어가 보이고, 그 아래로 연관 검색어가 보입니다. 이전에 검색한 기록이 없을 때는 연관 검색어만 보입니다.

② 검색 결과 첫 페이지의 인기 주제로 2차 키워드 잡기

검색어를 입력한 후 나오는 첫 번째 페이지를 살펴보면, 관련 인기 주제가 나옵니다. 이 주제를 참고하여 블로그 글을 쓰면 사람들에게 내 글이 더 많이 노출될 수 있어요.

이때 해당 분야의 인플루언서들이 쓴 토픽도 좋은 키워드가 됩니다. [모아보는 인플루언서 토픽]에서 [여행 토픽 더보기]를 누르면 관련 주제의 인플루언서들이 어떤 글을 쓰고 있는지 살펴볼 수 있어요.

인플루언서 콘텐츠의 제목을 활용해 2차 키워드를 잡아보는 것도 좋아요.

③ 검색 결과의 연관 검색어로 2차 키워드 잡기

검색어를 입력한 후 나온 검색 결과 중 블로그나 카페 검색 결과로 들어가면 연관 검색어가 나옵니다. 연관 검색어는 입력한 검색어와 연관된 검색어를 제공하는 기능인데요. 원하는 검색 정보를 연관 검색어 결과로 연결해 좀 더 다양한 정보를 살펴볼 수 있습니다.

예를 들어 '여름휴가'를 검색해 보면 여름휴가와 관련된 연관 검색어를 찾아볼 수 있습니다. 이렇게 보니 2차 키워드가 좀 더 구체적으로 다가오지요?

연관 검색어는 블로그 글의 제목 키워드로 사용하거나 본문에 삽입하는 키워드로 활용하는 것이 좋습니다. 또한 키워드 검색 결과를 통해 사람들의 흥미도 분석할 수 있습니다.

'여름휴가'와 관련된 연관 검색어

'여름휴가'로 나온 연관 검색어를 살펴보니 '여름휴가 해외여행'이 있습니다. 이를 바탕으로 다양한 서브 키워드를 만들어 볼 수 있습니다. '여름휴가 유럽 해외여행', '여름휴가 해외여행 준비물', '여름휴가 해외여행 비행기' 등의 키워드를 확장해 볼 수 있죠. 블로그 글로 써 볼만한 주제는 다음과 같습니다.

- 2024년 여름휴가 해외여행 인기 유럽 국가 5곳
- 동남아에서 가장 인기는 여름휴가 여행지는? 비행기표는 얼마?
- 여름휴가 해외여행, 일정별로 준비물은 무엇이 있을까?
- 비행기 마일리지로 여름휴가 해외여행 티케팅하기

## 2. 검색 광고의 키워드 도구 서비스를 통해 찾아보자

네이버는 검색 광고를 직접 집행하고, 효율적인 검색 광고를 할 수 있도록 네이버 검색 광고 웹 사이트를 운영하고 있습니다. 이를 이용하면 좀 더 다양한 키워드를 선정할 수 있고, 각각의 키워드에 맞는 블로그 글을 기획할 수도 있습니다.

네이버 검색 광고 첫 화면(searchad.naver.com/)

네이버 검색 광고 키워드를 살펴보기 위해서는 따로 광고주 회원 가입을 해야 합니다. 회원 가입 완료 후 네이버 검색 광고 페이지 하단의 [키워드 도구] 서비스를 활용하면 좀 더 2차 키워드를 효과적으로 설정할 수 있습니다. [키워드 검색] 바에 1차 키워드를 입력해 키워드를 조회하면 관련 키워드를 추천해 줍니다. 이 중에서 자신이 필요한 키워드를 2차 키워드로 정하는 것입니다.

키워드 도구에서 '초밥집'으로 검색했을 때 나타난 결과

광고비가 비싼 키워드는 경쟁률이 높다는 의미이며, 관련 블로그 글도 많이 올라온다는 이야기입니다. 처음 블로그를 시작할 때는 이런 **경쟁이 심한 키워드가 아니라 가격은 저렴하지만 사람들이 많이 찾는 틈새 키워드**를 찾는 것이 중요합니다.

예를 들어 '초밥집'을 1차 키워드로 잡았다면, 2차 키워드는 [월간검색수]를 살펴본 후 많은 사람이 검색한 키워드로 잡을 수 있습니다. 모바일 사용자가 급증한 요즘에는 모바일에서 검색한 수가 많은 키워드를 선정하는 것이 좋겠지요.

| | | |
|---|---|---|
| • 초밥맛집 | • 배달체인점 | • 초밥체인점 |
| • 스시 | • 횟집 | • 회전초밥 |

위의 키워드는 모바일에서 많이 검색된 키워드입니다. 여기에 지역을 추가해 좀 더 구체적인 키워드를 만들어 보세요. '수원 장안동 초밥뷔페'나 '장안동 초밥맛집' 등을 2차 키워드로 정하면 됩니다.


## 3. 네이버 데이터랩 서비스를 활용하자

네이버 데이터랩(DataLab) 서비스를 활용하면 방문자들이 분야별로 어떤 검색을 하는지 알 수 있고, 검색어트렌드를 통해 더 많이 검색하는 검색어를 찾아볼 수 있으며, 쇼핑인사이트를 통해 인기 검색어와 클릭량 등을 알아볼 수 있습니다. 여기서는 초보자들도 쉽게 찾아볼 수 있는 검색어트렌드와 쇼핑인사이트 활용법을 소개합니다.

☑ 네이버 급상승 검색어는 2021년 2월 25일부로 서비스가 종료됐습니다. 다만 과거 데이터는 조회가 가능합니다.

### ① 검색어트렌드로 주제별 키워드 찾기

자신이 궁금한 검색어를 바로 입력할 수도 있고, 궁금한 주제어를 설정한 후 하위 주제에 해당하는 검색어를 쉼표(,)로 구분해 입력할 수 있습니다. 그래프를 통해 주제어별로 검색량이 어떻게 달라지는지 알 수 있고, 검색 결과를 기간, 사용기기, 성별, 나이별로 지정해 살펴볼 수도 있습니다. 이외에도 궁금한 검색어를 비교하는 데 사용하면 좋습니다. 예를 들어 사람들이 '학원'을 더 많이 검색하는지, '학교'를 더 많이 검색하는지를 비교해 볼 수도 있고, 12월에 어떤 과일을 좋아하는지 주제어를 여러 개 사용해 검색해 볼 수도 있어요.

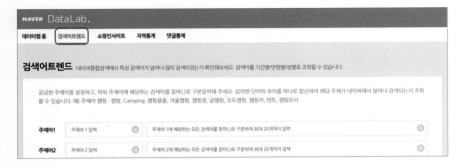

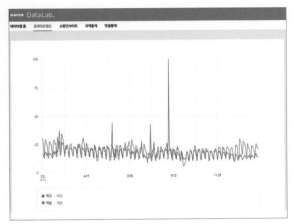

학교와 학원을 검색한 결과

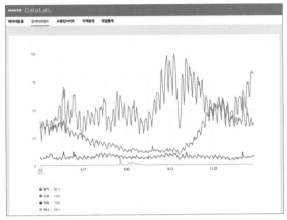

딸기, 사과, 키위, 바나나를 함께 검색한 결과

검색어트렌드를 활용해 살펴보니 딸기는 겨울에 곡선이 올라가고, 여름에는 떨어지는 곡선을 그리고 있다는 것을 알 수 있습니다. 사과는 8월부터 가을 출하 시기에 많이 검색되는 것을 알 수 있어요. 키위와 바나나는 1년 동안 비슷한 검색량을 보입니다. 이렇게 검색어트렌드를 활용해 사람들이 많이 찾는 검색어를 알아볼 수 있습니다.

② 쇼핑인사이트를 활용해 주제별 키워드 찾기

네이버 데이터랩의 쇼핑인사이트에서는 쇼핑 분야별 통계나 제품군의 분야별 통계를 살펴볼 수 있습니다. 이와 더불어 분야별 인기 검색어를 살펴볼 수 있는데요. 자신의 제품을 판매하는 소상공인들이 활용하면 좋습니다.

☑ 쇼핑 분야 트렌드는 세부 카테고리를 비교해 제품 판매에 참고하거나 실제 블로그 글을 쓸 때도 참고하면 됩니다.

예를 들어 패션 로드샵을 운영하는 가게의 블로그라면 패션 관련 분야의 클릭량과 키워드를 살펴보며 블로그 글의 주제를 잡을 수 있죠. 예를 들어 '남성의류' 키워드를 분석해 보겠습니다.

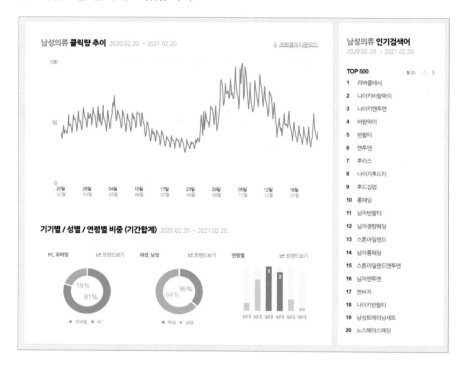

검색 결과를 살펴보면 남성의류 관련 클릭량이 가을부터 겨울 사이에 급격하게 올라갔네요. 가을, 겨울이 패셔니스타들에게는 다양한 멋을 낼 수 있는 시기라는 것을 짐작할 수 있죠. 이와 더불어 해당 기간의 인기 검색어를 통해 패션 관련 블로그 글을 쓸 때 활용할 수 있습니다.

기기별, 성별, 연령별 비중을 살펴보면 실제 남성의류는 모바일에서 검색을 많이 하며 남성의 검색량이 많다는 것을 알 수 있습니다. 의외로 30대, 40대가 가장 많은 검색을 하는 것을 보면 자신만의 패션 스타일을 만들고 싶은 남성들의 니즈가 크다는 것을 짐작해 볼 수 있지요.

'30대 남성 패셔니스타가 꼭 사야 할 남자 경량 패딩'이라는 제목의 쇼핑인사이트를 분석한 블로그 글은 더 많은 사람에게 노출될 것입니다.

이외에도 쇼핑인사이트에서는 검색어 통계도 살펴볼 수 있습니다. 각 쇼핑 카
테고리별 분야를 설정한 후 관련 검색어를 비교해 볼 수 있습니다.
예를 들어 노트북 중에서 'LG그램' 노트북은 사람들이 언제 검색하는지를 살펴
보고 싶다면 [분야]에서 [디지털 / 가전] → [노트북]으로 설정한 후 검색어에
'LG그램'을 넣어 봅니다.

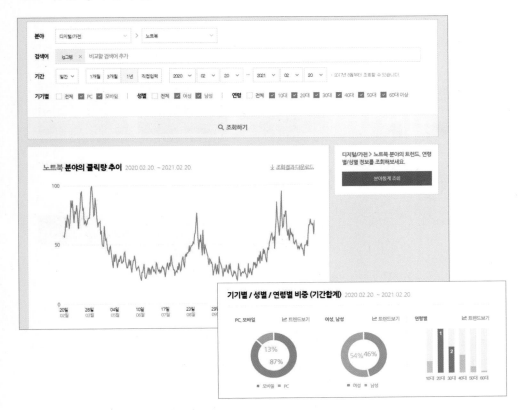

1년간의 클릭량을 살펴보니 새 학기 입학 전후에 가장 많은 클릭량이 보입니
다. 이와 더불어 여름방학 끝나는 즈음, 그리고 연말에 클릭량이 많습니다. 특히
'LG그램'은 20대들의 클릭률이 가장 높았는데요. 이를 통해 LG그램 노트북에
관심 있는 사람들은 20대, 남성보다는 여성이 좀 더 많은 관심을 두고 있다는
것을 알 수 있죠. 아마도 LG그램의 무게가 상대적으로 다른 노트북에 비해 가볍
다 보니 여성들이 많이 찾는 것이 아닐까 추측할 수 있습니다.

## 4. 인플루언서 검색 결과를 살펴보자

네이버에서는 좋은 글을 쓰는 인플루언서 창작자에게 검색 상위 노출 혜택을 주고 있습니다. 다양한 주제에서 활동하고 있고, 이를 네이버에서는 영향력 지수, 전문 분야, 관련 직업 인플루언서로 나누어 보여주고 있어요. 이들의 글을 살펴보며 키워드를 찾으면 좀 더 인기 있는 글을 쓸 수 있답니다.

네이버 인플루언서에서는 해당 분야 전문가들의 글을 살펴보고, 벤치마킹할 수 있습니다.

지금까지 핵심 키워드를 정하는 방법을 살펴봤습니다. 자신이 목표로 정한 키워드는 제목과 태그에도 적절히 사용해야 합니다. 1차 키워드와 2차 키워드는 분기에 한 번씩 점검하고 수정하는 것이 좋습니다. 목표로 잡은 키워드에 내 블로그의 글이 올라와 있다면 추가로 다른 키워드를 선정하는 것이 좋습니다.

## 핵심 키워드를 활용하는 2가지 방법

### 1. 구체적인 키워드로 확장하기

키워드는 구체적인 단어를 사용해야 합니다. 또한 하나의 키워드를 반복해 사용하는 것이 아니라 비슷한 의미를 가진 여러 키워드를 함께 사용해야 합니다. 똑같은 키워드를 반복적으로 사용하면 광고성 글로 판단되기 쉽지만, 다양한 키워드를 사용하면 내용이 더 충실해질 뿐 아니라 유입될 수 있는 키워드가 많아져 검색에도 도움이 되기 때문입니다.

예를 들어 '감기'라는 키워드로 방문자를 모으고 싶다면 어떻게 해야 할까요? '감기'라는 키워드 외에도 감기의 증상에 따라 여러 키워드를 찾을 수 있습니다. 목감기, 목이 아플 때, 코감기, 코가 막힐 때, 기침감기, 기침이 심할 때, 열감기, 열이 날 때 등 비슷한 의미를 가진 키워드를 다양하게 사용해 글을 쓰는 것이 좋습니다.

하지만 사람들이 감기에 걸렸다고 해서 감기나 감기 증상에 대한 키워드만 검색하는 것은 아닙니다. 어떤 사람은 감기약을 찾고, 어떤 사람은 양심 있는 병원을 알고 싶어 하고, 어떤 사람은 감기 자가치료법에 대해 궁금해합니다. 즉, 감기라는 간단한 키워드 하나만으로도 연관 키워드를 수천 개나 만들 수 있습니다. 이를 잘 파악한 후 다양한 키워드를 자신의 글과 잘 연결하는 것이 방문자들을 모으는 비결입니다.


## 2. 제목 앞쪽에 핵심 키워드 넣기

블로그를 분석하다 보면 내용은 좋은데 글의 개수에 비해 방문자가 기대 이하로 적은 경우가 있습니다. 이와 같은 현상들의 공통점은 블로그 글의 제목에서 사람들이 검색하는 키워드를 찾기 힘들다는 점입니다. 제목에 구체적인 키워드가 아닌, 추상적인 키워드를 사용했기 때문이죠.

예를 들어 블로그 제목이 '상상 그 이상의 재미가 있다! 이번 주말엔 전통시장으로!'라고 가정해 보죠. 이 제목에선 어떤 키워드가 눈에 띄나요? 이 글의 핵심 키워드는 '전통시장'입니다. 하지만 블로그 제목에는 전통시장이 뒤로 들어가 있죠. 제목 제일 앞에 있는 '상상'은 '전통시장'과 연결되는 키워드는 아니죠. 이런 제목으로 글을 발행하면 핵심 키워드로 잡은 '전통시장' 대신 '상상'이나 '재미'라는 키워드로 먼저 검색됩니다.

물론 전통시장을 다니면 상상력도 커지고 재미도 있지만, 전통시장에 가려는 사람들이 이런 키워드로 검색하지는 않겠죠? 보통은 '전통시장', '전통시장 영업일', '구례 전통시장' 등 더 구체적인 키워드로 검색합니다. 즉, 위의 제목은 핵심 키워드를 앞에 배치해 '전통시장에서 주말 보내기 어때? 상상 그 이상의 재미까지!'로 고치는 것이 좋습니다.

『해서열전』이라는 책을 블로그로 홍보하고 싶을 때도 마찬가지입니다. 책의 제목을 정확히 알고 검색하는 사람은 드물기 때문에 '해양소설', '바다 관련 책', '바다 이야기', '바다 소재 책' 등 사람들이 많이 검색하고 쉬운 키워드로 글을 올려야 방문자를 더 많이 모을 수 있습니다.

# 05-3
# 첫눈에 끌리는 제목 만들기

마케팅의 관점에서 보면 블로그 방문자 수가 많다고 무조건 좋은 게 아닙니다. 콘텐츠를 목표 고객에게 정확히 전달하는 것이 가장 중요합니다. 그렇기에 사람을 낚는 자극적인 이슈는 피하세요. 전하고 싶고 자신만이 전할 수 있는 주제로 글을 쓰고, 뉴스나 책 등을 활용해 내용을 확장하고, 핵심 키워드로 사람들의 관심사와 연결하는 것이 중요합니다. 분야별로 주제가 잘 쌓인 블로그일수록 목표 고객에게 정확히 도달되며, 시선을 끕니다.

방문자들의 눈에 띄기 위해서는 사람들이 자주 찾는 키워드를 검색했을 때 내 글이 상위에 노출되어야 합니다. 그러기 위해서는 무엇보다 제목에 핵심 키워드가 잘 들어가면서도, 클릭할 수 있는 매력적인 제목이어야 합니다.

요즘 많이 활용하는 생성형 AI는 제목이나 글의 구조를 짜는 데 많은 도움을 줍니다. 매번 제목을 만드느라 고생한 사람이라면 AI의 도움을 받아 제목을 지어 보세요.

## 검색이 잘되는 제목을 짓는 3가지 방법

글쓰기에서 가장 중요한 것은 무엇일까요? 바로 '제목'입니다. 제목은 사람들의 흥미를 끄는 첫 관문이기도 하지요. 특히 블로그 글에서 제목의 중요성은 더 강조됩니다. 블로그 글의 제목은 검색 엔진이 글의 성격을 파악하고 검색 위치를 찾는 기준이 되기 때문입니다.

### 1. 제목은 15~20자 정도가 좋다
너무 짧은 제목은 글의 내용을 전달하기 힘듭니다. 핵심 키워드만 나열한 제목은 선뜻 읽고 싶다는 마음이 생기지 않을 것입니다. 매력적인 제목을 만들기 위해서는 내용을 파악할 수 있을 정도의 길이여야 합니다.

그렇다고 해서 제목을 무조건 길게 쓰는 것은 피해야 합니다. 키워드가 무의미하게 반복되는 제목은 블로그 검색 결과에서 제외됩니다. 네이버 블로그 검색 결과 상위에 노출된 블로그들을 살펴보면, 15~20자 정도의 제목으로 이뤄져 있습니다. 제목이 길면 검색 결과에서 줄임표(…)로 표시되기 때문에 최대한 검색 결과에서 제목이 모두 보이게 짓는 것이 중요합니다.

## 2. 제목에 핵심 키워드를 2~3개 넣는다

검색 엔진에서는 사람들이 검색한 키워드가 제목의 앞쪽에 위치한 글이 먼저 나옵니다. 검색한 키워드와 연관성이 높은 글이라고 여기는 것이지요. 그러므로 제목을 정할 때는 꼭 맨 앞에 핵심 키워드를 넣어 주세요.
예를 들어, 장난감을 소개하는 다음의 두 제목 중 검색 노출에 도움이 되는 제목은 무엇일까요?

> ① 우리 아이 키우는 데 꼭 필요한 장난감 5가지
> ② 장난감 5가지로 아이의 발달 도와주기

답은 ②번입니다. 장난감을 소개하는 글이라면 핵심 키워드인 '장난감'이 제목 맨 앞에 오는 것이 좋습니다. 제목에 들어가는 키워드는 2~3개 정도가 적합합니다. ①번 제목에는 '장난감'이라는 핵심 키워드만 들어 있는 반면, ②번 제목에는 '장난감'과 '발달'이라는 2가지 핵심 키워드가 들어 있다는 것을 알 수 있습니다.

## 3. 제목에 들어가는 키워드는 구체 명사가 좋다

대부분의 사람은 온라인에서 검색할 때 구체적인 명사를 입력합니다. 검색의 정확도를 높이기 위해 자신도 모르게 핵심 키워드를 넣어 검색하는 것이지요. 단순히 '우리 아이 장난감'이라고 쓰기보다 '발달 장난감', '학습 장난감' 식으로 제목에 좀 더 구체적인 검색어(구체 명사)를 넣으면 검색 결과 상위에 노출되는 효과를 높일 수 있습니다. 물론 제품명이 있다면 그 이름이 들어간 제목을 적는 것이 좋겠지요.
'우리'나 '아이' 같은 대명사나 일반 명사는 여러 상황에서 쓰일 수 있으므로 검색 결과에도 잘 나타나지 않고, 블로그 제목이 길어지는 원인이 되기도 합니다.

## 매력적인 제목을 짓는 5가지 원칙

블로그 제목은 마우스를 움직여 글을 클릭하게 만드는 매력이 있어야 합니다. 아무리 핵심 키워드가 들어간 맞춤형 제목이라 하더라도 방문자의 마음에 와 닿지 않으면 말짱 도루묵입니다. 지금부터 매력적인 제목을 짓기 위한 5가지 원칙을 소개합니다.

☑ 생성형 AI를 활용해 지은 제목이 매력적인 제목의 원칙에 부합하는지 체크해 보세요.

### 1. 간단히, 단도직입적으로 쓴다

은유적인 표현이 많거나 한 번 읽었을 때 이해가 안 되는 제목은 피하세요. 좋은 제목은 단도직입적으로 핵심 내용만 간단히 정리해 놓은 것입니다. 이런 제목은 강한 제안을 할 때, 인지도 높은 브랜드 이름과 같이 쓸 때, 사람들이 잘 아는 제품이나 서비스와 관련된 제목일 때 효과가 좋습니다.

> • 동안 메이크업! 바로 이렇게
> • 휠라의 새로운 컬래버 작업은?
> • 스벅에서 불리고 싶은 당신의 별명이 궁금해요!

### 2. 큰 혜택을 명시한다

제목에 고객이 받을 수 있는 혜택을 넣으세요. 글에 대한 호기심을 자극해 일반 방문자를 고객으로 변화시킬 수 있습니다. 단, 고객이 받을 수 있는 혜택을 실제보다 과장해서 쓰면 처음엔 관심을 끌 테지만 나중엔 오히려 제품 신뢰도를 떨어뜨릴 수 있으니 주의하세요.

> • 공기청정기를 50% 할인 가격으로 판매합니다.
> • 10박하면 1박이 무료!
> • 할인 매장 반값 타임 세일 시간을 콕 찍어 알려드려요.

### 3. 사람들의 욕구를 채워 주는 제목을 쓴다

"어떻게 하면 다이어트에 성공할 수 있을까?", "어떻게 하면 일류대에 갈 수 있을까?" 하는 식으로 '어떻게 하면~', '어떻게~'로 시작하는 문장은 지금보다 더 나은 자신을 바라는 사람들에게 구체적인 방법을 알려 준다는 암시를 주는 제목입니다. '어떻게 하면~' 다음에는 글을 읽는 사람이 얻는 최종 결과나 이득에 관한 내용이 나와야 합니다.

**160** 셋째마당. 실전! 블로그 글쓰기

- 어떻게 하면 집에서 컴퓨터로 돈을 벌 수 있을까?
- 어떻게 해야 아이와 허심탄회하게 대화할 수 있을까?
- 좋은 와인, 어떻게 골라야 할까?

## 4. 직접 답을 요구하는 질문형 제목을 쓴다

단도직입적인 질문을 써서 글을 읽는 사람이 바로 "예", "아니요"라고 답할 수 있는 제목을 써 보세요. 여기서 포인트는 '더 알아보고 싶다'는 생각이 들도록 제목을 지어야 합니다. 제품이나 서비스의 장점을 소개하는 질문으로 고객을 유도해 보세요.

- 설날 기차표를 종종 놓치지 않나요? 이 글을 읽어 보세요.
- 지하철 탈 때면 이런 일 꼭 있지요?
- 맛집 찾을 때 유용한 앱을 알고 있나요?

## 5. 제목에 유용한 정보를 제공한다

사람들은 그저 그런 정보가 아닌, 자신에게 꼭 필요한 알짜 정보를 원합니다. 정보는 사실에 따라야 하고, 공개된 정보보다는 자신만 아는 정보의 가치가 더 큽니다. 남들이 모르는 정보를 알고 있으면 다른 사람보다 더 유리한 위치를 선점할 수 있기 때문입니다. 비밀, 팁, 힌트, 비법, 규칙, 시스템 등의 단어가 포함된 제목은 블로거가 자신만이 아는 고유한 정보를 알려 준다고 사람들이 믿도록 만듭니다.

- 100세까지 무병장수하는 건강 비법
- 고소득 펀드에 투자하기 위한 펀드 선택 팁
- 남자를 사로잡기 위한 패션 코디 힌트

## 생성형 AI 도구를 활용해 블로그 제목 짓기

명령어를 입력하면 텍스트, 이미지, 동영상을 생성할 수 있는 인공지능 시스템을 생성형 AI라고 하는데요. 데이터의 특징과 구조를 학습한 다음, 유사한 특징이 있는 새로운 데이터를 만들어내는 것이 특징입니다.

요즘 이 생성형 AI를 숙제나 비즈니스 업무에 활용하는 경우가 많아요. 특히, 생성형 AI로 만든 블로그 제목이나 글은 처음 블로그를 시작하는 분들께 도움을 줍니다. 다만, 생성형 AI는 완벽하고 정확한 답을 주는 것이 아니기 때문에, 정보에 대한 확인이 필요해요. 더불어 비슷한 패턴의 제시가 반복되므로, 나만의 특징 있는 글을 쓰고 싶다면 생성형 AI 결과물을 기초 자료로, 자신만의 내용을 추가하는 것이 중요해요. 여기서는 대표적인 생성형 AI인 챗GPT와 네이버 클로바 X를 활용해 블로그 제목 짓는 법을 소개할게요.

### 하면 된다! } 챗GPT로 블로그 글 제목 짓기

**1.** 챗GPT (chat.openai.com/chat)에 회원 가입을 한 후 로그인을 합니다.

챗GPT 로고

☑ 이미 아이디가 있다면 바로 로그인하세요!

**2.** 화면의 왼쪽 상단에서 [New Chat 📝]을 누르면 새 대화 창이 나타나며, 화면 하단에 명령어를 입력할 수 있습니다.

**3.** 제목을 짓기 위한 명령어는 핵심 키워드, 제목에 들어갈 키워드 숫자, 전체 제목 길이, 만들어질 제목의 개수 등을 포함해서 만듭니다. 이번 실습에서는 다음과 같이 입력했습니다.

> **You**
> 설날, 해외여행, 일본여행, 3박4일의 키워드를 2~3개 씩 넣어 15~20자 제목 5개를 만들어줘

**4.** 결과로 나온 제목을 살펴보고 자신이 쓸 게시글에 가장 어울리는 제목을 골라 사용하면 됩니다.

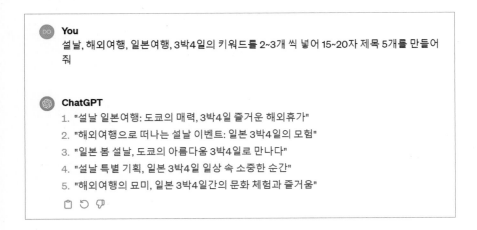

> **You**
> 설날, 해외여행, 일본여행, 3박4일의 키워드를 2~3개 씩 넣어 15~20자 제목 5개를 만들어줘
>
> **ChatGPT**
> 1. "설날 일본여행: 도쿄의 매력, 3박4일 즐거운 해외휴가"
> 2. "해외여행으로 떠나는 설날 이벤트: 일본 3박4일의 모험"
> 3. "일본 봄 설날, 도쿄의 아름다움 3박4일로 만나다"
> 4. "설날 특별 기획, 일본 3박4일 일상 속 소중한 순간"
> 5. "해외여행의 묘미, 일본 3박4일간의 문화 체험과 즐거움"

네이버 클로바 X는 네이버에서 만든 생성형 AI로, 네이버의 이용자, 특히 대한 민국의 데이터를 주로 활용했기에 정확도가 높은 것이 특징입니다. 챗GPT의 치명적인 약점인 할루시네이션(환각 현상)을 보완할 수 있다는 점에서 네이버 클로바 X를 추천하고 싶네요.

클로바 X 로고

이번엔 네이버의 클로바 X를 활용해 블로그 글 제목을 지어 보겠습니다.

## 하면 된다! } 클로바 X로 블로그 글 제목 짓기

**1.** 네이버 로그인을 한 후 클로바 X 서비스(clova-x.naver.com)로 들어갑니다.

☑ 이 화면이 나오지 않았다면, 로그인을 하세요!

**2.** 하단의 대화 상자에서 명령어를 입력합니다. 앞서 챗GPT와 마찬가지로 핵심 키워드, 제목에 들어갈 키워드 숫자, 전체 제목 길이, 만들어질 제목의 개수 등을 포함해서 만듭니다.

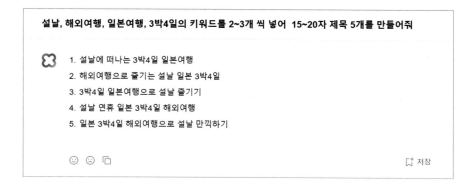

**3.** 클로바 X가 제시한 답변이 마음에 들지 않는다면, 하단의 [다른 답변 보기] 버튼을 눌러서 살펴보세요. 답변 왼쪽의 ◁▷를 누르면 답변들을 살펴볼 수 있어요.

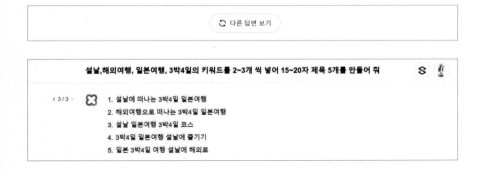

 **알아 두면 좋아요**

**네이버 클로바 X의 디스커버리 기능을 활용해 블로그 글 풍부하게 만들기**

네이버 클로바 X에는 [디스커버리]라는 기능이 있습니다. 여기서는 여러가지 답변 중 도움이 되는 답변을 저장하고, 모아 보세요. 이 기능을 활용하면 블로그 글을 작성할 때 도움을 받을 수도 있어요.

클로바 X의 답변 우측 하단의 [저장 ⊡ ] → [+ 새 디스커버리 만들기]를 누르면 질문과 답변이 저장됩니다. 저장된 글을 통해 블로그 글의 내용을 풍부하게 만들어 줄 수 있어요.

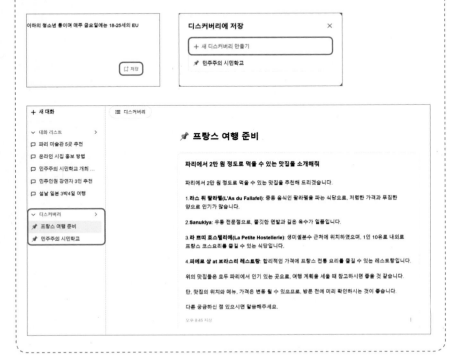

**알아 두면 좋아요**

**제목에 바로 대입해 쓰는 매력 있는 문장 7가지**

앞서 살핀 내용으로도 매력적인 제목을 짓기 힘들다면, 다음 7가지 문장 형식을 사용해 제목을 지어 보세요.

**1. ~분(짧은 시간)만 주세요. ~(혜택)을 드리겠습니다**

사람들은 늘 짧은 시간에 큰 효과를 얻고 싶어 합니다. 자신이 생각하는 것보다 짧은 시간에 혜택을 얻을 수 있다는 느낌을 주므로 매력적인 문장 형식입니다.

- 3분만 투자하면 뱃살 빠지는 다이어트 체조
- 5분만 시간을 내면 인생이 바뀌는 성공 법칙

**2. 게으른 ~가 ~하는 방법**

시간에 쫓기는 사람들은 뭔가 늘 놓치며 사는 건 아닌지, 자신이 게으른 건 아닌지 불안해합니다. 그러면서도 마음속으로는 모든 것을 이루고 싶어 하지요. 게을러도 쉽게 해결할 방법을 알려 준다는 느낌의 문구는 편리함과 신속함을 떠올리게 하는 매력적인 제목입니다.

- 게으른 사람이 좀 더 부자가 되는 방법
- 게으른 아빠들이 아이와 효과적으로 놀아 주는 방법

**3. 당신은 이런 실수를 하나요?**

누구나 실수하지만 자신은 결코 실수하지 않았으면 하는 게 사람 마음입니다. 실수하지 않는 방법이 있다면, 당연히 그 방법이 궁금하겠지요. 이 제목 형식은 사람들의 시선을 끕니다.

- 당신은 영어에서 이런 실수를 하나요?
- 당신은 블로그를 운영할 때 이런 실수를 하나요?

**4. 지금 ~하지 않으면 후회할 거예요**

나중에 후회할 행동을 하려는 사람은 아무도 없습니다. 이런 사람들의 심리를 자극하는 제목입니다. 처음부터 해야 할 일을 알고 있다면 후회할 일은 줄어들겠지요?

- 지금 피부를 지키지 않으면 후회할 거예요.
- 지금 사지 않으면 후회할 거예요.

**5. ~가 ~하도록 하는 방법**

목표 고객으로 삼은 대상과 그 대상에게 제공할 수 있는 혜택을 적어 보세요. 실제 목표 고객인 사람들과 혜택에 관심 있는 사람 모두에게 관심을 끌 수 있는 제목입니다.

- 무관심 남친이 뜨거운 애인으로 변하는 방법
- 부모님께 단번에 결혼 허락을 받는 방법

**6. ~처럼 ~하라**

사람들은 유명인이나 유명 브랜드의 노하우나 기술을 늘 따라 하고 싶어 합니다. '~처럼'에는 누구나 아는 유명인이나 위인을 넣는 것이 좋습니다.

- 스티브 잡스처럼 아이디어를 도출하려면?
- 이순신처럼 백전무패 전략을 세워라

**7. ~하는 ○○가지 방법 / ~하는 ○○가지 노하우**

다양한 정보를 한 번에 얻을 수 있는 가장 좋은 방법은 목록입니다. 내용이 풍부한 글이라는 생각이 들게 하는 제목 형식입니다.

- 맛있는 커피를 끓이기 위한 7가지 방법
- 추리 게임에서 승리하기 위한 10가지 노하우

# 05-4
# 본문을 잘 쓰는 5가지 원칙과 9가지 문장술

## 본문을 쉽게 쓰는 5가지 원칙

'하얀 것은 바탕화면, 까만 것은 글자…' 블로그 초보자들이 가장 어려워하는 것이 바로 글쓰기입니다. 하지만 글쓰기는 블로그의 경쟁력을 좌우하는 가장 중요한 요소이므로 결코 소홀히 할 수 없는 부분이기도 합니다.

편집이 잘된 블로그 글은 내용의 신뢰도를 높여 주고 핵심 내용을 빠르게 파악하는 데 도움을 줍니다. 같은 글이라도 몇 가지 글쓰기 요령을 지키면 더 많은 방문자를 모을 수 있습니다. 다음과 같은 글쓰기 원칙을 참고하여 블로그 글을 작성해 보세요.

### 1. 중간 제목을 넣어 본문을 나눈다

글쓰기가 어려운 가장 큰 이유는 머릿속에 그린 전체 내용을 한 번에 풀어 내려고 하기 때문입니다. 그럴 때는 중간 제목을 3~4개 정도 넣어 본문의 뼈대를 세워 보세요.

중간 제목을 넣으면 내용을 일관성 있게 전개할 수 있고, 중간 제목에 핵심 키워드를 넣어 자연스럽게 키워드를 노출할 수도 있습니다. 방문자의 입장에서는 중간 제목만 읽고도 내용을 짐작할 수 있지요.

☑ 블로그 글은 보통 원고지 8매, A4 용지 1장 반 정도로 작성합니다. 만일 내용이 길어지면 시리즈로 연재하는 것이 좋습니다.

---

**레토릭: 세상을 움직인 설득의 비밀**

레토릭. 수사학이다. 쉽게는 흔히들 설득의 기술이라고 말하지만 말하기 기술이라고 하는 게 더 정확할 것이다. 책의 줄기를 형성하는 '제2부 레토릭의 비밀'에서는 레토릭의 5가지 요소를 소개하는데 이것 역시 연설의 5가지 단계를 그대로 따르고 있다. 원제(You Talkin' to me?) 역시 '말하기'를 핵심으로 다루고 있지 않은가.

만약 이 책이 요즘에 나왔다면 레토릭이란 단어를 고집했을까. 대통령의 글쓰기처럼 000의 말하기와 같은 제목은 어떨까. 레토릭을 실용적으로 접근한 것은 좋았지만 말하기 기술 그 이상의 매력을 느끼기는 어려웠다. 이 책에서 레토릭이란 단어 대신 말하기를 넣어도 전혀 어색할 게 없다. 오히려 이해가 더 잘 된달까.

---

중간 제목 하나에 들어가는 본문은 보통 2~3개 문단이 적당하며, 중간 제목은 본문과 쉽게 구분되는 것이 좋습니다. 본문보다 조금 크게 쓰고 강조하는 효과(굵게 또는 색상)를 적용해 보세요.

## 2. 글의 주제는 처음과 끝 양쪽에 모두 담는다

글은 주제를 드러내는 방식에 따라 두괄식, 미괄식, 양괄식으로 구분합니다. 즉, 글의 첫머리나 끝머리 또는 양쪽 모두에 주제를 나타낼 수 있지요.

블로그 글은 어떤 방식으로 주제를 드러내는 것이 좋을까요? 정답은 **양괄식**입니다. 주제와 키워드가 자연스럽게 반복되면 더 많이 노출되기 때문입니다. 처음에는 주제를 던져 글의 흥미를 높입니다. 마지막에 다시 한번 글의 주제를 언급하고 사람들이 이 글을 통해 무엇을 얻었고, 어떻게 적용했으면 하는지를 적습니다.

소셜콘텐츠 인사이트

### 콘텐츠 제작자들만 아는 고민, 여기서 해결하세요!

이온콘텐츠    2018. 12. 7. 11:06          URL 복사  🔖 통계   ⋮

혹시 지금 콘텐츠를 제작하는 일을 하고 계신가요? 신박하고 새롭고, 사람들을 사로 잡는 콘텐츠를 만들기 위해, 혹은 만들고 싶어서 머리를 꽁꽁 싸매고 있으신가요? 네, 맞습니다!! 이건 제 이야기이기도 하고 이 글을 보고 계시는 분들의 이야기입니다. 그래서 저는

글을 쓰게 된 계기와 글을 통해 얻을 수 있는 내용을 적은 첫 문단

특히, 블로그 글의 첫 문단은 가장 중요합니다. 이곳에는 글의 주제와 핵심 키워드가 반드시 포함돼야 합니다. 글이 노출될 때 글의 제목과 같이 보이는 부분이 바로 글의 첫 문단이기 때문입니다.

미코유의 요리날다    2021.02.10.    블로그 내 검색

**발렌타인데이** 베일리스레시피, 티라미수와 더치 라떼 만들기

이제 **발렌타인데이**가 얼마 남지 않아서 연인분들은 많이 설렐 것 같아요. 이럴 **발렌타인데이** 베일리스레시피 첫 번째는 바로 티라미수입니다. 달콤하고 부드러워…

네뜨,베리의 달달한 하루    2021.02.03.    블로그 내 검색

**발렌타인데이** 바크 초콜릿 만들기 비질이 좋죠

담주면 설이기도 하지만, **발렌타인데이**기도 하죠. 많은 분들이 사랑하는 사람을… 싶더라고요 나름 쉬운 이것도 한판 다 날리고서야 만들어졌네요 ㅠㅠ **발렌타인데이**…

'발렌타인데이'를 검색했을 때 함께 노출되는 글의 첫 문단

네이버 검색 결과를 보면 본문의 경우, 검색 키워드가 처음 들어간 문단의 앞뒤 내용을 보여 주는데요. 글 내용의 중간이 보이면 처음 글을 접한 사람들은 블로그 글의 내용을 짐작하기가 쉽지 않습니다.

첫 문단에 핵심 키워드가 들어간 문장을 글의 도입 형식으로 써야 검색에도 도움이 되고, 글의 내용도 쉽게 이해시킬 수 있습니다.

## 3. 한 문단은 3~4줄 정도로 작성한다

블로그 글을 쓸 때 가운데 맞춤으로 정렬하고, 문장이 끝날 때마다 한 줄을 비워두는 경우가 있는데, 브랜딩을 위한 블로그 글이라면 가운데 맞춤보다 앞줄 맞춤이나 양쪽 맞춤으로 글을 정렬하는 것이 좋습니다. 실제로 이렇게 편집된 글이 내용도 많이 담기고, 읽을 때 눈이 가장 편합니다.

가운데 맞춤을 할 경우, 모바일상에서 볼 때 문제가 생깁니다. 이는 스마트폰마다 가로 크기가 다르기 때문인데, 컴퓨터에서 봤을 때는 띄어쓰기가 잘된 글이라도 모바일로 보면 엉망인 경우가 많습니다.

다만, 블로그는 온라인 매체이므로 문단마다 한 줄씩 띄우는 것이 보기에 더 편합니다. 보통 3~4줄을 한 문단으로 정리합니다.

## 4. 문장은 간결하게 쓴다

어떤 글이든 한 문장이 너무 길면 집중하기 힘들 뿐 아니라 내용 파악도 어려워 좋지 않은 글로 여겨집니다. 블로그 글도 마찬가지입니다. 한 문장의 길이는 블로그 글 화면에서 한 줄 반 이상을 넘지 않게 하세요. 특히 요즘은 모바일상에서 글을 읽는 사람이 많으므로 간결한 문체를 사용하는 것이 좋습니다.

**나쁜 예**

> 만두를 좋아하는 사람이 많은데 실제로 만두를 집에서 만드는 것은 어려워 자꾸 사먹게 되고, 그러다 보니 맛있는 만두를 사는 게 생각보다 쉽지 않아서 이 집, 저 집 돌아다니게 되고, 결국 원하는 만두를 고르지 못하게 되는 거죠.

**좋은 예**

> 만두를 좋아하는 사람이 많죠? 하지만 만두를 만들기는 어렵죠. 가게에서 자신의 입맛에 맞는 맛있는 만두를 사는 것도 생각보다 쉽지 않아요. 이 집, 저 집 돌아다니다 보면 원하는 만두를 고르지 못하고 후회만 하죠.

글솜씨가 없다고 걱정할 필요는 없습니다. 주어와 서술어로 구성된 간단한 문장이면 충분합니다. 좋은 글은 초등학생이 읽어도 충분히 이해할 수 있는 문장으로 이뤄져 있습니다. 여러 사람에게 보여 준다는 생각에 긴장하거나 무게를 잡고 쓰는 사람도 있는데, 자칫 글 자체가 어려워질 수 있으니 주의하세요. 상대 방과 대화한다는 마음으로 쉽고 간결하게 표현하세요.

## 5. 중간 제목의 내용마다 적절한 사진이나 그림을 넣는다

문장으로만 이뤄진 글은 지루해 보입니다. 중간 제목의 내용마다 적절한 사진 이나 그림을 넣어 주면 보기가 한결 편하겠지요? 사진이나 그림은 직접 찍거나 그린 것이 가장 좋습니다. 만일, 적당한 사진이 없다면 무료 사진 제공 웹 사이 트를 이용해 보세요. 본문에 들어가는 사진은 적어도 **3~4장**은 돼야 사진과 글 이 잘 어우러집니다.

☑ 사진을 삽입하는 방법과 무료 사 진 제공 웹 사이트를 이용하는 방법 은 07-1절에서 자세히 설명하겠습니 다.

〈출처: 산수유꽃마을 홈페이지〉

춥고, 쌀쌀한 겨울이라도 자연과 어우러져 뛰어놀다 보면 몸과 마음이 건강한 우리 아이들로 자라날 수 있죠. 자연에서 마음껏 즐기고, 특별 한 체험도 하고 싶은 아이들에게는 양평 산수유꽃 마을의 겨울놀이체험을 추천해드립니다. 산수유 나무가 군락을 이루는 이 마을은 경관 이 아름다울 뿐 아니라 자연과 농촌을 통한 생태체험 프로그램이 잘 마련되어 있는데요. 카누썰매, 스케이트, 전통썰매 등 다양한 겨울 놀이 를 체험할 수 있어 아이들에게는 새로운 즐거움을 선물할 수 있죠. 또한 쑥개떡만들기(강정만들기 택1)와 민화 그림 소품 만들기 등의 체험 도 가능하니 더욱 잊지못할 하루가 될 것 같아요!

이미지는 내용을 풍부하게 만듭니다.

단, 사진을 보여 주는 것이 주목적인 블로그가 아니라면 무의미하게 사진을 많 이 올리거나 용량이 큰 사진은 쓰지 않는 것이 좋습니다. 특히, 모바일 사용자가 대부분인 요즘에는 스크롤이 너무 길고 사진을 불러오는 로딩 시간이 많이 걸 리는 글은 외면당할 수 있습니다.

블로그 글을 충실하게 만들기 위해서는 이미지 외에도 동영상 등을 편집해 같 이 넣으세요. 보고, 듣고, 읽으며 내용을 더 쉽게 이해하도록 해 주는 것이 블로 그의 장점입니다.

# 잘 읽히는 글을 쓰는 9가지 문장술

블로그에 적합한 글쓰기 방법은 따로 있습니다. 초보자도 반드시 알아 둬야 할 블로그 문장술을 연습해 보세요.

## 1. 부드럽게 이야기하는 말투로 글을 정리한다

블로그는 온라인의 소통 창구입니다. 혼자만 몰래 보는 일기가 아니므로 독자를 염두에 두고 글을 써야 합니다. 가장 좋은 방법은 차분하고 부드러운 어조로 이야기하듯이 쓰는 것입니다. 처음 만난 사람과 대화할 때를 떠올려 보세요. 친절한 말투로 조곤조곤 이야기하겠지요? 글을 쓸 때도 마찬가지입니다. 다음은 부드러운 말투로 이야기하듯이 쓴 글입니다.

> 요즘 손으로 만드는 취미가 유행입니다. 그리고 이제 다시 수공예품에 대한 가치를 인정하는 것 같구요. 만만치 않은 가격에, 구입하려면 눈이 휘둥그레지다보니. 무엇이 되었던 손으로 만드는 기술을 직접 배워두고 싶기도 합니다. 뭔가 기술이 있어야 살아남는 시대랄까요?
>
> 위시스는, 목공공구 판매 및 회사를 상대로 목공 아카데미를 여는 회사입니다. 예전 트위터 시대부터 알던 분이 홍보팀장으로 있는 회사여서 헤이리 미팅 후 공장을 방문할 수 있었어요.
>
> 요즘은 개인적으로 공방을 하는 분들이 많고, 학교나 직업훈련, 소규모 목공 아카데미 같은 곳에서도 다양한 기계가 필요하다고 합니다. 위시스에서는 그런 공구를 판매하고 있지요.

이야기하듯이 쓴 글

## 2. 맞춤법에 유의해 글을 작성한다

글을 읽다가 말도 안 되는 오자나 오타를 발견하면 왠지 그 글에 믿음이 가지 않게 되지요? 한 외국 언론의 조사 결과에 따르면, 승진에 영향을 미치는 가장 안 좋은 습관 1위가 맞춤법이 틀린 문서를 제출하는 것이라고 합니다.

블로그에서도 글을 쓸 때는 최대한 맞춤법에 신경을 써야 합니다. 네이버 스마트에디터에는 맞춤법 검사 기능이 있으므로 글을 모두 정리한 후에는 맞춤법 검사를 꼭 해 보세요.

글을 모두 쓴 후에는 반드시 맞춤법 검사 기능을 실행해 글을 수정하고 보완합니다.

한국어 맞춤법/문법 검사기(http://speller.cs.pusan. ac.kr/)를 사용해도 띄어쓰기, 맞춤법 등 문법 오류를 고칠 수 있습니다.

### 3. 은어나 비속어, 이모티콘을 과하게 쓰지 않는다

방문자에게 친근하게 다가갈 목적으로 글 속에 이모티콘과 은어, 비속어를 너무 많이 넣는 것은 좋지 않습니다. 과도한 은어나 이모티콘은 글의 흐름을 방해하고 검색 결과에도 잘 노출되지 않습니다. 궁금한 정보를 찾아볼 때 이모티콘이나 은어를 써서 검색하는 사람은 없다는 사실을 명심하세요.

### 4. '필자' 보다는 '저' 라는 일인칭 표현을 사용한다

블로그 글을 살펴보면 자신을 지칭할 때 '필자는~'이라고 쓰는 사람들이 종종 있습니다. '필자'는 글을 쓰는 사람이라는 뜻의 삼인칭 명사입니다. 사람과 이야기할 때 자신을 '화자(말하는 사람)는~'라고 하지 않지요. 블로그에서도 '저는~'이라고 표현하는 것이 더 친근하게 느껴지고, 방문자가 다가가기도 더 쉽습니다.

### 5. 과도한 높임말은 피한다

'~하실게요'라는 말을 들어봤지요? 한 코미디 프로그램 출연자가 유행시켰던 말투로, 블로그에서도 많이 보이는 표현입니다. 하지만 '~하실게요'라는 말은 어법에 맞지 않으므로 사용하지 않는 것이 좋습니다. 상대방을 높여 부를 때 사용하는 높임말은 상황에 맞게 써야 합니다. 그런데 요즘은 아무 상황에서나 남발하는 경우가 허다합니다. 다음은 높임말을 잘못 사용해 이상한 문장이 만들어진 예입니다.

> • 고객님, 이리 오셔서 옷을 갈아입으실게요.
> • 우리 보라 언니 나가실게요.

그렇다면 위의 '나쁜 예'에 소개된 문장은 어떻게 바꿀 수 있을까요? 다음과 같이 한 문장에서는 행동하는 주체만 높여 줍니다.

**좋은 예**

> • 고객님, 이쪽으로 오셔서 옷을 갈아입으세요.
> • 보라 언니가 나가세요.

## 6. 주어+서술어로 이뤄진 간결한 문장을 사용한다

'~하는데', '~해서', '~하다 보니', '~여서', '~이지만'과 같은, 즉 문장을 길어지게 만드는 접속사는 되도록 피합니다. 문장이 한 줄 이상으로 길어지면 읽는 사람이 내용을 파악하기 어렵습니다. 온라인에서는 간결하고 직설적인 문장이 더욱 빠르게 이해되고, 읽기에도 편합니다.

**나쁜 예**

> 제주 여행을 2박 3일간 다녀오려고 하는데, 취재 여행차 휴식 여행차 가는 거라서 얼마나 좋을지는 잘 모르겠지만 일단 제주에는 묘한 맛이 있으니 떠나 보기로 하는 거였다. / 제주의 풍경은 한국 같지 않은 이국적인 풍경과 전통이 섞여 있어서 서울에서는 느끼지 못하는 습기 가득한 아열대 느낌이 가득하다. / 중국 관광객을 대상으로 한 쇼가 많은데 내게는 맞지 않았고 올레길을 걸을까 고민하다가 맛집이나 투어하면서 배부르게 제주도 여행을 하려고 마음을 먹었고 그래서 처음 간 곳은 사람들이 많이 간다고 유명한 국수 가게였는데 직접 가보니 생각보다 사람이 많지 않아 기다리지 않고 곧장 밥을 먹을 수 있었다. /

**좋은 예**

제주 여행을 2박 3일간 다녀왔습니다. / 취재 여행이었고, 약간의 휴식도 필요
했어요. / 제주에는 한국 같지 않은 이국적인 풍경과 전통이 섞인 묘한 느낌이
있습니다. / 서울에서는 느낄 수 없는 습기 가득한 아열대의 느낌이 있죠. /
중국 관광객이 많아선지 제주도 안내 책자에는 별별 박물관과 쇼가 가득했습니
다. / 하지만 그 많은 볼거리는 단순히 관광객을 잡기 위해 급조된 것 같아 안타
까웠어요. / 저는 이번 제주 여행의 테마를 자연과 건축으로 잡았습니다. /

## 7. 글을 꾸밀 때는 박스, 팁, 인용구를 넣어 내용을 더 풍부하게 한다

일반적으로 블로그 글을 쓸 때는 글과 사진을 순서대로 배열하는 사람들이 많
습니다. 이렇게 통으로 써 내려간 글보다는 중간중간에 박스나 팁 또는 인용구
를 넣어 내용을 더 풍부하게 하는 것이 좋습니다.

음식점 후기를 쓴다면, 내용의 마지막 부분에 그 음식점의 주소와 전화번호, 지
도 등을 박스 형태로 보여 주세요. 또 요리 관련 글을 올린다면, 요리의 필살 팁
같은 정보를 넣어 주세요. 박스, 팁, 인용구에는 자신만의 노하우를 담아 알려
주는 것이 더 알차 보입니다.

> ❝
> '와비사비' 모자람의 매력에 빠지다
>
> ─────────────────────────────────
>
> 소확행에 이어 와비사비가 주목받고 있어요. **불완전하지만 본질적인 삶, 불편하지만 한적한 삶을 추구하는 라이프스타일인데요.** 화려
> 하고 완벽함보다 모자라지만 정신적 충족감을 추구하는 1020세대는 과거의 낡고 오래된 것들을 따뜻한 시선으로 바라봅니다. 고급
> 스럽지 않은 싸구려 컵에서 아날로그의 감성을, 과거에 경험해 보지 못했던 LP에서 정제되지 않은 날것의 매력에 빠져들어요.
>
> ❝
> 오래되고 밋밋해서 오히려 새롭다
>
> ─────────────────────────────────
>
> 오래됨을 강조해서 더 인기를 얻는 것도 있어요. 책의 초판 디자인을 그대로 살리고 세로쓰기로 재현한 복각본은 독자들의 소장욕구
> 를 자극하고 있어요.

중간 제목을 인용구로 처리해 내용을 잘 드러나게 꾸민 예시

## 8. 방문하는 층에게 적합한 어투로 표현한다

자신의 블로그 글을 어떤 사람이 읽기를 바라나요? 목표 고객에게 맞는 표현으로 글을 써 내려간다면 좀 더 많은 사람이 볼 수 있습니다. 남성을 대상으로 글의 주제를 잡았을 때는 좀 더 논리적으로 작성하세요. 연구 결과를 인용하거나 구체적인 수치를 근거로 들어 내용을 정리하면 더 많은 관심을 받을 수 있습니다.

이와 반대로, 여성을 대상으로 글 주제를 잡았을 때는 감성적으로 다가가는 것이 좋습니다. 기분이나 감정을 나타내는 말로 여성이 공감할 수 있도록 글을 써 보세요.

### 남성이 대상인 좋은 글쓰기 예

> 블로그는 고객의 구매 행동에 광고보다 큰 영향을 줍니다. 미국 소비자들의 61%는 블로그 게시글을 보고 구매합니다. 인터넷 사용자의 77%는 블로그를 봅니다. 미국 소비자들의 81%는 블로그의 조언과 정보를 신뢰합니다.

### 여성이 대상인 좋은 글쓰기 예

> 블로그는 사람들과 소통하기 위해 자신의 경험을 기록하는 온라인 매체입니다. 맛집이나 여행 이야기를 모아 둘 수도 있고, 자신만의 잡지처럼 활용할 수도 있어요. 또한, 블로그 글쓰기를 통해 공통점을 가진 사람들과 새로운 관계를 맺을 수도 있어요. 저도 블로그를 통해 친구를 사귄 적이 많은데, 오랫동안 좋은 관계를 맺고 있어요. 여러분도 블로그를 통해 좋은 관계를 만들어 가면 좋겠어요.

## 9. 다시 읽어 보며 틀린 글자를 확인하고 내용을 보충한다

보통 글을 모두 쓴 후에는 내용을 정리하며 다듬습니다. 이 과정을 '퇴고'라 하지요. 자신이 쓴 글에서 비논리적이거나 모순된 내용을 찾아 고치고, 부실한 내용을 보강하며, 맞춤법이나 띄어쓰기를 살펴보는 과정입니다. 블로그 글도 마찬가지입니다. 글을 완성한 후에는 반드시 다시 한번 글을 읽어 가며 틀린 글자나 내용의 오류는 없는지, 누락된 정보는 없는지 꼼꼼히 살펴보세요.

**알아 두면 좋아요**

## 문체를 바꿔 주는 AI, 오웰 활용하기

타깃별로 문장의 문체를 바꿔 주고 싶다면, 문체를 바꿔 주는 생성형 AI를 활용해 보세요. 문장 변경 AI 오웰(Orwell)은 글의 스타일과 타깃을 정할 수 있고, 이모지도 넣거나 넣지 않는 것을 선택해서 정리할 수 있어요.

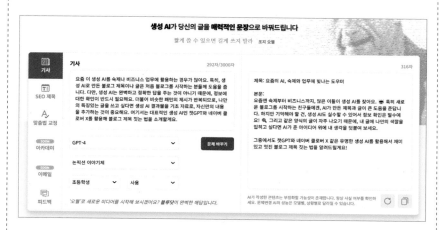

바꾸고 싶은 내용의 글을 넣은 후, 사용하는 AI, 글의 문체, 타깃, 이모지 사용 여부를 선택한 후 [문체 바꾸기] 버튼을 누르면 오른쪽에 지정해 준 내용에 맞춰 문체가 변경되어 나옵니다.

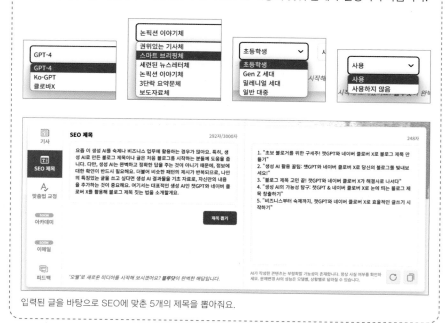

입력된 글을 바탕으로 SEO에 맞춘 5개의 제목을 뽑아줘요.

# 하루에 1개씩!
# 100일이면 완성하는 파워블로그

블로그를 운영할 때 가장 고민되는 부분은 "과연 어떤 주제로 글을 쓰는 것이 좋을까?" 하는 것입니다. 다음에 소개하는 100가지 주제를 참고해 글을 써 보세요. 브랜딩에 도움되는 주제와 검색 결과 상위에 올릴 수 있는 제목, 사람들의 눈길을 좀 더 끌 수 있는 제목 짓기 등에 대해 상세하게 알려 주고 있습니다. 이 원칙으로 100일간 하루 1개씩 글을 올리면, '내 블로그 검색 결과 상위 노출!'이라는 목표를 좀 더 빨리 달성할 수 있을 것입니다.

## 기본 소개 글

| 번호 | 주제/내용 | 제목 예시 |
|---|---|---|
| 1 | **블로그 소개** : 블로그 운영 주제와 운영 방향을 알려 주세요. | 이은콘텐츠 블로그를 소개합니다! |
| 2 | **블로그 운영 원칙** : 블로그 운영 원칙 등 기본 사항을 알려 주세요. | 이은콘텐츠 블로그 운영 정책 |
| 3 | **필자(기자단) 소개 또는 담당자 소개** : 블로그 운영자가 누군지 알면 블로그가 한결 더 친근하게 느껴집니다. 1인 기업이라면 직접 기업의 대표를 소개해도 좋습니다. | 이은콘텐츠 블로그 담당자 ○○○입니다. |
| 4 | **회사 소개** : 블로그를 운영하는 회사 또는 브랜드를 소개해 주세요. | 독서의 즐거움을 전하는 이은콘텐츠를 소개합니다. |
| 5 | **대표 인사말** : 꼭 개업 인사말이 아니더라도 블로그 운영의 시작을 알리는 글을 써서 올리는 것이 중요합니다. | 소셜 콘텐츠를 통한 세상 이야기를 소개합니다. |
| 6 | **상품 구성 소개** : 유명한 기업이나 브랜드가 아니라면 블로그 방문자들이 회사의 상품을 잘 알 수 없겠지요. 어떤 제품을 만드는지 알려 주세요. | 소셜마케팅서비스, 어디서 받고 계세요? |
| 7 | **회사 연혁** : 유령 회사가 아니라면 회사나 가게의 발자취를 써서 올리는 것이 방문객들에게 신뢰감을 심어 줍니다. | 이은콘텐츠 연혁, 작은 기업을 위한 다양한 소셜 프로젝트 |
| 8 | **영업 시간 또는 오시는 길** : 사람들은 온라인에서 기업의 주소와 연락처를 많이 찾습니다. 따로 연락처와 찾아오는 길을 사용해 글을 쓰면 고객을 만나는 일이 쉬워지겠지요. | 누구에게나 열린 이은 공간입니다. |
| 9 | **대표 FAQ** : 사람들이 많이 묻는 질문을 모아 놓고 답해 주세요. 질문마다 각각의 포스트를 올려 대답해도 되지만, 질문이 많이 쌓이면 질문과 관련된 내부 글을 링크로 연결해 줘도 좋습니다. | 이은콘텐츠에 대해 궁금해요? FAQ 10가지 |

| 10 | **상품 또는 서비스 구입 방법** : 자사의 제품을 어디서 구매할 수 있는지 소개하고 링크를 걸어 주세요. 제목에 '이은콘텐츠의 이북(e-book)은 리디북스에서 살 수 있어요' 처럼 구매 가능한 곳을 함께 쓰는 것이 좋습니다. | 알라딘과 교보문고에서 이은의 이북을 구매할 수 있어요. |

## 히스토리 소개 글

| 번호 | 주제/내용 | 제목 예시 |
|---|---|---|
| 11 | **브랜드 히스토리** : 브랜드 로고와 이름 등을 만들게 된 배경을 소개해 주세요. | 배달의 민족체, 누구나 사용할 수 있다니! |
| 12 | **상품 소개** : 개별 상품을 구체적으로 소개해 주세요. 상품이 여러 개라면 각각의 상품을 주기적으로 올려 주는 것이 좋습니다. | 허니버터 제품 라인업, 당신의 선택은? |
| 13 | **회사 부서 소개** : 기업의 다양한 부서나 팀을 소개해 보세요. 맡은 업무도 소개하면서 기업의 신뢰도를 높여 주세요. | 신속 정확 정비팀, 고객 만족 1등 부서예요. |
| 14 | **회사 구성원 소개** : 큰 회사일수록 왠지 좀 멀게 느껴지지요? 이때 구성원의 이야기를 통해 제품과 브랜드의 인상이 한결 편해질 수 있습니다. 농산물의 생산자 표시를 보면 더 믿을 수 있듯이 말이지요. | 꼼꼼 편집자 유신미 씨가 이지스에 온 이유? |
| 15 | **구성원 + 제품** : 제품은 직접 만드는 사람이 가장 잘 알겠지요. 구성원들이 직접 제품을 소개하도록 해 보세요. | 최윤미 팀장이 소개하는 'Do it' 시리즈의 장점! |
| 16 | **다른 블로거들의 후기 소개** : 정기적으로 우리 회사 제품을 네이버에서 검색해 보고, 다른 블로거가 남긴 후기를 글로 소개해 주세요. 후기를 그대로 베껴 쓰라는 말이 아니라 후기를 간단히 정리해 올리되, 글의 전문은 링크로 연결해서 볼 수 있게 하세요. | 늘 궁금한 팟캐스트 따라 하기, 블로거들은 어떻게 활용하는지 살펴봐요. |
| 17 | **제품 개발 과정** : 제품 개발 과정을 그때그때 보여 주면, 단순히 신제품 소개글만 올릴 때보다 방문자의 이목을 더 끌 수 있지요. 검색 결과 상위 노출을 선점할 수도 있습니다. | 데브웨이에선 액션 리듬 게임을 준비 중입니다. |
| 18 | **제품 샘플 홍보** : 신제품을 출시하기 전 입소문을 내고 싶다면, 블로그에 신제품 샘플 글을 올리고 의견을 받아 보세요. | 허브 쿠키 샘플 체험단을 딱 3일간 모집해요. |
| 19 | **이달의 행사 또는 이벤트** : 이달에 진행할 행사나 이벤트를 소개해 보세요. | 5만 원 이상 식사한 고객께 10% 할인 혜택 이벤트 |
| 20 | **인터뷰** : 기업, 브랜드와 관련된 사람들을 인터뷰해 글을 작성해 보세요. | 브랜드 홍보 전문가 김태욱 대표를 만났습니다. |

## 일상 소개 글

| 번호 | 주제/내용 | 제목 예시 |
|---|---|---|
| 21 | **지역 명물 소개** : 기업이나 가게 근처의 명물이나 명소를 소개해 보세요. 가볍게 이색적인 맛집이나 미팅하기에 좋은 카페 등을 소개해도 좋습니다. | 서교동·합정동에서 미팅하기 좋은 카페 5곳! |
| 22 | **영화 소개** : 브랜드와 관련된 문화 이야기를 발굴해 적어 보세요. | 베스트셀러로 만들어진 영화들! |
| 23 | **목표 고객** : 목표 고객이 관심을 보일 만한 주제로 글을 작성해 보세요. 만일 20~30대 직장 여성이 고객이라면 '2030 워킹우먼이 꼭 알아야 할 업무 스킬'이라는 주제가 좋겠지요. | 2030 워킹우먼이 꼭 알아야 할 업무 스킬 |
| 24 | **이슈** : 요즘 이슈가 되고 있는 내용 중에서 기업이나 브랜드와 연관된 주제를 찾아 써 보세요. | 글 쓸 때 도움되는 한글 맞춤법 10가지 원칙 |
| 25 | **포럼 참여** : 관련 업계의 포럼이나 교육 등에 참여해 보고, 그 소감을 포스팅해 보세요. | 페이스북 콘퍼런스에서 배운 소출판사 마케팅 노하우 |
| 26 | **전시회나 페스티벌 참여** : 관련 업계의 전시회나 페스티벌에 참여한 후 그 내용을 포스팅해 보세요. | 서울북 페스티벌에 나온 특별한 팝업북 |
| 27 | **주변 지역 이색 공간 소개** : 테마가 있는 특별한 공간을 소개해 보세요. | 이색 책방 & 만화방, 책도 보고 술도 마시고, 만화도 보고 밥도 먹고! |
| 28 | **취미 소개** : 구성원들의 취미를 소개해 보세요. 취미가 같은 방문자의 관심을 끌 수 있습니다. | 실내 클라이밍, 편집장 L이 스트레스 받을 때마다 오르는 이유 |
| 29 | **여행지 소개** : 여행은 모든 사람의 관심 주제입니다. 자신이 다녀온 곳이나 가고 싶은 곳 등을 소개해 보세요. | 캠핑 vs 글램핑, 이은 영업팀이 올 여름 가고 싶은 곳은? |
| 30 | **나만의 생활 팁** : 온라인에서 본 팁을 따라 하거나 나만의 생활 팁을 소개해 보세요. | 이면지를 알뜰하게 활용하는 5가지 방법 |

## 회사 관련 정보 글

| 번호 | 주제/내용 | 제목 예시 |
|---|---|---|
| 31 | **설문 조사** : 고객들에게 직접 물어보는 설문 글을 작성해 보세요. SNS와 연계해 만들면 더 좋습니다. | 5월에 가장 가고 싶은 여행지는? 직접 선택해 보세요. |
| 32 | **유튜브 영상 찾기** : 우리 회사와 관련된 제품 동영상이나 해외 동영상을 찾아 소개해 보세요. | 유튜브에서 찾은 멋진 북트레일러 영상들 |
| 33 | **웹 사이트 소개** : 평소 즐겨찾기로 저장한 유용한 웹 사이트를 정리해 소개해 주세요. | 출판 편집자가 알아 두면 좋은 디자인 웹 사이트 10곳 |

| 34 | **앱 소개** : 누구나 유용한 앱을 찾아 사용하고 싶어 하지요. 회사 또는 업무와 관련된 앱을 소개해 보세요. | 디지털구루 편집자 P가 추천하는 사진 편집 앱 5가지 |
|---|---|---|
| 35 | **온라인 안내서(브로슈어)** : 파워포인트나 PDF로 제작한 후 글로 공유해 보세요. 파워포인트 SNS인 슬라이드 셰어(Slide Share)에도 함께 올리면 좋습니다. | 이은출판사의 5월 추천 책 5권! 파일로 다운로드해 보세요~ |
| 36 | **이슈와 주제 연결** : 최근 이슈를 통해 자신이 하고 싶은 이야기를 뽑아 보세요. | 작가의 표절, 작가만의 문제일까, 출판사의 문제일까? |
| 37 | **관심 주제 확장** : 자신의 관심 주제에서 포스팅 내용을 확장해 보세요. | 리그 오브 레전드(LOL)의 역사 리더들에게 추천하고 싶은 책 5권 |
| 38 | **경쟁 업체 콘텐츠 큐레이션** : 경쟁 회사에서 인기 있는 블로그 글을 체크한 후 내용을 더해 포스팅해 보세요. | 야식을 더욱 당기게 만드는 음식 웹툰 7편 |
| 39 | **경쟁사 비교** : 제품의 경우, 경쟁사와의 성능 비교 게시글을 만들어 올려 보세요. 객관적인 비교는 자사 제품의 신뢰도를 높여 줍니다. | 갤럭시 note 9 vs. 아이폰 XS max 비교 연구 |
| 40 | **Q&A 기사** : 블로그 운영 중에 받은 제품 관련 질문들을 모아 보세요. | 《된다! 블로그 마케팅》 독자가 물었어요~ Q&A 7가지 |

## 검색 키워드 관련 글

| 번호 | 주제/내용 | 제목 예시 |
|---|---|---|
| 41 | **가이드 검색 키워드** : 검색 창 아래쪽에 있는 이슈 키워드를 이용해 글을 써 보세요. | 슬림한 허벅지를 만들기 위한 책 활용 스트레칭 방법을 아세요? |
| 42 | **실시간 급상승 키워드** : 실시간 키워드를 살펴 글을 써 보세요. | 마이 리틀 텔레비전으로 본 개인 미디어의 확장 |
| 43 | **핫토픽 키워드** : 핫토픽 키워드를 살펴 글을 써 보세요. | 광복 70년, 국가는 우리에게 무엇인가? |
| 44 | **그룹별 인기 검색어** : 목표 고객에 맞는 그룹의 인기 검색어를 살펴보고 글을 써 보세요. | 제주도 항공권, 미리 싸게 구입하는 방법은? |
| 45 | **주변 핫검색** : 회사나 가게가 있는 지역의 핫검색 키워드를 살펴보고 글을 써 보세요. | 홍대에서 시원한 냉면을 먹을 수 있는 곳! |
| 46 | **핵심 키워드** : 블로그 핵심 키워드 2개를 활용해 글을 써 보세요. | 이북 트렌드, 미래의 출판사 모습은 어떻게 변화할까? |
| 47 | **핵심 키워드** : 블로그 핵심 키워드 3개를 활용해 글을 써 보세요. | 출판 마케팅과 이북 마케팅 방법 |
| 48 | **연관 검색어** : 핵심 키워드 입력 시 나오는 연관 검색어로 글을 써 보세요. | 콘테츠 마케팅의 의미와 실행 전략 |
| 49 | **광고 키워드 검색** : 네이버 키워드 광고에서 검색어를 입력한 후 경쟁력이 많지 않은 키워드를 이용해 보세요. | 디지털북 출판사가 성공하기 위한 핵심은? |

| 50 | 지식iN 키워드 검색 : 지식iN에서 사람들이 많이 물어보는 내용을 검색해 보고 관련 내용을 작성해 보세요. | 이북 계약을 원하는 신인 작가와 만화가, 어떻게 좋은 출판사를 찾을까? |
|---|---|---|

## 노하우 공유 글

| 번호 | 주제/내용 | 제목 예시 |
|---|---|---|
| 51 | 인터뷰 : 브랜드 또는 업무와 관련된 사람들이 알려 주는 노하우를 글을 써 보세요. | 된다! 블로그 마케팅 저자 황윤정이 책에서 못다 알려 준 노하우 4가지 |
| 52 | 특강 : 업무와 관련된 특강 자리를 마련하는 안내 글 또는 특강 후기 글을 작성해 보세요. | 저자 황윤정의 블로그 마케팅 특강에 초대합니다! |
| 53 | 권위자 인터뷰 : 회사 또는 가게와 관련된 권위자들과 인터뷰한 후 글을 써 보세요. | 출판 마케팅 권위자 ○○○ 님께 들은 노하우 5가지 |
| 54 | 노하우 공유 : 제품과 브랜드에 담긴 노하우를 적어 보세요. | 맥북 & 아이맥 쉽게 이용하는 법 |
| 55 | 짧은 동영상 제작 : 스마트폰으로 간단히 찍은 인사말 등의 동영상을 글을 써 보세요. 유튜브에 올려 확장시키면 더 좋습니다. | 동영상으로 보는 맥북 트랙패드 사용법 1편 |
| 56 | 성공 비결 : 다른 기업의 성공 사례를 분석해 글을 써 보세요. | 전자책 확장을 위한 블로그 마케팅 성공 노하우 5가지 |
| 57 | 모범 사례 소개 : 관련 업계의 모범 사례를 찾아 설명해 주세요. | 스브스 뉴스의 페이스북 미디어 성공 활용 사례 |
| 58 | 비하인드 스토리 공개 : 남들에게 알려지지 않은 비하인드 스토리를 공개해 보세요. 성공 사례뿐 아니라 실패 사례도 좋은 게시글이 됩니다. | 이은콘텐츠가 출판까지 하게 된 비하인드 스토리 |
| 59 | 고객 노하우 발굴 : 온라인에서 고객들의 행동을 살펴보고 그들이 발견한 노하우를 글로 써 보세요. | 된다! 시리즈를 살펴본 독자들, 실제로 어떻게 따라 했을까? |
| 60 | 역발상 : 기존의 상식을 뒤집는 노하우를 알려 주세요. | 운동해도 살 안 빠진다! 살 빠지는 노하우는 따로 있다! |

## 리스트 제공 글

| 번호 | 주제/내용 | 제목 예시 |
|---|---|---|
| 61 | 충고하는 리스트 : 사람들은 어떤 문제가 생겼을 때, 이에 대한 충고와 조언이 담긴 내용을 찾아봅니다. 이를 목록으로 뽑아 알려 주면 효과가 있습니다. | 고혈압을 경고하는 7가지 증상을 알고 있나요? |
| 62 | 어려움이나 문제를 극복하는 리스트 : 문제가 있을 때는 해결법이 많을수록 좋겠지요. | 높은 생활비를 극복하는 10가지 절약 방법 |

| 63 | **문제를 제시하는 리스트** : 독자들이 가졌을 만한 문제를 제시하며 답을 주는 방법입니다. 자신도 해당하는 문제인지 살펴보게 만드는 글입니다. | 중고생에게 흔한<br>피부 트러블 3가지 |
|---|---|---|
| 64 | **유형을 알려 주는 리스트** : 유형을 나눠 제시하면 이 중 자신이 어떤 유형에 속해 있는지 궁금하겠지요. 설문에서 많이 사용하는 방법입니다. | 리더의 6가지 유형,<br>당신은 어디에 속하나요? |
| 65 | **무료 자료 제공** : 회사에서 발표한 ppt나 pdf를 무료로 제공한다면 많은 사람이 정보를 얻기 위해 블로그를 방문할 것입니다. | 1인 기업을 잘 운영하는<br>12가지 방법이 담긴 무료 ppt를<br>다운로드하세요! |
| 66 | **엄청나게 많은 리스트** : 10가지보다는 50가지, 100가지의 노하우를 알려 주는 것이 방문자들의 관심을 더 끌겠지요. 더 많은 정보를 얻을 수 있다고 여길 테니 말입니다. | 전국 여행할 때 꼭 들러야 할,<br>지역별 냉면 가게 100곳 |
| 67 | **많은 혜택을 얻을 수 있는 리스트** : 내게 도움되는 방법이 많다면 누구나 관심을 기울일 것입니다. | 멋진 패셔니스타로 거듭날 수<br>있는 7가지 메이크업 팁 |
| 68 | **체크리스트** : 자신이 해당되는지, 그렇지 않은지를 확인할 수 있는 내용을 리스트로 만들어 제시해 보세요. | 블로그 마케팅 성공을 위한<br>활동 체크리스트 |
| 69 | **비법이나 비밀 리스트** : 남들이 잘 모르는 비밀이나 비법을 알려 주세요. | 온라인 생태계를 구축해<br>파워블로그 되는 5가지 비법 |
| 70 | **어떻게 하면~ + 리스트** : 질문과 답변이 한 번에 보이는 제목을 사용합니다. 글에 다양한 답이 있다는 것을 알 수 있지요. | 어떻게 하면 성공할까요?<br>무일푼 성공을 위한<br>6가지 노하우 |

## 인기 제목 활용 글

| 번호 | 주제/내용 | 제목 예시 |
|---|---|---|
| 71 | **~를 원하는 사람 / ~을 원한다면** : 사람들은 누구나 욕구가 있습니다. 원하는 욕구를 해결해 주는 방법을 소개해 보세요. | 베스트셀러 작가가 되고 싶다면<br>이렇게 해 보세요! |
| 72 | **~의 비밀** : 남들이 알지 못하는 정보를 알려 주는 글을 써보세요. 비밀은 누구나 솔깃하게 만듭니다. | 방문자 1,000명 들어오는<br>블로그를 만드는 비밀 |
| 73 | **사람들이 잘 모르는 ~하는 방법** : 일반 사람들은 모르고, 이 글을 읽는 사람만이 알 수 있다는 제목을 사용합니다. 자신만이 알고 있는 내용을 소개할 때 사용하세요. | 사람들이 잘 모르는<br>블로그 상위 노출 방법! |
| 74 | **~(문제)를 단번에 없애는 법** : 골칫거리를 없애 준다면 사람들의 관심이 집중되겠지요? | 땀만 나면 심해지는 여드름을<br>단번에 없애는 법 |
| 75 | **~(유명인이나 세계적인 브랜드)처럼 ~하라** : 누구나 성공한 사람을 닮고 싶어 합니다. 모델 또는 모범으로 삼은 유명인이나 브랜드를 벤치마킹하여 포스팅해 보세요. | 스티브 잡스처럼 창의력을<br>폭발시켜라 |
| 76 | **모든 사람이 알아야 하는~** : 호기심을 자극하는 제목입니다. 자신이 무엇을 놓치고 있는지 생각하며 보게 됩니다. | 모든 사람이 알아야 하는<br>감기 퇴치법 |
| 77 | **~하는 빠른 방법** : 누구나 빠르고 쉬운 해결법을 원합니다. 문제를 해결할 수 있는 빠른 방법을 알려 주세요. | 코감기를 이기는 빠른 방법 |

| 번호 | | 제목 예시 |
|---|---|---|
| 78 | **~을 하면, ~와 ~을 가질 수 있다** : 하나를 했을 때 2가지를 가질 수 있다면, 다들 따라 해 보고 싶겠지요. | 30분 영어 공부로, 토익 만점과 취업 영어 마스터할 수 있어요. |
| 79 | **(짧은 시간)을 투자하면, ~을 얻을 수 있다** : 짧은 시간에 큰 혜택을 얻을 수 있는 방법을 알려 주는 글입니다. | 하루 5분만 투자하면, 멋진 복근을 얻는 맨손 체조 |
| 80 | **게으른 ~가 ~하는 방법** : 사람들은 누구나 많은 노력을 들이지 않고도 좋은 성과를 내고 싶지요. 이 제목은 그런 사람들의 심리를 자극합니다. | 게으른 사람이 부자가 되는 방법 |

## 흥미 유발 글

| 번호 | 주제/내용 | 제목 예시 |
|---|---|---|
| 81 | **블로그씨 질문으로 글쓰기** : 매일 올라오는 블로그씨의 주제를 이용해 글을 써 보세요. | 오늘 저녁 밤참, 고구마 치즈구이 어때요? |
| 82 | **후기 글쓰기** : 제품이나 서비스를 고른 후 좋아하는 점과 싫어하는 점, 추천 여부 등을 적어 보세요. | 초보 디자이너를 위한 인디자인 툴 리뷰 |
| 83 | **성공담 나누기** : 지금의 당신이 되기까지 어떻게 해 왔는지를 알려 주는 글을 써 보세요. | 사업을 확장하려면, 새 사업을 찾기보다 기존 사업을 확대시켜라! |
| 84 | **실패담 나누기** : 때로는 성공담보다 실패담이 사람들에게 더 큰 신뢰를 줄 수 있습니다. | 이 출판 기획서는 왜 채택되지 못했을까? |
| 85 | **경쟁사 성공 사례** : 성공한 기업을 골라 제품이나 웹 사이트를 분석해 보세요. | IT 전문 출판사 이지스퍼블리싱이 성공한 노하우 |
| 86 | **브랜드 실패 사례** : 기업에서 늘 해야 하는 경쟁사 분석을 블로그 글로 확장하세요. | 싸이월드, 야후가 결국 실패한 이유는 무엇일까? |
| 87 | **영화(영화 주인공) + 내용** : 영화 제목은 늘 사람들의 시선을 끌지요. 글쓰기에 활용하면 효과 만점입니다. | 킹스맨에서 살펴볼 수 있는 젠틀맨의 조건 6 |
| 88 | **텔레비전 프로그램** : 목표 고객에게 인기 있는 텔레비전 프로그램을 골라 글을 쓰세요. 단, 텔레비전 프로그램 동영상은 저작권이 있으므로 네이버의 TV 캐스트를 활용해 동영상을 넣어 보세요. | 마리텔에서 인기를 끄는 백주부의 고급 레시피 7 |
| 89 | **만화(주인공) + 내용** : 영화와 마찬가지로 만화도 사람들의 관심을 끄는 주제입니다. | 캡틴 아메리카의 리더십, 능력 있는 부하를 하나로 묶는 방법 |
| 90 | **산책 등 일상 이야기** : 가끔은 자신의 소소한 일상을 글로 써 보세요. | 합정동 산책길에서 만난 목련꽃 |

## 큐레이션 관련 글

| 번호 | 주제/내용 | 제목 예시 |
|---|---|---|
| 91 | **뉴스 스탠드 벤치마킹** : 네이버의 뉴스 스탠드 헤드카피를 보고 글을 써 보세요. | 하이네켄 마스터가 알려 주는 맥주 잘 따르는 비법 |
| 92 | **시리즈** : 할 이야기가 많을 때는 시리즈물로 기획해 콘텐츠를 작성하는 것이 좋습니다. | 초보 블로거를 위한 글쓰기 강좌 1편, 매일 쓰기 위한 방법 |
| 93 | **지난 주제 모음** : 지금까지 쓴 블로그 글들을 모아 새로운 게시글로 만들어 보세요. | 이은콘텐츠 블로그에서 가장 사랑받은 글 3편 |
| 94 | **블로그 큐레이션** : 관심 주제 검색 후 관련된 주제의 블로그를 10개 읽어 보고, 자신만의 글을 써 보세요. 그대로 베끼는 것은 금물입니다. | 사람들이 찾아오는 글 주제를 잡으려면? |
| 95 | **카페 큐레이션** : 관심 주제 검색 후 카페에서 검색되는 글을 10개 읽고, 자신만의 글을 써 보세요. | 블로그 마케팅에서 키워드가 중요한 이유 |
| 96 | **베스트셀러 큐레이션** : 온라인 서점에서 해당 주제의 베스트셀러를 검색한 후 자신이 쓸 수 있는 주제를 뽑아 글을 써 보세요. | 이익이 먼저인가? 고객이 먼저인가? - 경영의 모험 |
| 97 | **캐스트 큐레이션** : 네이버 캐스트에 소개된 글에서 주제를 정한 후 글을 써 보세요. | 건강하고 안전한 식생활을 도와주는 10계명 |
| 98 | **페이스북 큐레이션** : 페이스북 친구들이 추천하는 글들을 살펴본 후 글을 써 보세요. | 학생들이 꼭 알아야 할 멋진 졸업사 5편 |
| 99 | **뉴스 큐레이션** : 내가 뽑은 뉴스 링크만 발행해도 사람들의 눈길을 사로잡을 수 있지요. | 블로그 마케팅 업계가 알아야 할 이 주의 뉴스 7 |
| 100 | **해시태그 큐레이션** : 페이스북이나 인스타그램의 해시태그를 살펴본 후 공통된 이슈를 글로 써 보세요. | 외국인들이 좋아하는 여름휴가 장소 모음 |

☑ 큐레이션은 여러 정보를 주제별 또는 연관된 정보를 모아 스스로나 다른 사람에게 알기 쉽게 전달하는 작업을 뜻합니다.

# 06

# 글 쓰고 널리 퍼뜨리기

06장에서는 스마트에디터를 사용해 글쓰는 방법을 실습해 보겠습니다. 앞에서 배운 키워드와 제목을 선정하는 방법, 본문을 잘 쓰는 방법 등 잘 활용해 보세요.

내가 쓴 블로그 글을 잘 퍼뜨리는 방법도 글쓰기 못지않게 중요합니다. 링크와 태그 기능, 작성한 글을 SNS로 공유하는 방법 등 반드시 알아야 할 핵심 기능도 소개하겠습니다. 블로그의 활용도를 높이는 기능들을 지금부터 만나 볼까요?

# 06-1
# 스마트에디터로 블로그 글쓰기

블로그가 보기 좋으면 더 많은 사람들이 방문합니다. 네이버는 방문자들이 글을 읽기 좋게 편집해 주는 스마트에디터을 제공하고 있습니다. 스마트에디터은 도구 영역이 잘 정리되어 있어 블로그 글을 좀 더 쉽고 개성 있게 편집할 수 있습니다. 이외에도 동영상을 간단하게 편집해 블로그에 바로 삽입할 수도 있다는 장점이 있습니다.

블로그 글을 쓰려면 프로필 아래쪽에 있는 [글쓰기]를 누르면 됩니다.

## 스마트에디터의 화면 구성 이해하기

블로그에서 [글쓰기]를 누르면 스마트에디터의 화면이 나타납니다. 스마트에디터의 화면은 크게 왼쪽 위의 [기본 도구]와 [속성 도구] 막대 영역, 오른쪽 위의 [사이드 패널] 영역, 아래쪽의 [본문] 영역으로 나뉩니다.

**이은콘텐츠**
eeuncontents

소셜콘텐츠 마케팅&퍼블리싱 전문 기업으로 블로그, 인스타그램 등 소셜미디어 통합 운영, 네이티브 저널 제작, 브랜드 출판 대행, 출판브랜드 이은북 운영. 문의: ask@eeuncontents.com / 02-338-1201
EDIT

프로필 ▸

✎ 글쓰기  ⚙ 관리·통계

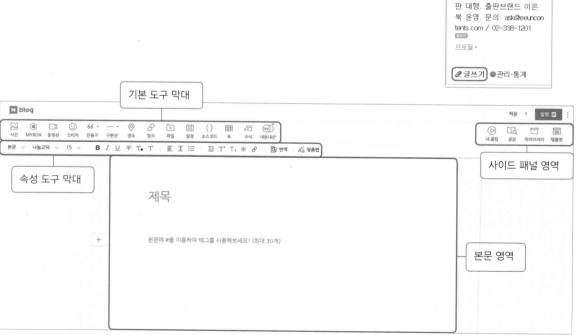

스마트에디터 화면

**기본 도구 막대**에서는 문서를 작성하거나 꾸미거나 다양한 기능이 있어서 문서에 입력한 텍스트, 사진, 동영상, 구분선 등의 서식이나 옵션을 편집할 수 있습니다.

**속성 도구 막대**에서는 본문의 전체 글꼴을 설정하거나, 글의 정렬 위치를 정하거나, 맞춤법 검사를 할 수 있습니다.

**사이드 패널 영역**에는 내 모먼트, 글감, 라이브러리, 템플릿 메뉴가 있는데요. 자신이 올렸던 모먼트 영상을 한꺼번에 불러와서 살펴보거나 사진, 뉴스, 상품 등을 찾아 블로그 글에 삽입할 수 있습니다. 템플릿 메뉴를 활용하면 글의 디자인도 좀 더 멋지게 꾸밀 수 있습니다.

**본문 영역**에서는 제목과 글을 작성하거나 본문 내에 해시태그를 입력할 수 있습니다. 왼쪽의 [+] 버튼을 누르면 사진, 스티커, 구분선, 인용구 등 삽입 메뉴가 나타납니다.

이제 스마트에디터의 화면을 하나씩 자세히 살펴보겠습니다.

> ☑ 본문 영역에 글을 쓴 후에 블록을 지정하면 바로 위에 간단한 속성 도구가 뜹니다. 굳이 상단 메뉴로 올라가지 않아도 바로 글 편집이 가능합니다.

## [기본 도구] 막대와 [속성 도구] 막대 살펴보기

스마트에디터에서는 글쓰기에 필요한 [기본 도구]와 [속성 도구]를 왼쪽 위에 한꺼번에 모아 놓았습니다. [기본 도구] 막대는 사진, 동영상, 스티커, 장소 등을 삽입해 본문 내용을 더 풍성하게 만들어 주는 역할, [속성 도구] 막대는 글을 꾸며 주는 역할을 해요.

### [기본 도구] 막대

❶ **[사진]** : 내 컴퓨터에 저장된 사진을 불러와 삽입할 수 있습니다.

❷ **[MYBOX]** : 네이버 MYBOX에 저장된 이미지를 불러와 삽입할 수 있습니다.

❸ **[동영상]** : 내 컴퓨터에 있는 일반 동영상이나 네이버 MYBOX에 보관되어 있는 동영상을 올릴 수 있습니다. 동영상을 링크로 가져올 경우, 본문에 링크를 삽입하면 바로 섬네일이 나타납니다.

❹ **[스티커]** : 아이콘을 누르면 오른쪽에 스티커 목록이 나타납니다. 원하는 스티커를 누르면 본문 글에 삽입됩니다. 동영상, 모바일 시대에 맞춰 스티커가 모두 움짤로 바뀌었습니다. 블로그 글이 좀 더 활력 있게 보일 것 같아요.

☑ 기본으로 제공되는 것 외에 좀 더 다양한 스티커를 원한다면 네이버 OGQ 마켓을 이용하세요.

❺ **[인용구]** : 블로그 글에서 특히 강조하고 싶은 내용이 있을 때 인용구를 넣습니다. 따옴표, 버티컬 라인, 말풍선 등과 같은 인용구 스타일이 있습니다. 블로그 글을 원하는 스타일에 맞춰 꾸며 보세요. 인용문의 크기, 스타일, 색 등을 변경할 수 있으며, 인용구를 가운데 외에도 왼쪽, 오른쪽 등에 배열해 사용할 수 있어요.

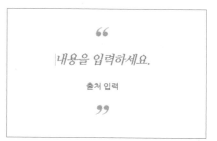

❻ **[구분선]** : 글과 글 사이에 구분선을 넣어 문단을 구분하거나 내용을 나눠 줄 수 있어요. 총 8가지의 구분선 스타일을 제공하며, 구분선의 정렬도 선택할 수 있습니다. 구분선을 잘 활용하면 내용을 구분할 수 있고 글도 더 깔끔해집니다.

❼ **[장소]** : 블로그 글에 원하는 장소의 지도를 넣을 수 있습니다. 맛집 글이나 자신의 가게를 알리고 싶은 분이라면 꼭 사용해야 하는 기능이죠. 원하는 지명이나 주소를 입력한 후 [+추가]를 누르면 지도에 표시됩니다. 장소는 한 번에 최대 5개까지 추가할 수 있습니다.

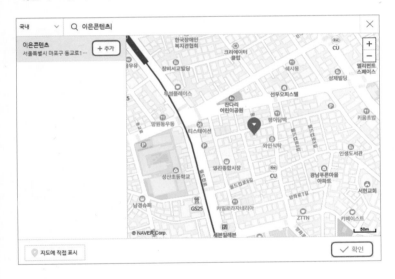

❽ **[링크]** : 글 작성 도중 링크 기능을 사용하거나 URL 주소를 입력하면 이미지와 본문을 미리 살펴볼 수 있어요. URL을 입력한 후 [돋보기]를 누르면 미리보기로 나타납니다. 기능이 새롭게 추가된 링크에는 페이스북이나 트위터 게시글 링크를 삽입해 내용을 보여 줄 수 있습니다. 삽입한 게시글은 배열 기능을 이용해 위치를 조정해 줄 수 있어요.

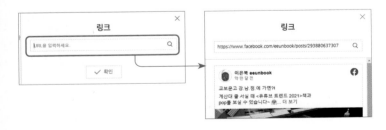

❾ **[파일]** : 컴퓨터에 있는 파일이나 네이버 MYBOX에 보관되어 있는 파일을 첨부할 수 있습니다. 파일은 하나당 10메가바이트(MB)까지 첨부할 수 있습니다.

❿ **[일정]** : 이벤트, 강연 행사, 전시회 등과 같은 오프라인 행사를 소개할 때는 일정 메뉴를 사용해 보세요. 행사나 일정의 제목을 적은 후 시작일과 종료일을 선택해 주세요. 장소와 행사 안내 링크, 상세 정보를 넣으면 행사 장소, 홈페이지 등을 한 번에 살펴볼 수 있어요. 행사를 블로그에 소개했다면 URL에 블로그 주소를 넣는 것도 좋습니다.

⓫ **[소스코드]** : 블로그 본문 글에 소스 코드를 삽입할 때 사용하면 좋습니다.

⓬ **[표]** : PC나 모바일 화면에서 잘리지 않는 표를 만들 수 있습니다.

⓭ **[수식]** : 수학 관련 글을 쓸 때 수식 기능을 활용하면 보여 주기도 쉽고, 바로 계산도 할 수 있습니다. 복잡한 수학 공식이나 기호도 빠르고 쉽게 입력할 수 있어요.

⑭ **[내돈내산]** : 스마트스토어에서 제품을 구입하거나 네이버 예약으로 이용한 서비스를 리뷰할 수 있습니다. 네이버 쇼핑, 스마트스토어, 블로그 마켓 등 글 한 개당 최대 10개의 내돈내산 인증 정보를 입력할 수 있어요. 이때 네이버 페이나 네이버 예약을 이용해 기록에 남아야 이 기능을 사용할 수 있습니다.

블로그에는 리뷰성 글이 많은데, 내돈내산 기능을 활용하면 직접 체험했다는 사실을 고지하므로 글과 블로그의 신뢰성을 높여 줍니다. [내돈내산]을 누르고 사용한 제품을 클릭하면 내돈내산 인증 쇼핑 링크가 나타납니다. 리뷰를 읽고 관심이 생긴 방문자라면 연결된 링크를 눌러 제품을 구매할 거예요.

## [속성 도구] 막대

❶ **[문단 서식 변경]** : 원하는 글이나 문단을 지정한 후 본문, 소제목, 인용구로 문단 서식을 간단하게 바꿀 수 있어요.

❷ **[글꼴]** : 글꼴을 지정합니다. 네이버에서 제공하는 나눔체를 사용할 수 있어요.

❸ **[글자 크기 변경]** : 글자 크기를 변경할 수 있습니다.

❹ **[굵기]** : 글자를 굵게 합니다.

❺ **[기울이기]** : 글자를 기울여 강조합니다.

❻ **[밑줄]** : 글자 아래에 밑줄을 긋습니다.

❼ **[취소선]** : 글자 가운데에 줄을 긋습니다.

❽ **[글자색]** : 글자의 색을 지정합니다.

❾ **[배경색]** : 글자의 배경색을 지정합니다. 특정 단어나 문장을 강조할 때 사용합니다.

❿ **[왼쪽, 가운데, 오른쪽, 양 끝 정렬]** : 문단을 원하는 스타일로 정렬합니다.

⓫ **[줄간격 변경]** : 본문의 줄간격을 지정합니다.

⑫ **[목록]** : 블로그 목록 스타일의 글을 쓸 때 앞에 표시해 주는 기능입니다. 가운뎃점 스타일과 번호 스타일을 선택할 수 있습니다.

⑬ **[머리글자 적용]** : 문단의 첫 글자를 머리글자로 만들어 줍니다.

⑭ **[위 첨자, 아래 첨자 적용]** : 수학 공식 등에 필요한 위 첨자나 아래 첨자를 적용합니다.

⑮ **[특수 문자]** : 본문에 특수 문자를 삽입합니다.

⑯ **[링크 삽입]** : 본문에 링크를 삽입하거나 본문 글에 링크를 겁니다.

⑰ **[맞춤법]** : 본문 글의 맞춤법을 검사합니다.

## [사이드 패널] 영역 살펴보기

[사이드 패널] 영역에는 내 모먼트, 글감, 라이브러리, 템플릿 메뉴가 있어요. 내가 올린 짧은 영상이나 무료로 제공되는 사진, 뉴스, 상품 등을 찾아 블로그 글에 삽입할 때 사용합니다. 글 디자인을 할 때도 템플릿을 활용하면 더 멋지게 꾸밀 수 있습니다.

❶ **[내 모먼트]** : 짧은 순간을 올리는 서비스로. 내가 올린 모먼트 영상들을 한꺼번에 보면서 블로그 글에 삽입할 수 있어요.

❷ **[글감]** : 사진, 책, 영화, TV, 공연·전시, 음악, 쇼핑, 뉴스 등을 검색해 글감으로 넣을 수 있어요. 저작권 문제가 걱정되는 예민한 사진의 경우, 무료 사진을 검색해 글에 넣을 수 있습니다. 제품 리뷰를 한다면 쇼핑 메뉴를 사용해 보세요. 글을 풍성하게 만들어 줍니다. 새롭게 생긴 뉴스 검색은 같은 주제의 뉴스 링크를 자신의 블로그로 가져와 내용을 탄탄하게 만들어 주는 역할을 해요.

❸ **[라이브러리]** : 라이브러리 메뉴에서는 글에 삽입한 이미지나 동영상, 파일 등을 모아 볼 수 있습니다. 현재 문서에 올라와 있는 사진 뿐만 아니라 구입한 사진들도 함께 살펴보면서 사용할 수 있어요.

 **알아 두면 좋아요**

**블로그 글의 대표 사진 정하기**

블로그 글의 대표 사진은 다른 곳에 삽입될 때 링크와 함께 대표로 보이는 사진을 말해요. 보통 첫 번째 사진이 대표 사진이 되는데요. 글의 내용에 맞춰 대표 사진을 지정해 줄 수 있어요.

블로그 본문 글에 올라간 사진 중에서 마음에 드는 사진을 클릭해 왼쪽 상단의 [대표]를 체크하면 해당 사진이 대표 사진이 돼요. 이외에 라이브러리에서도 대표 사진을 지정할 수 있습니다.

❹ **[템플릿]** : [추천 템플릿]과 [부분 템플릿] , [내 템플릿] 기능이 있습니다. [추천 템플릿]에서는 순위, 여행, 육아, 뷰티, 레시피 등 블로거들이 자주 사용하는 문서 양식을 고를 수 있어요. 또한 제품 협찬을 받아 리뷰를 하는 블로거들이 늘어나면서, 관련 사항을 정확하게 알리는 템플릿도 추가되었습니다. 블로그를 처음 시작하는 분이라면 11개의 [부분 템플릿] 기능을 활용해 전문가 못지않은 블로그 스타일로 꾸며보세요. [내 템플릿]에서는 기존에 자신이 작성한 문서 양식을 템플릿으로 추가해 놓고, 이를 불러와 글을 쓸 수 있어요.

**알아 두면 좋아요**

**템플릿을 활용해 블로그 글쓰기**

네이버 블로그 글을 편집하기 힘들다면 템플릿 기능을 좀 더 활용해 보세요. 11개의 추천 템플릿 중 마음에 드는 것을 골라 클릭하면 글쓰기 영역에 해당 포맷의 글이 올라옵니다. 여기에서 제목, 글, 이미지만 바꿔 주면 됩니다.

부분 템플릿은 원하는 위치에 템플릿을 넣어 강조해 줄 수도 있고, 마음에 드는 템플릿으로 먼저 본문을 꾸민 후 스타일에 맞춰 원고만 바꿀 수도 있습니다.

부분 템플릿으로 디자인한 블로그의 본문. 이렇게 디자인을 만든 후 이미지와 텍스트만 바꿔 주면 돼요.

[사이드 패널] 영역에는 글을 저장하거나 예약 발행 상태를 살펴볼 수 있는 아이콘도 있습니다. 오른쪽 위에 있는 4개의 메뉴를 자세히 살펴보겠습니다.

❹ **[예약 발행]** : 블로그 글을 예약 발행해 둔 상태일 때 이 아이콘이 나타납니다. 예약 발행한 글 목록을 살펴본 후 수정할 수 있습니다. 블로그 글의 예약 발행 기능은 PC 화면에서만 사용할 수 있어요.

❺ **[저장]** : 블로그 글을 쓰다가 [저장] 버튼을 눌러 임시로 저장할 수 있어요. 임시 저장된 글은 PC나 스마트폰에서 이어 쓸 수 있습니다. [저장]의 오른쪽에 있는 숫자를 누르면 저장한 글들을 살펴볼 수 있습니다.

❻ **[발행]** : 블로그 글을 모두 쓴 후 [발행]을 누르면 몇 가지 옵션을 설정하는 창이 나타납니다. 글을 올릴 카테고리(게시판)를 정한 후 발행될 글의 주제를 선택하거나 공개 범위를 정할 수 있어요. 태그를 입력하거나 글 발행을 예약할 수도 있고 [공지사항으로 등록]을 눌러 공지사항을 바로 등록할 수도 있어요.

❼ **[더 보기]** : [더 보기] 버튼을 누르면 [새글쓰기], [내 블로그], [관리], [통계], [기본 서체 설정] 메뉴로 빠르게 갈 수 있어요.

## 본문 영역 살펴보기

본문 영역에서는 제목과 글을 작성한 후 본문 내에 태그를 입력할 수 있습니다. 태그는 최대 30개까지 입력할 수 있는데, 본문과 관련된 내용에 태그를 걸어 주면 기본 태그에 저장됩니다.

이외에도 제목 영역에는 바탕 이미지로 꾸며 주거나 블로그 글을 쉽게 쓸 수 있도록 도와주는 컨텍스트 메뉴와 삽입 메뉴가 있습니다. 또한 오른쪽 아래에 기기별 미리보기 아이콘과 도움말 아이콘을 이용하면 글을 쓰는 중간중간에 확인을 할 수도 있어요. 이들 메뉴는 모두 블로그 글 영역에 맞춰 움직이기 때문에 마우스를 따로 움직이지 않아도 화면에서 바로 확인해 꾸미거나 수정할 수 있습니다.

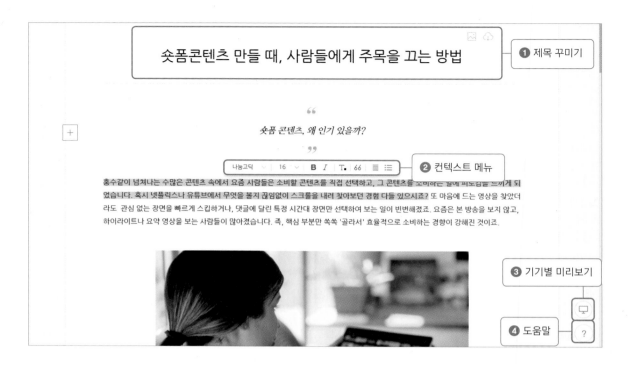

**① 제목 꾸미기**

제목도 본문과 마찬가지로 글꼴, 크기, 위치 등을 꾸밀 수 있고, 눈에 띄도록 특수 문자를 삽입할 수도 있으며, 맞춤법도 확인할 수 있습니다. 오른쪽의 를 누르면 내 컴퓨터에 있는 사진이나 네이버 클라우드, 페이스북, 인스타그램의 사진을 제목에 배경으로 넣을 수도 있습니다. 제목과 어울리는 이미지를 제목에 넣으면 글에 대한 주목도가 높아지겠죠?

제목에 이미지를 넣으면 위쪽 메뉴에 사진 교체와 편집 아이콘이 추가됩니다. 제목 이미지를 대표 이미지로 지정할 수 있고, 사진의 위치를 조정할 수도 있어요.

## ❷ 컨텍스트 메뉴

글을 블록으로 지정하거나 기본 도구에 있는 요소를 선택했을 때 위쪽에 나타나는 메뉴입니다. 메뉴가 글, 사진, 표, 인용구 등과 같은 다양한 요소에 맞춰 나타나기 때문에 글을 편하게 꾸밀 수 있어요. 컨텍스트 메뉴를 이용하면 속성 도구를 사용하지 않고도 빠르게 편집할 수 있습니다.

| 나눔고딕 ∨ | 16 ∨ | **B** *I* T. | 66 | ☰ ☷ |
| --- | --- | --- | --- | --- |

1분 이내 모든 것을 끝내야 하는 숏폼 콘텐츠는 구구절절 부수적 내용을 설명할 시간도 없이 짧은 시간 내 요점을 전달해야하죠. 성격 급한 한국인에게 아주 적합한 포맷의 콘텐츠인데요? 제목에서 느낀 궁금증을 바로 해소하고, 재미를 느끼기 위해 오~래 기다릴 필요가 필요가 없다 이거죠!

## ❸ 기기별 미리보기 🖥

기기별 미리보기 기능을 이용하면 각 기기에 맞춰 편집 화면을 바로 확인할 수 있습니다. 모바일, 태블릿, PC 화면을 번갈아 확인할 수 있고, 어느 곳에서 보더라도 글이 잘 읽히게 편집하는 것이 중요합니다. 본문 영역의 오른쪽 아래 있는 기기별 미리보기 아이콘은 고정되어 있어서 글을 써 내려가도 바로 확인할 수 있습니다.

## ❹ 도움말 ⑦

스마트에디터의 새로운 기능들을 설명해 줍니다. 글을 쓰다 기능에 관해 궁금하거나 모르는 부분이 나오면 도움말 버튼을 눌러 보세요.

---

### 🕙 알아 두면 좋아요

**많은 사람이 봐야 할 글은 공지글로 등록하자**

블로그에서 강조하는 글은 공지글로 등록해 보여 주세요. 공지는 블로그 타이틀 바로 아래에서 살펴볼 수 있습니다. 이벤트 모집, 신상품 출시, 특별한 행사 등을 알리고 싶을 때 사용하는 것이 좋습니다.

블로그 공지글은 한 번에 5개까지 등록할 수 있습니다. 다른 글을 올리고 싶다면 기존의 글을 내린 후에 사용하세요. 글 왼쪽의 [x]를 누르면 공지글을 내일 수 있습니다.

튼튼영어 공식 블로그의 공지글

공지글을 설정할 때는 블로그에 로그인한 후 해당 글 아래쪽의 [설정]을 클릭합니다. [설정] 메뉴의 [공지사항에 등록]을 누르면 블로그의 위쪽에 공지글로 등록됩니다.

이외에 해당 글을 다른 블로그나 카페로 보내는 기능도 있고, [프롤로그에 등록]과 같이 해당 글을 프롤로그에 등록하여 그 글만 강조해 보이게 하는 기능도 있습니다. 이때에는 블로그에 프롤로그가 있어야 등록할 수 있습니다. [파일로 저장]은 해당 글을 PDF 파일로 저장해 주는 기능입니다.

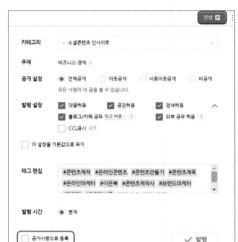

공지글로 설정하는 방법

블로그 글을 발행할 때 바로 공지글로 등록할 수도 있습니다. 글을 모두 쓴 후 [발행]을 누르면 [공지사항으로 등록] 항목이 나타납니다. 이 항목을 체크한 후 발행하면 바로 공지사항으로 등록됩니다.

공지글로 발행하는 방법

# 06-2
# 조회수와 체류 시간을 늘리는 3가지 방법

## 1. 글과 글을 잇는 링크 삽입하기

링크는 온라인 정보의 흐름을 만드는 길과 같습니다. 링크를 사용하면 방문자들을 홈페이지나 다른 랜딩 페이지로 유도할 수 있고, 블로그의 글들을 서로 연결할 수도 있습니다.

내 블로그 글 아래쪽에 비슷하거나 연결되는 내용의 글 링크를 넣으면 내용에 관심이 있는 사람들이 링크를 타고 들어가 정보를 계속 얻게 됩니다. 이렇게 콘텐츠가 연결되면 블로그 체류 시간이 늘어나며, 검색 결과에도 좋은 영향을 미칩니다.

블로그 글 안에 링크를 넣기 위해선, 원하는 링크의 URL을 복사한 뒤, [기본 도구]에 있는 [링크 삽입]을 클릭해 주소를 붙여 넣으면 링크가 삽입됩니다. 글 자체에 링크를 걸고 싶다면 해당 글을 드래그 해 선택한 후 [속성 도구]의 [링크 삽입]을 누르고 주소를 입력하면 됩니다.

본문 내용 중에 링크 박스 삽입하기

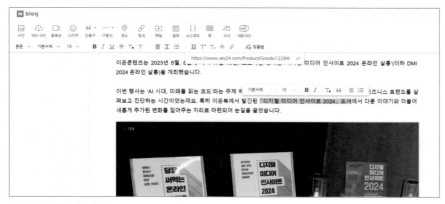

본문 글에서 직접 링크 걸기

## 2. 노출이 잘 되는 해시태그 달기

해시태그는 관련 주제의 글을 모으고 소통할 때 사용합니다. 해시태그의 기본 형식은 '#' 뒤에 단어나 간단한 문장을 넣는 것입니다.

이 해시태그는 검색어 역할을 하기도 하고, 기업의 메시지와 이미지를 한꺼번에 모으기도 하며, 놀이의 소재가 되기도 합니다. 이벤트나 캠페인을 할 때 참여자들에게 똑같은 해시태그를 붙이도록 요청하는 것은 이제 기본이 되었습니다해시태그는 관련 글에 관심을 가질 만한 사람들이 자주 검색할 만한 키워드를 사용하는 것이 좋습니다. 네이버의 해시태그는 30개까지 달 수 있고, 본문 글을 쓰면서 #을 붙여주면 태그가 생성됩니다. 블로그에 다는 태그는 블로그의 글을 분류하기 위한 기능으로, 인덱스(찾아보기) 역할을 합니다. 다 쓰고 난 후에 발행 전 태그를 추가할 수도 있어요.

블로그 글을 모두 작성한 후 [발행]을 누르고 [태그 편집]에서 글의 주제와 맞는 해시태그를 찾아 넣으면 됩니다.

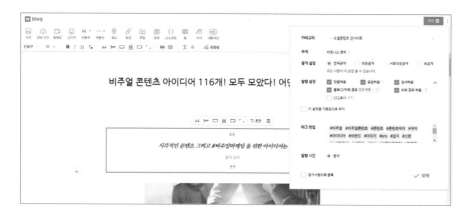

해시태그는 붙여진 단어에만 걸리기 때문에 본문에 달 때는 단어와 조사를 떼어줘야 합니다. '비주얼마케팅을' 이라는 어절에 해시태그를 그냥 달면 조사까지 섞여 들어가므로 사람들이 검색하기 힘듭니다. 이때는 맞춤법에 조금 어긋나더라도 '#비주얼마케팅_을' 식으로 단어에만 태그가 달리게 해주는 것이 좋습니다.

## 3. 여러 SNS로 블로그 글 공유하기

갓 만든 블로그로는 방문자를 모으기가 어렵습니다. 우연히 찾아온 방문자도 읽을거리, 볼거리가 없으니 또 오고 싶은 블로그라고 생각하기 힘들지요. 이때 방문자 수를 높이는 방법은 무엇일까요? 그것은 바로 현재 자신이 사용하고 있는 페이스북, X와 같은 SNS로 블로그 글을 공유하는 것입니다.

네이버 블로그에는 자신이 올린 글을 페이스북, X(트위터), 밴드, 카카오톡 등과 같은 다양한 SNS로 확산시킬 수 있는 [내보내기] 기능이 있습니다. PC 및 모바일 블로그에서 모두 페이스북, X, 카카오톡, 라인 등으로 글을 공유할 수 있습니다. 그러므로 SNS 계정이 있다면 자신의 글을 다른 SNS에서도 볼 수 있게 공유하세요. 또한 블로그 방문자들에게도 SNS로 공유해 달라고 부탁해 보세요.

PC 블로그의 내보내기 기능

네이버 블로그 앱의 [공유하기] 기능

블로그 운영 초기부터 방문자를 모으고 싶다면, 이 공유 기능을 적극적으로 활용해야 합니다. 기본적으로 자신이 가입한 모든 SNS에 글을 퍼뜨리는 것이 원칙입니다. 이때 주의할 점은 밴드 친구와 페이스북 친구의 성향은 서로 다르기 때문에 각 소셜미디어의 성격에 맞는 게시글을 써서 공유해야 합니다.
SNS에서 사용하는 언어는 '~해요.' 같은 가벼운 존칭을 사용하는 것이 좋습니다. 하지만 밴드처럼 또래 친구들이 많은 SNS의 경우에는 좀 더 편하게 대화하듯이 적는 것이 좋습니다.

- **밴드 스타일**: 친구들 안녕? 내가 이번에 쇼핑몰을 시작하면서 블로그를 오픈했어. 이 블로그에 우리 회사의 제품 이야기를 올리려고 하거든. 혹시 구두에 관심 있는 친구들이 있으면 이웃 추가 부탁해~^^

- **페이스북 스타일**: 제가 이번에 쇼핑몰을 시작하며 블로그를 개설했어요. 맞춤 구두 쇼핑몰인데요. 사람마다 발볼과 길이가 다르기 때문에 자신의 스타일에 맞는 구두를 찾기가 생각보다 쉽지 않은 분들이 많을 거예요. 앞으로 이런 맞춤 구두에 대한 정보들을 블로그에 올리려고 하는데, 많은 관심 부탁드려요. 블로그 이웃 추가도 부탁드립니다.

- **X(트위터) 스타일**: 맞춤 구두가 왜 필요할까? 구두를 살 때마다 깔창을 하나 더까는 분, 늘 발볼이 꽉 끼어 괴로운 분이라면 살펴보기(링크)

# 06-3

# 소통하면 잘 퍼진다! 이웃 관리하기

자신의 이야기에 다른 사람들이 관심을 갖게 하는 데에는 2가지 방법이 있습니다. 하나는 '검색'이고, 다른 하나는 '커뮤니케이션'이지요. '검색'은 사람들이 많이 찾는 검색어에 자신의 글이 검색 결과 상위에 노출되게 함으로써 자신의 이야기를 널리 전하는 방법이고, '커뮤니케이션'은 자신의 SNS 친구들과 글로 대화하면서 정보를 나누는 방법입니다.

네이버 블로그는 새로운 블로거들을 만나 서로의 글을 공유하고 이야기를 나눌 수 있는 '이웃' 기능을 제공합니다. 이 기능은 같은 분야의 블로거들과 연결되어 커뮤니티를 형성할 수 있고, 즐겨찾기 기능처럼 좋은 블로거의 글을 [블로그] 메뉴에서 모아 볼 수 있게 해 줍니다. 또 이웃들에게 자신의 글을 노출시켜 더 많은 방문자를 끌어오는 역할도 합니다. 일반적으로 영업을 잘하는 사람들은 마당발인 경우가 많지요? 블로그도 마찬가지입니다. 방문자들을 많이 모으고 싶다면 블로그 이웃을 잘 늘리는 것이 중요합니다.

> ☑ 블로그 댓글에 서로이웃 소환 기능이 생기면서 앞으로 이웃과 좋은 관계를 유지하는 것이 더 중요해졌습니다.

## 이웃 늘리기

블로그 이웃은 무작정 분별 없이 늘리기보다 서로 비슷한 관심사나 주제를 가진 블로거들과 교류하며 늘리는 것이 좋습니다. 네이버 블로그 섹션의 주제별 블로그를 살펴보고, 관심 가는 블로거에게 이웃을 청해 보세요.

블로그 이웃 신청은 해당 블로그의 프로필 아래쪽에 있는 [이웃추가]를 누르면 됩니다. 이때 나오는 알림 창에서 [이웃]이나 [서로이웃]을 선택하여 관계를 맺는 것이지요.

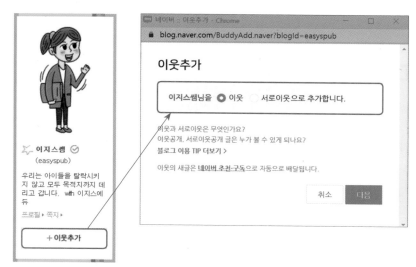

프로필 아래쪽의 [이웃추가]를 누르면 오른쪽 화면이 나타납니다.

## 이웃과 서로이웃의 차이점

'이웃'과 '서로이웃'은 어떤 점이 다를까요? '이웃'은 관심 있는 블로그를 즐겨 찾기 메뉴에 등록하는 것과 같습니다. 자신의 관심을 끄는 블로거의 소식을 계속 받아 보고 싶다면 '이웃'으로 신청합니다. 이웃의 유용한 정보가 업데이트될 때마다 알림이 울립니다.

'이웃'은 내 마음대로 추가할 수 있지만, **'서로이웃'은 상대방의 동의가 필요합니다.** 일반 이웃인지 서로이웃인지에 따라 글의 공개 범위를 설정할 수 있기 때문에 주로 친밀한 블로거들이 서로이웃을 맺습니다. 블로그 이웃이 되면 이웃 블로그의 글을 자신의 블로그 섹션에서 모아 볼 수 있습니다.

이웃은 일반적인 블로그 방문자들보다 좀 더 친밀한 관계이므로 매일 조금씩 늘려 나가는 것이 좋습니다. 이웃 맺기를 블로그 활동의 하나로 생각하고, 매일 일정한 시간을 투자해 이웃 블로거들과 교류해 보세요. 이웃 블로그를 방문해 댓글을 남기거나 내 블로그 글에 댓글을 남긴 이웃들과 대화해 보세요. 하지만 전문 블로거가 되는 게 목표가 아니라면 굳이 이웃 관리에 몇 시간씩 투자할 필요는 없겠지요. 하루 30분 정도로 기준을 잡고 꾸준히 진행해 나가면 됩니다.

글이 쌓이고 블로그 방문자가 많아지면 자연스럽게 자신의 블로그에 먼저 이웃 신청을 해오는 블로거들이 많아집니다. 이때는 자신의 블로그에 이웃을 신청한 블로거들과 교류하면서 이웃 수를 늘려 나갑니다.

**알아 두면 좋아요**

**서로가 각자 '이웃'으로 추가하면 자동으로 '서로이웃'이 될까요?**

'이웃'은 팔로우 기능과 같습니다. 각자 따로따로 이웃을 추가했다면 서로의 블로그를 즐겨찾기해 둔 것과 같습니다. 즉, 이웃으로서 [이웃 공개]된 글은 볼 수 있지만, [서로이웃 공개]된 글은 볼 수 없지요. 서로이웃 관계는 신청과 승낙을 통해 이루어지는 관계임을 기억하세요.

## 이웃 관리하기

한 번 이웃이면 영원한 이웃? 블로그 초보자인 자신에게 누군가 이웃 신청을 하면 고마운 마음에 수락하고, 자신도 그 이웃을 찾아가 이웃 신청을 하게 되지요. 물론 서로 이렇게 이웃 신청을 하며 교류하는 건 온라인 세상의 미덕이기도 합니다. 그런데 문제는 이웃의 성격이 처음과 다를 때 생깁니다.

몇몇 이웃이 블로그를 하며 의미 없는 스팸성 글만 자꾸 생산하는 이유는 자신의 상품을 알려야겠다는 생각에 사로잡혀 있기 때문이지요. "누구든 한 명은 보겠지…" 하며 무조건 정보를 퍼뜨리기 때문입니다. 하지만 자신이 구독하고 있는 정보에 이런 스팸성 글이 많다면 기분이 어떨까요? 당연히 이웃을 끊고 다시는 방문하지 않겠지요. 이렇게 온라인에서 정보를 생산할 때는 제공자가 아닌 구독자의 입장에서 생각하는 것이 중요합니다.

이웃 관리는 [내 메뉴 → 관리]의 [기본 설정 → 이웃 관리]를 통해 할 수 있습니다.

[이웃 관리]에서 이웃 관계를 맺고 관리할 수 있습니다.

[이웃 관리 → 서로이웃 신청]으로 들어가면 '사용'이나 '사용하지 않음'을 선택할 수 있습니다. 서로이웃은 아주 친밀한 1촌 같은 관계여서 낯선 블로거가 서로이웃 신청을 하면 승낙할지, 말아야 할지 갈등하게 되지요. '사용하지 않음'을 선택하면 이런 고민을 덜 수 있습니다. [이웃 관리하기] 메뉴에서는 [내가 추가한 이웃]이나 [나를 추가한 이웃]을 체크할 수 있으며, 이웃목록을 통해 관리할 수 있습니다.

[내가 추가한 이웃]에서는 이웃을 그룹별로 정리하여 볼 수 있고, 그룹을 선택하여 '공개'와 '비공개' 여부를 지정할 수도 있습니다. 또한 이웃 순서를 지정해 친한 이웃의 활동을 살펴볼 수 있습니다.

[나를 추가한 이웃]에서는 자신의 이웃 관리를 한 번에 할 수 있습니다. 서로이웃 신청을 하거나 이웃 추가를 할 수 있고 스팸성 정보만 전달하는 이웃을 차단할 수도 있습니다.

[차단]은 자신이 추가한 이웃과 서로이웃 모두에게 가능합니다. 단, 서로이웃 신청을 하고 있는 중일 때는 불가능하므로 이 경우에는 이웃을 해제한 후 차단해야 합니다. 이웃을 차단하면 자신이 추가한 이웃 목록에서 상대방이 삭제되고, 자동으로 스팸 차단 목록에 추가됩니다. 차단된 상대방의 이웃 목록에서도 자신의 블로그가 삭제됩니다. 하단 메뉴에서는 서로이웃인 사람, 나도 이웃으로 추가한 사람, 상대만 나를 추가한 사람을 골라서 살펴볼 수 있습니다.

☑ 네이버에서는 하루 100명까지만 이웃 추가를 할 수 있습니다. 전체 등록할 수 있는 이웃은 한 블로그당 5,000명이고, 한 그룹에 등록할 수 있는 이웃은 500명이니 참고하세요.

'상대만 나를 추가한 사람'을 선택했을 때 보이는 이웃 중에서 자신이 이웃 추가
신청을 하고 싶은 블로그가 있다면 체크하세요. 한 번에 모두 이웃으로 추가할
수 있습니다.

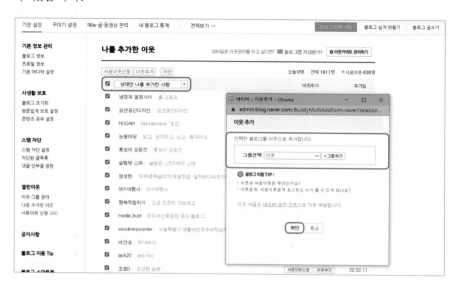

 **알아 두면 좋아요**

**블로그 활동 지수란 무엇인가요?**

네이버는 인기 있는 블로그를 판단하거나 선정할 때는 몇 가지 지표를 바탕으로 분석하는데, 이를 '블로그 활동 지수'라고
합니다. 블로그 활동 지수를 염두에 두고 블로그를 운영하면 좀 더 빠르게 인기 있는 블로그를 만들 수 있습니다. 네이버 블
로그 활동 지수의 내용은 다음과 같습니다.

| | |
|---|---|
| • 블로그 활동성 지수 | 블로그 운영 기간, 게시글 수, 글 쓰기 빈도, 최근의 활동성이 포함됩니다. 모든 방문자와 공유할 수 있는 전체 공개 게시글만을 대상으로 하며, 글을 직접 작성했는지, 스크랩하거나 수집한 글인지를 구별합니다. |
| • 블로그 인기도 지수 | 방문자 수, 방문 수, 페이지 뷰, 이웃 수, 스크랩 수가 포함됩니다. 같은 방문자가 여러 번 방문하는지(방문자 수와 방문 수), 한 번의 방문으로 글을 얼마나 보고 가는지(방문 수와 페이지 뷰)를 세부적으로 분석하므로 특정 지표가 높다고 해서 반드시 높은 평가를 받는 것은 아닙니다. |
| • 글 주목도 지수 | 블로그 홈의 주목받는 글과 동일한 주목도 지수를 활용합니다. 글 내용이 충실하고, 많은 방문자가 글을 읽고 댓글과 공감을 남길수록 주목도 지수가 올라가게 됩니다. 블로그에 속한 글 전반의 주목도 점수를 활용하므로 글 단위의 주목도 지수와는 다르게 반영됩니다. |
| • 글 인기도 지수 | 댓글, 엮인글, 공감, 조회, 스크랩 등 글 단위의 반응 지표를 활용합니다. 각각의 반응이 내가 남긴 것인지, 이웃이 남긴 것인지, 타인이 남긴 것인지에 따라 다르게 반영됩니다. 또한 다양한 주제별 블로그를 소개하기 위해 주제별로 반응 지표의 비중을 달리 계산합니다. |

# 06-4
# 소셜미디어를 활용해 블로그 글 확장하기

블로그는 글, 사진, 동영상이 모두 합쳐진 매체입니다. 내가 하고 싶은 이야기, 나만의 노하우가 집약된 콘텐츠 플랫폼이죠. 이 블로그의 글, 사진, 영상을 다양한 SNS로 확장할 수 있다면, 더욱 강력한 나의 브랜드를 만들어 낼 수 있습니다.
그래서 저는 '나만의 온라인 생태계'를 만들어 보라고 추천합니다. '나만의 온라인 생태계'란 자신의 이야기와 정보를 블로그뿐 아니라 사람들이 사용하는 SNS에서도 빠르게 찾아볼 수 있도록 콘텐츠를 그물망처럼 확장하는 것을 말합니다.
사람들이 좋아하는 SNS는 다양합니다. X(트위터), 페이스북, 인스타그램, 유튜브, 틱톡에 이르기까지 SNS마다 많은 사람이 모여 활동하고 있는데요. 자신의 메시지를 더 많은 사람에게 확장하기 위해서는 SNS를 좀 더 적극적으로 활용해야 합니다. 마치 TV 광고를 정류장 광고판이나 버스, 기차 광고에서 볼 수 있듯이 다양한 SNS에 내 글을 올리는 것이지요.
"좋은 소재가 있으니 블로그에 올리자!"로만 끝내지 말고 "사진은 이렇게 편집해 인스타그램에 올리고, 또 페이스북에는 이렇게 이미지를 정리해 올리고…." 하는 식으로 각 SNS의 특성에 맞춰 널리 퍼뜨려야 합니다. SNS의 특징에 따라 소통하는 방식이 다르기 때문입니다.

## 페이스북에 블로그 글 확장하기

현재 페이스북은 뉴스나 정보 소비가 중점이 되는 SNS가 되었습니다. 기업이나 소상공인이라면 페이지를 만들어서 블로그 정보를 확장하면 좋아요. 페이스북 페이지에서는 콘텐츠 별로 광고도 가능해 정보와 상품 구입을 연결시켜줄 수 있습니다.

페이스북 로고

페이스북 페이지 개설은 자신의 페이스북 뉴스피드의 왼쪽 메뉴 바에서 [더보기]를 누른 후 [페이지 → + 새 페이지 만들기]를 누르면 됩니다.

페이지 이름과 카테고리, 소개를 적고 프로필 이미지와 페이지 이미지를 업로드 하면 손쉽게 페이스북 페이지가 만들어집니다.

☑ 페이지의 주소는 홈페이지 또는 블로그의 아이디와 통일하는 것이 브랜드 인지도를 높이는 데 효과적입니다. 페이지를 만든 후 [페이지 설정 → 사용자 이름]에서 URL을 다시 설정해 주세요.

페이스북 페이지는 관리하는 사람을 여럿 선정할 수 있습니다. 운영자는 역할에 따라 '관리자 / 편집자 / 댓글 관리자 / 광고주 / 분석자' 등으로 나뉩니다.

## 하면 된다! } 페이스북에 블로그 글 올리기

1. 블로그 글 제목 아래에 있는 [URL 복사]를 눌러 링크를 복사합니다.

2. 나의 페이스북 프로필이나 팬페이지 게시물 만들기에 복사한 URL을 붙여 넣습니다.

3. 페이스북 친구나 팔로워에게 블로그 글을 공유하는 이유를 적고, 하단에 있는 [게시]를 누릅니다. 해당 링크를 공유하는 이유를 간단히 설명하면 더 많은 클릭을 유도할 수 있습니다. 이때 먼저 붙인 링크는 지워줍니다.

4. 블로그 글 하단에 있는 [공유하기]를 눌러 바로 공유할 수도 있습니다. 이때는 게시할 위치를 정해준 후에 하단에 있는 [게시]를 누르면 됩니다.

## X(트위터)에 블로그 글 확장하기

X(트위터)는 공백을 제외한 140자의 짧은 글 안에 간단한 제목과 링크를 적어 넣는 방식으로 정보를 공유하는 SNS입니다. 글자 수 제한이 있으므로 불필요한 글자는 최대한 지우는 것이 좋습니다. 맨 앞이나 맨 뒤에 링크를 공유한 이유나 링크를 읽는 사람에게 돌아가는 혜택이 무엇인지를 적으면 더 많은 사람의 클릭을 유도할 수 있어요. 대신 타래글을 통해 이야기를 계속 이어나갈 수 있죠. X도 페이스북과 마찬가지로 손쉽게 공유할 수 있습니다.

블로그 글 하단의 [공유하기]를 누르면 콘텐츠를 X로 바로 확장시킬 수 있어요

X 로고

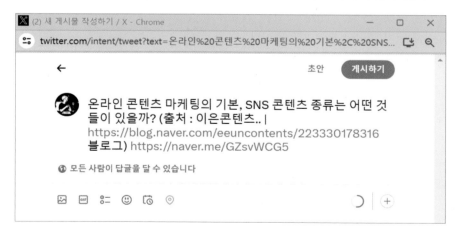

☑ X를 유료로 사용할 경우, 글자수 제한은 25,000자로 늘어납니다. 유료 사용자라면 블로그 글을 트위터에 그대로 같이 발행할 수 있어요.

## 인스타그램에 블로그 글 확장하기

인스타그램은 대표적인 사진 공유 SNS입니다. 사진이 중심이기 때문에 상대적으로 글의 비중이 낮은 것이 특징이에요. 글 중심인 블로그와는 성격이 다르죠. 그래서 블로그 글을 인스타그램으로 확장하기 위해서는 블로그의 대표 이미지를 비주얼하게 꾸미거나, 블로그에 삽입하는 이미지 기획을 처음부터 카드 뉴스 식으로 만드는 방법이 있어요.

인스타그램 로고

네이버 블로그는 전연령대의 사람들이 사용하는 반면, 인스타그램은 2030세대가 주로 사용하므로 이미지 스타일은 타깃에 맞춰 바꿔주는 것이 좋습니다. 특히 카드 뉴스를 활용하는 것이 좋습니다. 그러기 위해서 블로그나 포스트의 글을 카드 뉴스로 다시 기획해야 합니다.

인스타그램의 카드 뉴스는 표지 포함 8장 정도로 기획하고, 표지 (1장) - 기 또는 승(1~2장) - 전(3~4장) - 결(1장) - CTA 메시지 (1장) 식의 형식으로 구성하세요.

☑ 카드 뉴스를 디자인하기 위해서는 망고보드나 미리캔버스 같은 카드 뉴스 제작 사이트를 활용하세요!

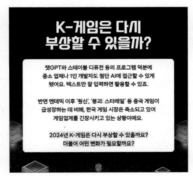

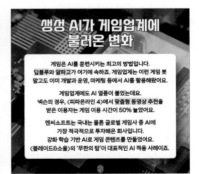

포스트 글을 바탕으로 만든 카드 뉴스

제작된 카드 뉴스를 인스타그램 콘텐츠로 올립니다. 인스타그램은 본문에 하이퍼링크를 달 수 없기 때문에 블로그로 찾아가게 만드려면, 인스타그램 프로필에 해당 콘텐츠의 링크를 달거나 광고를 해야 합니다.

인스타그램에 이미지를 올린 후 세부 내용을 적고 발행합니다.

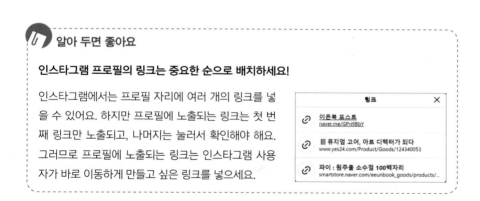

### 알아 두면 좋아요

**인스타그램 프로필의 링크는 중요한 순으로 배치하세요!**

인스타그램에서는 프로필 자리에 여러 개의 링크를 넣을 수 있어요. 하지만 프로필에 노출되는 링크는 첫 번째 링크만 노출되고, 나머지는 눌러서 확인해야 해요. 그러므로 프로필에 노출되는 링크는 인스타그램 사용자가 바로 이동하게 만들고 싶은 링크를 넣으세요.

## 지식iN과 네이버 카페의 활동도 하세요!

네이버 검색 결과를 보면 블로그 외에도 뉴스, 지식iN, 카페의 정보가 함께 노출됩니다. 그러므로 블로그 글이 더 많은 방문자에게 노출되려면 이처럼 다른 서비스에도 자신의 글을 확장시키는 것이 좋습니다.

## 네이버 지식iN

네이버 지식iN에 답변을 달아 보세요. 이 경우, 관련 키워드로 검색했을 때 나오는 질문에 성실히 답변을 달고, 그 아래에 연관된 블로그 글에 주소를 넣는 방식으로 활동하세요. 특히 지식iN은 기계적인 붙여 넣기가 많기 때문에 여기서 성실하게 답변 한다면 더 많은 사람의 신뢰를 얻을 수 있습니다.

## 네이버 카페

카페 활동은 더욱 세심한 주의가 요구됩니다. 관련 주제의 카페이거나 카페 회원들이 궁금해하는 정보가 아니라면 게시글이 삭제되거나 강제 퇴장(강퇴)의 이유가 될 수 있습니다. 무엇보다 카페는 온라인에서 공통의 관심사를 갖고 있는 사람들이 함께 교류하는 공간이므로 평소에도 함께 댓글을 나누며 활동해야 합니다. '제보다 젯밥'에 더 관심 있는 사람이라고 여겨지면 어떤 글을 올려도 눈여겨보지 않습니다.

# 잘 공유되는 10가지 글쓰기 방법

블로그 마케팅을 한다면 누구나 내 블로그의 글을 더 많은 사람이 보기를 바랍니다. 그렇다면 사람들이 긍정적으로 반응하는 글은 어떻게 써야 할까요? 세계적인 디지털 마케팅 컨설팅 회사인 백링코(backlinko.com)에서 제안하는 10가지 방법을 소개합니다.

## 1. 숫자가 있는 제목을 만드세요

블로그 제목에 숫자가 있는 경우가 그렇지 않은 경우보다 36% 더 많이 클릭된다고 합니다. 더 놀라운 점은 숫자 중에서도 짝수보다는 홀수 숫자를 사용했을 때 클릭률이 무려 20%나 높다는 것입니다.

## 2. 브랜드를 잘 알릴 수 있는 URL을 사용하세요

마이크로소프트에서는 신뢰를 주는 도메인이 그렇지 않은 도메인보다 25% 더 많은 클릭을 얻는다는 사실을 발견했습니다. 그래서 외국의 경우 블로그의 주제를 가장 잘 나타나는 단어로 블로그 글의 주소를 만드는 경우가 많지요. 이 과정을 통해 검색엔진 최적화가 이루어지기 때문입니다. 하지만 우리나라에서는 블로그 글 주소에 한글을 넣으면 대부분 깨져 나오기 때문에 각 글의 주소까지 단어를 사용하기는 힘듭니다. 그 대신 홈페이지 - 블로그 - SNS의 주소를 통일하여 어느 공간이든 자신의 브랜드를 드러 내는 것이 좋습니다.

## 3. 첫 문단의 첫 문장은 짧게 쓰세요

사람들은 블로그 게시글을 읽을 때 평균적으로 글의 28%만 읽고 나간다고 합니다. 놀랍죠? 열심히 만든 내 글을 반도 읽지 않고 나간다는 겁니다. 어떻게 하면 사람들의 흥미를 끝까지 지속시킬 수 있을까요? 핵심은 문장의 길이에 있습니다. 짧은 문장은 가독성을 58%나 높일 수 있다고 합니다. 첫 문단의 첫 문장은 짧게 써 보세요. 핵심을 간결하게 전달해야 사람들의 흥미를 본론으로 쉽게 유도할 수 있습니다.

## 4. 가독성을 높이기 위해 문단은 짧게 구성하고, 소제목에는 글머리 기호를 쓰세요

문단이 길수록 읽어 보고 싶은 마음은 줄어듭니다. 이와 반대로 단락이 짧고 중간중간 소제목으로 구분되어 있는 글은 훑어보기도 쉽고, 내용도 한눈에 잘 들어오지요. 이렇게 강약이 잘 조절되어 있고 편집이 잘된 글은 가독성을 57% 더 높습니다.

## 5. 글을 실용적으로 쓰세요

감정적인 표현에만 그치지 말고 구매처를 알려 주거나 사용 방법을 단계별로 소개하는 등 방문자가 '나도 해볼 수 있겠어!'라는 마음이 들 수 있게 내용을 구체적으로 작성하세요. 실제 도움이 되는 실용적인 글은 사람들에게 공유될 확률이 34% 더 높습니다.

## 6. 좋은 품질의 이미지를 사용하세요

전문적인 이미지를 사용한 글은 그렇지 않은 글보다 페이스북에서 45% 더 많이 공유됩니다. 또한 최소 1개 이상의 이미지를 포함한 콘텐츠는 소셜미디어에서 무려 94% 더 많이 노출된다고 합니다.

## 7. 영향력 있는 사람들을 내 글에서 링크해 보세요

내 글에 온라인에서 영향력 있는 사람들을 링크하고 그들이 그 사실을 알도록 하세요. 글이 더 많이 퍼지기 위해서는 영향력자의 공유가 큰 도움이 됩니다. 물론, 무턱대고 유명인만 링크하면 오히려 차단당할 수도 있으니 친구나 이웃 중에서 함께 이야기할 만한 영향력자를 찾아 링크하는 것이 좋습니다.

## 8. 최소 2,000단어는 사용하세요

너무 짧은 글보다는 길이가 긴 글이 52% 더 많이 공유됩니다. 블로그 글의 길이는 텍스트 기준, 10 폰트로 A4 용지를 한 장 채우는 정도의 분량이 좋습니다. 이때 주의할 점은 중언부언하지 않고 다양한 정보를 넣어야 한다는 점입니다. 즉, 하루에 여러 개의 글을 쓰기보다는 하나를 써도 제대로 쓰는 것이 바이럴 효과에 도움이 됩니다.

## 9. 공유를 요청할 때는 구체적인 행동을 적으세요

블로그의 운영 목적은 브랜드와 정보를 전달하는 것도 있지만, 블로그를 통해 방문자들의 행동을 유도하는 목적도 있지요. 이것을 콜투액션 (call to action, CTA)이라고 하는데요. 게시글 끝에는 CTA를 넣고 방문자가 행동을 취할 수 있도록 하세요. 허브스폿(Hubspot)은 "이 체중 감량 팁을 공유하세요!"처럼 구체적인 행동을 요구한 CTA가 "이 게시글을 공유하세요!"라는 CTA 보다 42% 더 큰 성과를 가져왔다고 밝혔어요.

## 10. 블로그 글은 오전 8시에서 정오 사이에 발행하세요

셰어홀릭(Shareholic)에서는 소셜미디어에서 공유 활동의 27%가 오전 8시에서 오후 12시 사이에 일어난다는 사실을 발견했습니다. 그러므로 이 시간에 맞춰 블로그 글을 발행해 보세요. 발행 예약 기능을 사용하는 것도 좋은 방법입니다.

# 07

# 방문자를 오래 머물게 하는
# 이미지와 동영상 올리기

사진이나 동영상은 짧은 시간에 사람들의 관심을 이끌어 내야 하는 SNS에서 더욱 효과적인
콘텐츠입니다. 이를 여러 SNS로 확장하면 방문자를 더 많이 모을 수 있습니다.

누구나 스마트폰으로 사진과 영상을 찍고 편집할 수 있는 시대입니다. 07장에서는 이미지와
동영상을 자유자재로 다루는 방법을 소개합니다. 저작권에 위배되지 않는 이미지 파일을 구하
는 방법도 소개하니 함께 알아 두세요.

# 07-1

# 모르면 손해 보는 초간단 이미지 활용법

스마트폰 덕분에 이제는 누구나 고퀄리티의 사진을 찍을 수 있습니다. 사진이나 그림은 블로그 글을 역동적으로 보여 주며, 내용을 더 풍부하게 만드는 역할을 합니다.

## 글 안에 사진이 많을수록 좋을까?

글과 사진을 함께 올릴 때 주의해야 할 점이 있습니다. 글의 내용과 상관없는 사진을 올리거나 홍보성 이미지를 올리는 것은 블로그의 신뢰도를 떨어뜨리는 지름길입니다. 블로그에 올릴 사진과 이미지는 꼭 글의 내용과 연관된 것을 사용하세요. 내용을 이해하는 데 도움을 주거나 재미를 더해 주는 이미지가 사람들의 시선을 끕니다.

블로그에 이미지를 첨부할 때는 많이 첨부하는 게 무조건 좋다고 여기는 분들이 있습니다. 이미지가 많아야 사람들 눈에 띄고, 좋은 글이라 생각한다는 것이지요. 이는 일차원적인 생각입니다.

스마트폰으로 블로그 글을 읽는 요즘 시대에 스크롤을 길어지게 만드는 주범은 바로 무의미한 이미지들입니다. 물론 요리 방법 등을 자세히 소개하는 글은 이미지가 여러 장 들어갈 수밖에 없겠지만, 내용에 꼭 필요한 이미지가 아니라면 과감히 버리세요!

> ☑ 글감을 찾았을 때 관련 이미지를 스마트폰으로 찍어 두면 언제든 편리하게 사용할 수 있습니다.

글의 내용과 연관된 이미지를 활용한 예시

## 사진은 가로 또는 정사각형으로 찍어 올리자!

블로그 글은 내용이 많을수록 스크롤도 길어집니다. 하지만 사람들은 긴 글, 즉 스크롤을 아래로 계속 내려야 하는 글을 잘 읽지 않습니다. 그래서 블로거들은 스크롤 길이를 조금이라도 더 줄이기 위해 가로 사진을 많이 첨부합니다. 만일 세로 사진밖에 없다면 높이를 450~500픽셀 정도로 편집해 올려야 부담 없이 볼 수 있습니다.

가로 사진을 사용한 예시

요즘에는 페이스북이나 인스타그램 등 SNS 활동이 많아지면서 정사각형 사진을 올리는 사람이 많아졌습니다. 정사각형 사진은 세로로 긴 스마트폰에서 글과 그림을 함께 볼 수 있어 유용합니다. 스마트에디터의 [기본 도구]에 있는 [SNS 사진] 메뉴를 선택하면 SNS에 있는 사진을 내 블로그 글에 그대로 가져올 수 있습니다.

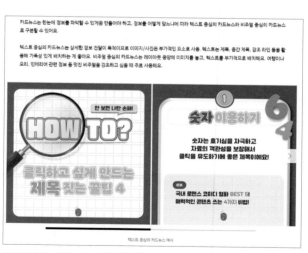

SNS에 올린 카드뉴스를 블로그에 올린 예시

## 네이버 사진 편집 도구 기능 살펴보기

네이버 스마트에디터에서는 사진을 편하게 편집할 수 있습니다. 우선 블로그 글에 업로드할 수 있는 사진은 최대 50장, 용량은 최대 100메가바이트입니다. 업로드할 수 있는 사진이나 이미지의 확장자는 JPG, JPEG, PNG, GIF입니다. 파일명은 영문이나 숫자로 등록하는 것이 좋습니다. 한글이나 특수 문자로 입력하면 오류가 발생할 수 있기 때문이죠.

사진 첨부는 PC의 사진을 드래그 앤드 드롭으로 첨부할 수 있으며, 이외에도 삽입된 이미지를 쉽게 수정할 수 있고, 편집하거나 원하는 이미지로 교체할 수 있으며, 부분 템플릿을 이용해 여러 장의 이미지를 한꺼번에 모아 보여 줄 수 있습니다. 여기서는 사진이나 이미지를 삽입한 후 나타나는 [사진 속성 편집] 도구의 기능들과 컨텍스트 메뉴 기능들을 살펴보겠습니다.

우선, 이미지를 업로드하거나 클릭하면 [사진 속성 편집] 도구, [사진 컨텍스트] 메뉴, 사진 설명이 나타납니다.

☑ '움짤'이라고 하는 GIF 파일은 동영상과 달리 몇 장의 이미지를 빠르게 전환하는 형식의 파일이에요. 역동적인 이미지를 표현할 때 좋고, 영상의 이미지를 움짤로 만들어 프로필 이미지나 프롤로그 대표 이미지로 설정하면 방문자들의 주목을 얻을 수 있습니다.

## [사진 속성 편집] 도구

❶ **[사진 정렬]** : 사진을 왼쪽, 가운데, 오른쪽으로 정렬해 줍니다.

❷ **[사진 교체]** : 내 컴퓨터에 있는 다른 사진으로 교체할 수 있습니다.

❸ **[사진 편집]** : 스마트에디터를 활용해 사진을 편집하고, 편집한 기준을 업로드된 사진 전체에 일괄적으로 적용할 수 있습니다.

❹ **[사진 크기 변경]** : 사진을 선택하고 크기를 조정해 줍니다. 너비(W) 또는 높이(H) 값을 입력하는데, 너비의 경우 문서 너비보다 크게 변경할 수는 없습니다. 크기 변경 시 [모든사진 적용]에 체크하고 마지막에 [확인]을 누르면 모든 사진이 같은 크기로 변경됩니다.

❺ **[사진 너비]** : 문서 이하 너비, 문서 너비, 옆트임으로 사진 너비를 조절할 수 있습니다. 문서 이하는 사진 너비가 문서 너비보다 작고, 문서 너비는 사진 너비와 문서 너비가 같으며, 옆트임은 사진 너비가 좀 더 큰 것을 말합니다.

❻ **[사진 배열]** : 배열 기능을 이용하면 사진과 글을 한 문단에 병렬로 배치할 수 있는데, 내부 좌측 정렬, 내부 우측 정렬, 큰 이미지 내부 좌측 정렬, 큰 이미지 내부 우측 정렬 등을 선택할 수 있습니다. 이외에도 사진을 글자처럼 변환하여 자리잡게 만들 수도 있습니다. 배열 해제를 원할 때는 배열된 사진을 마우스로 클릭해 선택한 후 [속성 편집] 도구의 [사진 너비]를 선택하면 됩니다.

❼ **[사진 링크 입력]** : 사진을 넣은 후 [링크] 버튼을 눌러 URL 주소를 입력하면 사진에 링크가 삽입됩니다. 이후에 사진을 클릭하면 해당 링크로 넘어갑니다.

## 사진 컨텍스트 메뉴

사진을 클릭하면 바로 나타나는 컨텍스트 메뉴에는 [사진 편집], [사진 너비], [삭제]가 있습니다. [사진 속성 편집] 도구의 기능과 동일합니다.

사진 설명을 입력하세요.

사진 아래의 사진 설명 글을 클릭해 나오는 컨텍스트 메뉴에는 정렬, 굵기 적용, 특수 문자, 링크가 있습니다. 사진 설명글의 위치를 정렬해 주거나 글자를 두껍게 만들고, 특수 문자로 강조하거나 사진 설명 자체에 링크를 삽입할 수 있습니다. 도구 설명은 [사진 속성 편집] 도구를 참고하세요.

## 하면 된다! } 사진 편집해서 한꺼번에 올리기

스마트에디터의 사진 편집 기능을 사용하면 이미지를 수정하거나, 서명 넣기, 스티커 추가 기능 등을 사용할 수 있습니다. 따로 이미지 편집 프로그램을 설치하지 않아도 이미지를 수정한 후 PC에 다시 저장할 수 있죠. 사진 편집이 어렵거나 포토샵을 잘 사용하지 못하는 사람들도 이 기능을 익히면 유용하게 사용할 수 있습니다.

스마트에디터의 [기본 도구 → 사진]으로 들어가면 PC의 사진을 한꺼번에 선택해 올릴 수 있습니다. 이때 사진 첨부 방식에서 첨부되는 사진의 레이아웃을 선택할 수 있습니다. [개별사진]은 선택한 사진들이 너비에 맞춰 한 장씩 배열되는 것이고, [콜라주]는 너비에 맞춰 배열되는 것이며, [슬라이드]는 좌우 버튼을 이용해 사진을 한 장씩 보게 하는 것입니다. 콜라주와 슬라이드 레이아웃은 사진 업로드 후에도 자유롭게 편집하거나 이미지를 바꿔 줄 수 있어요. 블로그 글을 쓸 때는 사진의 성격에 맞춰 레이아웃을 선택해 올리는 것이 좋습니다.

콜라주 레이아웃 스타일의 이미지 첨부

사진 편집은 사진 삽입 후 나타나는 속성 도구나 컨텍스트 도구에서 [편집 🪄]을 클릭해서 조정하면 됩니다. 사진 편집에서는 주로 크기 조절, 자르기, 서명, 모자이크 등의 기능을 사용하게 되는데요. 4가지 대표 기능을 간단히 살펴보겠습니다.

❶ **[크기]** : 사진의 크기를 직접 입력하거나 크기를 선택하는 방식으로 조절할 수 있습니다. 변경한 크기를 모든 사진에 적용할 수도 있어요.

❷ **[자르기, 회전]** : 사진을 원하는 비율로 회전시키거나 자를 수 있습니다. 사진 크기의 비율을 정해서 자를 수 있어요.

❸ **[서명]** : 텍스트나 이미지를 이용해 서명을 넣을 수 있습니다.

❹ **[모자이크]** : 직접 촬영한 사진에 행인이나 모르는 사람이 찍혀 있다면 초상권 침해 문제가 생길 수 있으니 모자이크 기능을 통해 처리해 주세요. 모자이크의 픽셀 크기도 조정할 수 있습니다.

## 저작권 걱정 없는 무료 이미지 사용 방법

블로그 글을 쓰면서 내용에 맞는 사진이 없을 때는 어떻게 해야 할까요? 아직도 많은 분들이 네이버나 구글에서 검색해 나온 이미지를 무단으로 쓰는 경우가 많습니다. 하지만, 이렇게 할 경우 저작권 소송에 휘말리며 수백만 원에 달하는 비용을 지불해야 할 수 있습니다.

일반 블로거들도 저작권 걱정 없이 사용할 수 있는 무료 이미지 사용 방법을 소개합니다.

## 하면 된다! } 네이버 블로그에서 무료 이미지 찾기

네이버에서는 블로그 내 [글감] 기능에서 무료 사진을 검색해 삽입할 수 있습니다. 삽입된 사진은 출처와 작가 이름이 사진 설명으로 들어가 있어 안전하게 사용할 수 있어요. 네이버 블로그에서 무료 이미지를 찾는 방법은 다음과 같습니다.

1. 스마트에디터의 오른쪽 사이드 패널에서 [글감 → 사진]을 누르고 돋보기 아이콘 옆에 원하는 사진의 키워드를 입력한 후 [Enter]를 누르세요.

☑ 이렇게 검색된 이미지 중에는 네이버 OGQ 마켓에 올라온 사진도 있습니다. 이런 사진은 100~200원의 비용을 지불해야 사용할 수 있습니다.

2. 검색된 이미지에서 원하는 사진을 골라 클릭하세요. 클릭한 사진은 블로그 본문에 출처와 함께 삽입됩니다.

알아 두면 좋아요

**무료로 이미지를 다운받을 수 있는 사이트 추천 3가지!**

**픽사베이(pixabay)** : 90만 장이 넘는 사진, 그림, 일러스트를 제공하고 있어요. 이미지를 클릭하면 나타나는 사용 범위를 확인한 후, 그에 맞춰 사용하면 됩니다.

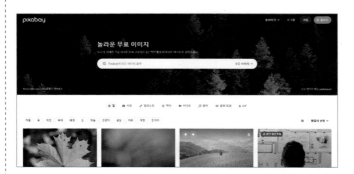

**언스플래시(Unsplash)** : 고해상도의 트렌디한 사진이나 감성적인 이미지를 찾아서 사용할 수 있습니다. 내가 찾은 사진 외에도 관련 키워드의 사진까지 함께 보여줍니다.

**픽점보(picjumbo)** : 블로그 등에 사용할 수 있는 일상 관련 실용적인 사진들을 찾아볼 수 있습니다. 카테고리에 따라 이미지를 모아서 볼 수도 있어요.

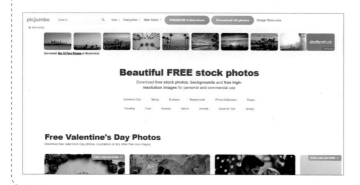

## 하면 된다! } 생성형 AI로 저작권에 걸리지 않는 이미지 만들기

생성형 AI를 활용해 다양한 이미지를 만들어낼 수 있습니다. 생성형 AI의 이미지는 직접 일러스트나 포토샵을 사용하지 않더라도 프롬프트 입력만으로 원하는 이미지를 만들어 낼 수 있다는 것이 특징이에요. 여기서는 뤼튼을 사용해 이미지를 만드는 법을 소개합니다.

1. 먼저 뤼튼(wrtn.ai)에 접속하고 로그인합니다. 왼쪽 상단의 [+ 새 채팅 시작하기]를 누르면 새로 프롬프트를 입력할 수 있습니다.

2. 이제 블로그 글에 활용할 이미지를 생성해 보겠습니다. 뤼튼에서는 '그려줘'라는 명령어를 프롬프트의 마지막에 넣고 [Enter]를 누르면 이미지를 생성합니다.

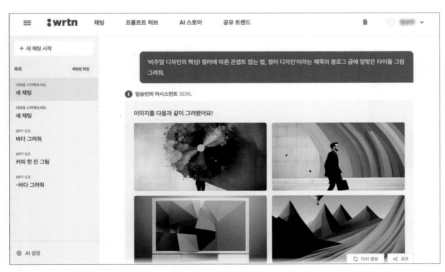

3. 이미지가 마음에 들지 않는 경우 [다시 생성]을 누르면 같은 주제의 다른 이미지가 새롭게 만들어 집니다. 그림 아래에 있는 화살표를 누르면 이전 결과물도 다시 확인할 수 있습니다.

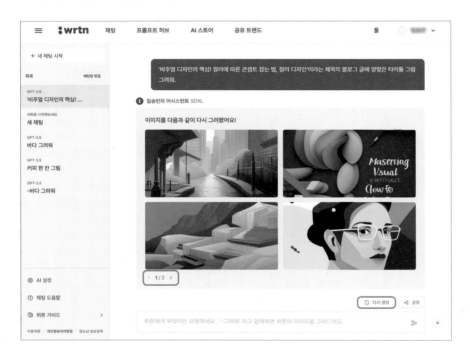

4. 마음에 드는 이미지를 골랐다면, 이미지에 마우스 커서를 가져간 후 을 누르고 [고화질 다운로드]를 눌러 이미지를 다운받습니다. 다운받은 이미지를 블로그 글에 사용하면 됩니다.

## 크리에이티브 커먼즈 라이선스란?

크리에이티브 커먼즈 라이선스(creative commons license)는 일정한 조건하에 다른 사람에게 자유로운 이용을 허락하는 자유 이용 라이선스입니다. 이용 허락 조건은 저작자 표시, 비영리, 변경 금지, 동일 조건 변경 허락 등 4가지가 있습니다. 창작자는 이 4가지 조건을 조합해 여러 가지 이용 조건을 더 만들 수 있습니다. 크리에이티브 커먼즈 이미지라도 저작자 표시는 반드시 해야 합니다.

| 라이선스 | 이용 조건 | 문자 표기 |
|---|---|---|
| | 저작자 표시<br>저작자의 이름, 저작물의 제목, 출처 등 저작자에 관한 표시를 해야 합니다. | CC BY |
| | 저작자 표시 비영리<br>저작자를 밝히면 자유롭게 이용할 수 있지만, 영리 목적으로 이용할 수 없습니다. | CC BY-NC |
| | 저작자 표시-변경 금지<br>저작자를 밝히면 자유롭게 이용할 수 있지만, 변경 없이 그대로 이용해야 합니다. | CC BY-ND |
| | 저작자 표시-동일 조건 변경 혜택<br>저작자를 밝히면 자유롭게 이용할 수 있고 저작물의 변경도 가능하지만, 이차적 저작물에는 원저작물에 적용된 것과 같은 라이선스를 적용해야 합니다. | CC BY-SA |
| | 저작자 표시-비영리 동일 조건 변경 허락<br>저작자를 밝히면 이용할 수 있고 저작물의 변경도 가능하지만, 영리 목적으로 이용할 수 없고 이차적 저작물에는 원저작물과 동일한 라이선스를 적용해야 합니다. | CC BY-NC-SA |
| | 저작자 표시-비영리 변경 금지<br>저작자를 밝히면 자유롭게 이용할 수 있지만, 영리 목적으로 이용할 수 없고 변경 없이 그대로 이용해야 합니다. | CC BY-NC-ND |

## 카드 뉴스로 전하는 스토리텔링의 힘

소셜미디어에서 가장 인기 있는 이미지는 카드 뉴스형 이미지입니다. 이미지와 텍스트를 결합하여 스토리텔링을 하기 때문에 가볍게 읽히면서도 내용을 쉽게 이해할 수 있습니다.

사람들은 온라인에서 수많은 정보를 접합니다. 사람들의 시선을 사로잡기 위해서는 눈에 띄는 이미지와 남다른 스토리가 있어야 하지요. 그러다 보니 요즘에는 블로그 이미지도 카드 뉴스처럼 만들어 올리는 경우가 종종 있습니다.

## 하면 된다! } 망고보드로 카드 뉴스 만들기

망고보드는 쉽게 다양한 온라인 이미지를 쉽게 제작할 수 있는 서비스입니다. 특히, 망고보드의 카드 뉴스는 만든 후에 바로 동영상으로도 만들 수 있어서 폭넓게 활용할 수 있어요. 서비스는 유료이지만, 회원 가입하면 카드 10장을 무료로 제작할 수 있습니다. 다양한 요금제가 있으니 합리적으로 이용해 보세요.

1. 망고보드(mangoboard.net)에 접속합니다. [회원가입]을 눌러 회원 가입한 후 로그인합니다.

2. [템플릿]을 누르면 [디자인 템플릿], [동영상 템플릿], [모션 템플릿] 중에서 선택할 수 있습니다. [디자인 템플릿]은 용도(크기)별, 사용처별로 샘플을 살펴볼 수 있습니다.

망고보드는 카드 뉴스부터 인포그래픽, 포스터, 홈페이지 상세페이지에 이르기까지 다양한 용도의 이미지를 만들 수 있습니다.

**3.** 마음에 드는 템플릿을 클릭하면 [이 템플릿 편집하기]가 있습니다. 이 버튼을 누르면 샘플 템플릿을 자신의 목적에 맞춰 편집할 수 있어요. 망고보드는 기본 디자인이 만들어져 있기 때문에 텍스트나 이미지만 수정하면 자신만의 카드 뉴스나 이미지를 만들 수 있습니다.

이미지나 박스를 클릭하면 바로 편집할 수 있는 기능이 오른쪽에 나타납니다. 여기서 자기만의 카드 뉴스를 편집하면 됩니다.

**4.** 디자인을 마친 후에는 [다운로드]를 눌러 이미지를 다운로드하면 됩니다. 원본 크기대로 받을 수도 있고, 혹시 크기를 작게 제작했다면 크기를 확대해 받을 수도 있어요. 만들어진 디자인을 동영상으로 변경할 수도 있답니다.

☑ 이미지의 크기 조정이나 동영상 기능은 유료 사용자만 사용할 수 있습니다.

# 07-2
# 동영상으로 생동감 넘치는 글 만들기

요즘은 동영상이 대세인 시대이자 많은 분이 유튜브에서 영상을 찾아보고 궁금증을 해결하는 시대입니다. 방송에서는 짧게 내용을 보여주고, 유튜브에서 더긴 시간 동안 소개하는 경우도 많으며, 아예 유튜브에서만 볼 수 있는 프로그램도 많습니다.

재미있는 동영상은 사람들의 시선을 끌거나, 블로그 지수를 높이거나, 검색 상위에 자신의 글을 노출하는 데 도움이 됩니다.

네이버 블로그에 동영상을 삽입하는 방법으로는 자신이 찍은 동영상을 직접 올리는 방법과 기존 동영상의 링크를 삽입해 올리는 법이 있습니다. 이외에 새롭게 생긴 짧은 영상 서비스인 모먼트의 영상을 블로그 글에 삽입하는 방법도 있어요. 모바일 블로그 앱에서는 스마트폰으로 찍은 동영상을 직접 편집해 올릴 수도 있습니다.

## 블로그에 동영상 파일 바로 올리기

요즘에는 누구나 쉽게 스마트폰을 이용해 동영상을 찍을 수 있습니다. 자신이 찍은 동영상을 PC를 이용해 블로그에 올리고 싶다면 기본 도구의 [동영상]을 클릭해 컴퓨터에 저장돼 있거나 네이버 MYBOX에 담긴 파일 중에서 선택해 올리면 됩니다. 이때 업로드할 수 있는 파일의 개수는 최대 10개, 용량은 8기가바이트, 재생 시간은 420분까지입니다.

☑ 자신이 찍은 동영상을 블로그 이웃들과 공유하고 싶은 사람들이 늘어나면서 업로드 가능한 영상의 숫자와 용량이 늘어났습니다.

동영상을 직접 업로드하면 대표 이미지를 설정하거나 영상의 제목과 설명, 해시태그를 입력할 수 있는 동영상 정보 입력 메뉴가 나타나는데요. 블로그 글 제목이나 본문 글쓰기처럼 꼼꼼하게 체크하고 정리하세요. 그렇게 해야 블로그 글도 충실해지고, 태그나 제목을 통해 많은 사람이 방문한답니다.

## 모바일에서 동영상 파일 올리기

요즘은 대부분 스마트폰으로 사진과 동영상을 찍기 때문에 블로그에 동영상을 삽입할 때도 직접 모바일에서 올리는 게 편합니다. 네이버 블로그 앱의 글쓰기 화면 좌측 하단의 사진 아이콘을 터치하면 모든 미디어에 들어갈 수 있고, 비디오 항목에서 영상을 선택해 올리면 됩니다.

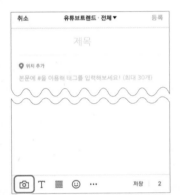  

카메라 아이콘을 누르면 나오는 [모든 미디어]에서 [비디오]메뉴를 클릭하면 스마트폰에 저장된 비디오 영상들을 모아서 볼 수 있어요.

동영상을 업로드 하면 PC 버전과 마찬가지로 동영상 대표 이미지, 제목, 정보, 태그를 추가해 업로드할 수 있어요. 다만, 블로그에 올린 영상은 게시물을 등록한 다음부터 시청할 수 있습니다.

## 링크를 복사해 동영상 삽입하기

블로그 글을 쓰면서 동영상을 쉽게 삽입할 수도 있습니다. 유튜브나 네이버 TV 등의 동영상 링크를 복사해서 붙여넣기만 해도 바로 영상이 삽입됩니다.

동영상 링크는 인터넷 브라우저의 링크를 그대로 복사해 넣는 것보다는 유튜브나 네이버 TV에서 공유하는 고유 주소를 복사해 링크로 넣는 것이 좋습니다. 유튜브의 동영상 URL 주소는 아래쪽에 있는 [공유]를 누르면 찾을 수 있습니다.

유튜브 영상의 아래쪽에 있는 [공유]를 누르면 URL을 찾을 수 있습니다.

네이버 TV의 동영상 URL 주소도 동영상 아래쪽의 [공유] 버튼을 눌러 들어가면 바로 복사할 수 있습니다.

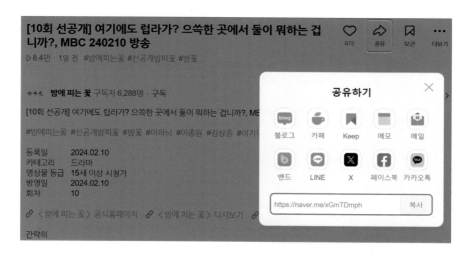

이렇게 동영상 주소를 복사해 블로그 기본 도구의 [링크]로 URL을 입력합니다. 그러면 아래쪽에 미리보기 이미지가 나타나 어떤 동영상이 삽입되는지 살펴볼 수 있습니다. [확인]을 누르면 동영상이 블로그에 삽입됩니다.

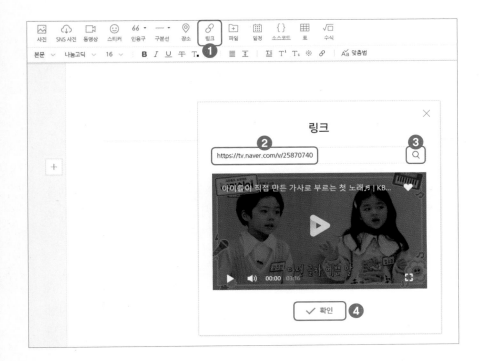

동영상을 링크로 삽입할 경우, 저작권 걱정 없이 다양한 영상을 내 블로그에 삽입해 사용할 수 있습니다. 특히, 네이버 TV에는 재미있는 드라마나 예능 프로그램의 영상들이 많은데요. 이런 영상들을 링크로 삽입하면 재미있는 블로그 글을 만들 수 있을 거예요.

---

**🎵 알아 두면 좋아요**

**무료 음원을 다운로드할 수 있는 웹 사이트 3곳**
동영상에 들어가는 배경 음악은 저작권에 위배되지 않는 음원이어야 합니다. 무료 음원 웹 사이트의 음원을 이용해 보세요. 동영상에 사용할 때는 음원의 출처와 창작자를 밝혀 주는 것이 좋습니다.

- last fm(www.last.fm/music/+free-music-downloads) : 다양한 음악을 직접 들어 보고 구입할 수 있는 웹 사이트로, 무료 음원도 다운로드할 수 있습니다.
- Sound Cloud(soundcloud.com) : 자신이 원하는 장르명을 검색하거나 'free download'라는 키워드로 검색하면 다양한 음악을 찾을 수 있습니다. 동영상 길이별로 원하는 음악을 찾아 다운로드할 수 있습니다.
- Let's cc(letscc.net) : 일종의 오픈 라이선스(사용권)인 '크리에이티브 커먼즈(creative commons, CC) 라이선스'를 가진 음악, 이미지를 검색해 사용할 수 있습니다. 검색된 음악은 표시된 항목에 맞춰 사용하면 됩니다. 단, 해외 서비스에서 무료 음원을 가져오므로 영어로 검색해야 합니다.

# 블로그 콘텐츠를 풍부하게 만드는
# 네이버 서비스 5가지

네이버는 블로그 외에도 다양한 콘텐츠 서비스를 하고 있습니다. 특히, 각각의 서비스에 직접 콘텐츠를 만들어 올리면 내 제품이나 상품을 보다 다양한 방식으로 네이버 검색에 노출되게 만들 수 있습니다. 글, 영상, 오디오, 라이브 방송까지! 나의 콘텐츠를 풍부하게 만들어주는 네이버 서비스 5가지를 소개해요.

## 1. 네이버 포스트

네이버 포스트는 블로그보다 좀 더 전문적인 글이 모여 있는 서비스입니다. 네이버는 포스트를 운영하는 사람들을 '에디터'라고 부르는데요. 관심 주제에 맞는 시리즈나 에디터를 팔로우하여 글을 살펴볼 수 있습니다. 네이버 포스트에서는 이야기하고 싶은 주제마다 시리즈를 만들어 모아 둘 수 있는데요. 포스트의 시리즈는 블로그의 카테고리와 같은 역할을 합니다.

## 2. 블로그 모먼트

모먼트는 네이버 블로그 앱에서 제작할 수 있는 숏폼 영상 에디터예요. 몇 번의 터치만으로 쉽고 간단하게 편집할 수 있는 것이 장점이에요. 또한 스티커를 통해 제품이나 블로그 글 등도 함께 소개할 수 있어요. 이 스티커를 누르면 바로 제품이나 해당 글로 넘어갑니다. 자신이 만든 모먼트는 블로그의 모먼트 목록에 저장돼요. 네이버 블로그 앱에서는 홈 화면을 블로그 글로 할지, 모먼트로 할지 나눠놓았어요. 틱톡처럼 내 영상을 모아서 보여주고 싶다면 모먼트를 첫 화면으로 설정해두는 것도 방법이에요. 또한 블로그 앱의 이웃목록에서는 이웃이 만든 모먼트도 살펴볼 수 있답니다.

## 3. 네이버 TV

네이버 TV는 유튜브와 같은 동영상 서비스인데요. 크리에이터로 등록하여 자신의 채널에 영상을 올릴 수 있습니다. 네이버 TV는 네이버 검색에 잘 노출됩니다. 특히 네이버 AI 서비스인 cue:로 검색을 할 때 사용 방법 같은 것은 네이버 TV 영상을 검색 결과로 보여주면서, 정보를 얻을 수 있게 만들었어요.
기업이나 가게의 노하우를 담은 영상을 네이버 TV에 올리고 이것을 블로그 글에 삽입하면 좀 더 여러 메뉴에서 검색 노출이 가능합니다.

특히 네이버 TV에서는 숏폼을 만들어 올릴 수도 있는데요. 현재 네이버 모바일 앱의 첫 화면 하단에 [클립] 메뉴를 클릭해 나오는 영상들이 이 영상들이에요. 네이버에서도 숏폼 영상을 강조하며 [클립] 서비스를 확장하는 중입니다. 좀 더 영향력을 키우고 싶은 유튜브 크리에이터라면 네이버 TV 크리에이터를 신청해 숏폼 영상들을 만들어보는 것도 좋아요.

## 4. 오디오클립 audioclip

오디오클립은 오디오 콘텐츠를 스트리밍하는 플랫폼으로, 오디오북, 뉴스쇼, 팟캐스트, 강연, 동요 등 다양한 채널이 개설되어 있고 다양한 사람이 활동 중이에요. 오디오 콘텐츠는 영상보다 제작이 간편하기 때문에 자신만의 스토리나 말솜씨가 있는 분들이라면 오디오클립을 활용해 보는 것을 추천합니다. 오디오클립을 운영하기 위해서는 [소리 스튜디오]에 접속한 후 창작자로 등록해야 해요. 창작자 계정으로 승인이 나면 채널을 개설할 수 있어요.

## 5. 치지직

아프리카 TV나 트위치에서는 게임을 플레이하며 라이브 방송을 하는 스트리머들이 많아요. 주로 트위치를 통해 라이브를 했었는데요. 트위치 서비스가 국내에서 철수를 하면서, 국내 스트리머들은 새로운 게임 스트리밍 서비스를 찾게 되었어요. 네이버의 치지직은 게임 라이브를 보여주는 서비스이고요. 파트너 스트리머 제도를 통해 게임 콘텐츠를 서비스하고 있어요.

치지직에서 활동하는 파트너 스트리머라면 누구나 월 1회, 연 최대 2회까지 제작 지원을 신청할 수 있으며, 최종 선정된 스트리머는 회당 최대 2천만 원의 제작비용을 지원받을 수 있어요.

넷째
마당

# 확산!
## 방문자 늘리기&
## 블로그로 돈 벌기

블로그를 운영할 때 중요한 것은 좋은 콘텐츠를 생산하는 것입니다. 그러나 좋은 콘텐츠를 여러 채널에 소개하는 것 또한 중요합니다. 인플루언서 블로거들은 '블로그'만 운영하지 않고 모먼트, 네이버 TV 등 여러 채널로 확산하려 노력하죠.

넷째마당에서는 블로그의 글을 포스트와 모먼트 등으로 확장할 수 있는 네이버 서비스 4가지를 소개하고 블로그 관리 5가지 특별 노하우까지 소개합니다. 또한 마지막으로 이렇게 잘 운영하는 블로그를 활용해 돈을 버는 4가지 방법도 소개합니다.

# 08

# 블로그를 관리하는
# 5가지 특별 노하우

블로그 방문자가 많다고해서 무조건 좋은 것은 아닙니다. 블로그가 잘 운영되고 있는지 살펴보기 위해서는 목표 고객이 유입되고 있는지, 원하는 핵심 키워드로 사람들이 들어오고 있는지를 분석해야 합니다.

08장에서는 블로그를 통합적으로 관리할 수 있는 크리에이터 어드바이저에 대해 살펴보고, 블로그의 통계를 분석하는 법을 배웁니다. 검색 상위 노출을 위한 설정 방법까지 배웁니다.

# 08-1

# 블로그 데이터를 분석하는
# 크리에이터 어드바이저

크리에이터 어드바이저(creator advisor)는 나의 활동 데이터를 다양한 방법으로 분석하여 블로거들의 창작 활동을 지원하는 서비스입니다. 이곳에서는 내가 관리하는 채널들의 실시간 현황을 한눈에 확인할 수 있습니다.

## 크리에이터 어드바이저 메뉴 및 기능 살펴보기

크리에이터 어드바이저에 접속하려면 PC에서는 creator-advisor.naver.com 으로 접속한 후 로그인하고, 모바일에서는 블로그 앱을 실행한 후 [더보기] → [일별 조회수]의 그래프 → 우측 상단의 [Creator Advisor]를 눌러야 합니다.

☑ 크리에이터 어드바이저는 구글 애널리틱스처럼 다양한 데이터 분석 자료를 제공합니다. 이 데이터를 잘 살펴야 블로그 콘텐츠 운영에 도움을 받을 수 있습니다.

PC에서 검색하면 나오는 크리에이터 어드바이저의 첫 화면과 로그인 후에 보이는 홈 화면. 모바일 화면처럼 메뉴들이 길게 일렬로 배열된 것이 특징입니다.

이제 본격적으로 크리에이터 어드바이저를 살펴보겠습니다. 홈 화면의 메뉴를 클릭하면 각각의 세부 메뉴로 이동합니다. 이때 PC와 모바일 화면은 동일합니다.

## 1. 홈 화면

크리에이터 어드바이저 홈 화면에는 중요한 통계 메뉴들이 모여 있습니다. 크게 [실시간 현황], [어제 현황]으로 구분됩니다

### ① [실시간 현황]

[실시간 현황]에서는 크리레이터 어드바이저에 등록된 각 채널의 일간 조회수와 [실시간 유입 검색어], [실시간 게시물 조회수 순위]를 살펴볼 수 있습니다. 각각 상위 5개의 검색어와 글 순위를 보여 줍니다.
[실시간 현황]에서 블로그 제목을 터치하거나 [더보기]를 누르면, 팝업 화면에서 조회수 그래프와 유입 검색어, 게시물 조회수 순위를 살펴볼 수 있어요.

### ② [어제 현황]

[어제 현황]에서는 주요 일간 지표를 체크할 수 있습니다. 각 채널의 유입검색어, 예상수익, 광고클릭/노출수, 콘텐츠별 예상수입맵 등을 파악할 수 있습니다. 이외에도 블로그 마켓 예상 매출, 주제별 인기 유입검색어, 성별, 연령별 인기 유입검색어를 체크해볼 수도 있어요.

☑ 네이버 크리에이터 어드바이저의 메뉴 구성은 블로그에 광고를 넣거나, 블로그 마켓을 열어 수익을 얻을 때 참고하면 좋을 통계들을 제공하고 있습니다. 전체 통계를 제시하기 때문에 하루가 지난 [어제 활동]을 통해 데이터를 확인하게 만들었어요.

[유입검색어] : 전날 채널 조회수와 검색 유입률을 살펴볼 수 있으며, 검색 서비스의 유입수순, 검색어 별 경쟁력 지수순, 검색 노출수순을 보여줘요. 유입수순에서는 내 블로그에 들어오는 검색어 중 상위 100개를 보여줘요. 총 유입 검색어 중 상위 100개의 검색 점유 비율을 알 수 있어요. 경쟁력 지수순에서는 게시물로 유입된 검색어별 유입수를 타 채널 게시물의 검색어별 유입수와 비교합니다. 검색 노출수순은 내 게시물이 해당 검색어의 결과에 얼마나 노출되었고, 그로 인해 얼마나 유입되었는지, 비율은 어느 정도 되는지까지 알 수 있습니다.

[예상수익] : 총 리워드는 설정한 모든 채널에서 발생한 리워드 예상수익의 어제 기준 합계 금액을 알려 줍니다. 즉, 한 아이디로 블로그, 포스트를 개설해 광고 설정을 했다면 모든 채널의 수익 금액이 나오는 것이죠.

☑ 네이버 TV의 경우 예상 수익이 2일 후 집계되므로 여기에서는 살펴볼 수 없어요.

[광고클릭/노출수] : 설정한 채널에 삽입된 광고의 클릭수와 노출수의 전체 합계를 제공합니다.

[콘텐츠별 예상수익 맵] : 설정한 채널의 각 게시물별 광고 클릭수 및 노출수를 X축과 Y축에 노출해 채널별 예상수익에 기여한 주요 콘텐츠를 파악할 수 있습니다.

☑ 블로그 마켓의 개설 분야가 점점 더 늘고 있습니다. 운영하는 블로그가 안정이 된다면 자신이 직접 만든 작품이나 제품, 음식, 옷 등을 블로그 마켓에서 직접 판매를 해보세요.

[블로그마켓 예상 매출] : 블로그 마켓에서 발생한 채널별 예상 매출액과 예상 매출건수를 살펴볼 수 있습니다.

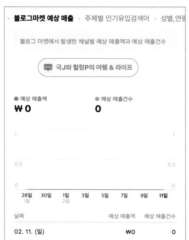

[주제별 인기유입검색어] : 유입수가 많은 검색어를, 각 주제별로 확인할 수 있습니다. 사용자 취향에 맞게 관심 주제를 최대 32개까지 설정할 수 있어요. 블로그 콘텐츠를 제작할 때 해당 검색어와 연관지어 제작한다면 더 많은 방문자를 모을 수 있습니다.

[성별·연령별 인기유입검색어] : 유입수가 많은 검색어를, 사용자의 성별, 연령대별로 확인할 수 있습니다. 블로그, 포스트별로 검색어를 확인할 수 있는데요. 좌측의 성별 체크, 우측의 연령대를 체크해 각 연령의 이슈 검색어를 찾아볼 수 있습니다. 검색어를 누르면 해당 키워드의 포스트를 살펴볼 수 있습니다.

## 2. 통합 데이터

기본적인 조회수나 재생수 등의 통계 데이터를 [통합 데이터] 메뉴에서 살펴볼 수 있습니다. 블로그 포스트뿐 아니라 함께 게재한 동영상이나 모먼트의 통계도 한 번에 확인할 수 있습니다.

☑ 크리에이터 어드바이저 메뉴의 통합 데이터와 유입분석의 수치는 블로그 통계 메뉴에서도 함께 확인할 수 있습니다.

방문 분석, 조회수 순위, 방문 사용자 분석, 참여 분석, 재생 분석, 영상 순위, 영상 사용자 분석 등의 하단 메뉴를 통해 다양한 데이터를 확인할 수 있습니다.

상단의 날짜를 클릭하면 일간뿐 아니라 주간, 월간 데이터로 변환하여 볼 수 있습니다.

## 3. 유입분석

게시물의 유입경로, 유입검색어 분석 등을 살펴볼 수 있습니다. 유입경로의 경우 게시물, 동영상, 모먼트의 유입경로를 확인할 수 있습니다.

☑ 유입검색어 경쟁현황이나 유입검색어 트렌드는 홈 화면에서도 바로 체크할 수 있습니다.

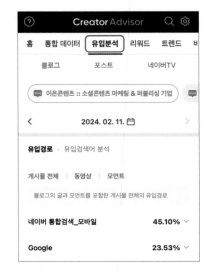

## 4. 리워드

네이버 애드포스트에서 설정한 채널별 리워드 금액을 살펴볼 수 있습니다. 서비스별 수익이 생기는 비율과 광고 노출/클릭수도 체크할 수 있습니다.

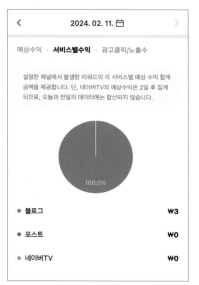

## 5. 트렌드

주제별 인기 유입검색어나 성별, 연령별 인기 유입검색어를 살펴볼
수 있습니다. 또한 주제별 비교를 통해 네이버 블로그의 주제별 조
회수, 게시물 평균 사용 시간을 살펴볼 수 있고, 주제별 트렌드에서
는 좀 더 세부적인 주제별 평균 조회수, 평균사용시간, 사용 시간대
분포, 성별, 연령별 분포를 알 수 있어요.

☑ 네이버에서는 실시간 검색어를 없애는 대신, 각 사용자에 맞는 검색어 트렌드를 보여 주는 방식으로
바뀌었습니다. 이 부분은 크리에이터 어드바이저에서도 확인할 수 있습니다.

## 하면 된다! } 크리에이터 어드바이저로 여러 아이디의 채널 관리하기

네이버에서는 하나의 아이디로 블로그, 포스트, 네이버TV 채널을 만들 수 있
습니다. 그런데 채널을 운영하다 보면 브랜드 블로그 외에도 제품 블로그를 다
른 아이디로 개설해야 하는 상황이 생길 수 있죠. 이때 크리에이터 어드바이저
를 활용하면 각 채널들의 데이터를 한곳에서 쉽게 관리할 수 있습니다.

1. 관리 채널을 추가하려면 관리할 채널의 크리에이터 어드바이저로 들어가
[설정]을 누릅니다.

2. 설정 메뉴의 [My채널]을 누르면 로그인한 아이디가 개설한 채널이 보입니다. 여기서 권한 사용자를 공유할 채널을 선택한 후 클릭합니다. 실습을 위해 [이은북&굿즈] 채널을 클릭하겠습니다.

3. 사용자를 선택한 후에는 하단의 [사용자 추가하기]를 누르고 권한을 보유할 네이버 아이디를 입력합니다. 아이디 입력한 후 [확인]을 누르면 데이터를 열람할 수 있는 권한을 부여할 것인지를 묻는 [데이터 권한 추가] 팝업창이 나타납니다. [확인]을 누르면 [권한 보유 사용자]에 해당 채널을 관리할 아이디와 블로그명이 추가됩니다.

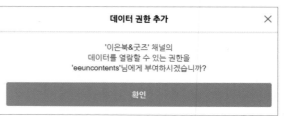

**4.** 해당 채널을 함께 관리할 아이디로 새롭게 로그인한 후 크리에이터 어드바이저로 들어가면 홈 화면의 [My서비스] 메뉴에 채널이 추가되어 있습니다. 마지막으로 불러온 채널을 누르면 번호가 매겨지면서 채널을 홈 화면에서 통합적으로 관리할 수 있습니다. 채널의 번호를 바꾸기 위해서는 채널명을 클릭하면 됩니다.

☑ 추가한 채널이 보이지 않을 경우에는 하단의 [권한 불러오기]를 눌러 채널을 불러온 후 [적용하기]를 누르세요.

[My서비스]에서 통합 관리 채널을 살펴볼 수 있습니다. 이후 홈 화면에서 전체 채널들을 한번에 확인할 수 있습니다.

# 08-2
# 축약 URL 만들고 클릭 수 확인하기

블로그와 SNS를 운영하는 목적은 콘텐츠를 본 사람들이 우리 상품이나 브랜드에 호감을 느끼고 홈페이지에 들어오게 하는 것이죠. 그래서 블로그 글을 쓸때는 아래쪽에 홈페이지나 쇼핑몰로 갈 수 있는 안내 링크를 넣어 두는 것이좋습니다. 보통 배너 이미지를 만들어 이미지에 링크를 넣어 주는데요. 블로그글을 보고 몇 명이나 홈페이지로 방문했는지 알기 위해서는 조금 특별하게 링크를 넣어 주는 방법이 있습니다. 홈페이지의 긴 URL을 짧게 축약해 주면서링크의 클릭 수도 확인할 수 있는 서비스를 이용하면 되는데요.

바로 비틀리의 URL 축약 서비스를 이용하면 됩니다. 원래는 긴 URL 주소를짧은 주소로 바꾸는 것이 주 기능인데, 이 축약 주소를 클릭한 횟수도 조회할수 있습니다.

> ☑ 블로그에 링크가 들어간 배너형 위젯 만들기는 92쪽을 참조하세요.

## 하면 **된다!** } 비틀리로 축약 URL 만들기

1. 비틀리(bitly.com)에 접속한 후 [Sign up]을 눌러 가입하고 로그인하세요.

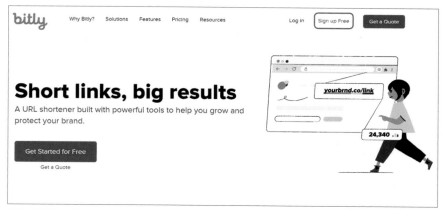

URL 축약 서비스 웹 사이트 '비틀리'

> ☑ 가입하지 않더라도 비틀리의 URL 축약 서비스를 이용할 수 있습니다. 그러나 축약 주소 통계 확인 및 관리를 위해 가입하는 것이 좋습니다.

**2.** 로그인한 화면의 왼쪽 위에 있는 [Create new → Link]를 누릅니다. 우측의 [Destination] 하단에 축약할 url 주소를 넣고 [Title]에 제목을 입력합니다. 마지막으로 [Create] 버튼을 누르면 축약 링크가 만들어집니다.

**3.** 방문자들이 특정 축약 주소를 얼마나 클릭했는지 알고 싶다면, 축약된 url의 제목을 클릭해서 확인할 수 있어요.

# 08-3
# 블로그 통계 분석하고 보고서 작성하기

블로그 주제에 맞는 글로 방문자가 많이 들어왔다면, 그 블로그는 목표 고객을 잘 유입했다고 할 수 있습니다. 하지만 방문자가 수천, 수만 명이라고 하더라도 블로그 주제와 적합하지 않은 글에서 유입되었다면 허수가 많은 블로그일 뿐입니다.

네이버는 이런 허수를 줄이기 위해 글 하나하나에 통계 정보를 제공합니다. 방문자의 성별, 연령별, 유입 유형별로 방문자의 수치를 정확히 볼 수 있게 된 것이지요.

각각의 통계 정보는 블로그 목표 고객을 점검하거나, 글 주제를 잡는 데 도움이 됩니다. 적어도 매주 한 번은 반드시 블로그 통계를 보면서 자신의 블로그 활동을 점검하세요.

## 네이버 블로그 통계 메뉴 살펴보기

프로필 박스 안에 있는 [통계]를 누르면 쉽게 이동할 수 있습니다.

[통계]를 누르면 [오늘 → 일간 현황] 메뉴가 나옵니다. [일간 현황]에서는 선택한 날짜의 방문 횟수, 게시물 조회수 순위, 동영상 재생수 순위, 성별, 연령별 분포를 살펴볼 수 있습니다.

[조회수] : 오늘을 기준으로 15일간의 조회수 추이를 살펴봅니다.

☑ 네이버 블로그에서는 동영상 콘텐츠를 점점 더 중요하게 여기고 있습니다. 통계에서도 동영상 분석 기능을 넣어 네이버 사용자에게 어떤 동영상이 반응이 좋은지 알 수 있게 했어요.

[방문 횟수] : 오늘을 기준으로 15일간의 방문 횟수 추이를 살펴봅니다.

[성별, 연령별 분포] : 오늘 방문자의 성별, 연령별 분포를 알 수 있습니다.

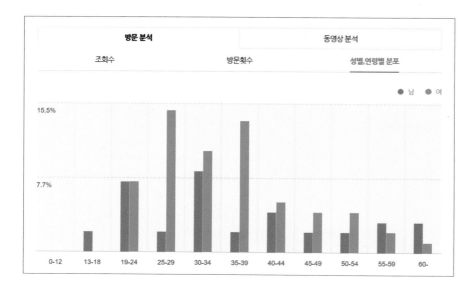

[게시물 조회수 순위] : 블로그 게시물의 오늘 조회수 순위를 확인할 수 있습니다. [더보기]를 누르면 게시물 조회수 순위가 나오며, 게시물의 타입도 알아볼 수 있어요.

[동영상 재생수 순위] : 블로그 게시물에 삽입된 동영상의 조회수 순위를 확인할 수 있어요. 동영상 재생을 클릭하면 오늘 재생수와 누적 재생수, 총재생시간 등을 알 수 있어요. 이외에도 동영상 사용자 관련 다양한 데이터를 확인할 수도 있답니다.

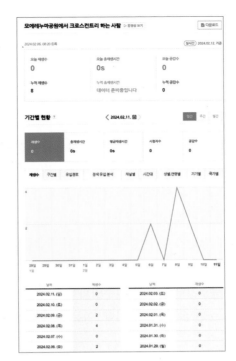

**동영상 재생수 순위**

| 순위 | 동영상 제목 | 재생수 |
|---|---|---|
| **1** | **모에레누마공원에서 크로스컨트...** | **4** |
| 2 | 시로이 코이비토 파크의 초콜릿 ... | 2 |
| 3 | 시로이 코이비토 파크의 초콜릿 ... | 1 |

[유입경로] : 오늘 블로그를 방문한 사람들의 유입 경로를 살펴봅니다. 어떤 경로로 들어오는지, 어떤 기기로 접속하는지, 어떤 검색어로 들어오는지 알 수 있어요.

**유입경로**

| 메인 유입경로 | | 상세 유입경로 | |
|---|---|---|---|
| 네이버 통합검색_모바일 | 55.56% | 시로이코이비토 파크 | 8.73% |
| 네이버 통합검색_PC | 25.40% | 삿포로 캡슐호텔 | 7.14% |
| 네이버 블로그검색_모바일 | 6.35% | 2박3일 짐싸기 | 3.17% |
| 네이버 블로그검색_PC | 4.76% | 레드닷 디자인 박물관 | 1.59% |
| 네이버 블로그_모바일 | 3.17% | 삿포로 2박3일 | 1.59% |
| Daum 검색_모바일 | 2.38% | 삿포로 난다 | 1.59% |
| 네이버 블로그_PC | 0.79% | 삿포로 시로이코이비토 | 1.59% |
| 네이버 웹문서검색_모바일 | 0.79% | 삿포로우니무라카미 | 1.59% |
| 네이버 이미지검색_모바일 | 0.79% | 싱가포르 정원 | 1.59% |
| | | 와카쿠사 노 야도 마루에이 료칸 | 1.59% |
| | | 2023년 3월 삿포로 | 0.79% |

이외에도 [통계]에는 왼쪽 사이드바에 다양한 분석 메뉴가 있는데요. 방문 분석, 사용자 분석, 순위, 블로그 평균 데이터 등의 메뉴를 하나씩 살펴보겠습니다.

## 방문 분석

[조회수] : 일간, 주간, 월간 단위로 조회수를 살펴볼 수 있습니다. 일간 단위에서는 선택일을 포함한 15일간의 조회수를 알 수 있습니다. 주간 단위에서는 선택 주를 포함한 15주의 데이터를 볼 수 있는데요. 4개월 정도의 조회수를 살펴보면서 분기별로 블로그 조회수를 확인할 수 있습니다. 월간 단위에선 선택 월과 이전 12개월의 데이터를 살펴볼 수 있습니다.

[순방문자수] : 내 블로그에 방문한 횟수 중에서 중복된 방문을 제외한 수를 보여 줍니다.

[방문 횟수] : 해당 기간에 블로그에 방문한 횟수입니다. 같은 사람이 30분 이내에 다시 방문한다면 그 수는 반영하지 않습니다. 이는 스팸성 방문을 걸러내기 위해서예요.

[평균 방문 횟수] : 블로그 방문자의 평균 방문 횟수를 볼 수 있습니다. 평균 방문 횟수가 커질수록 방문자 충성도가 높은 블로그라고 할 수 있습니다.

[재방문율] : 방문한 사람이 다시 내 블로그를 찾아오는 비율입니다.

[평균 사용 시간] : 선택한 기간에 사용자들이 내 블로그에 머문 평균 시간을 말해요. 평균 사용 시간이 높을수록 내 블로그 콘텐츠에 대한 열독률이 높은 것이라고 볼 수 있어요.

| 방문 분석 |
| --- |
| 조회수 |
| 순방문자수 |
| 방문 횟수 |
| 평균 방문 횟수 |
| 재방문율 |
| 평균 사용 시간 |

## 사용자 분석

[유입분석] : 내 블로그에 방문하는 각 경로별 유입 비율과 검색어를 보여 줍니다. 전체 통계와 검색 유입, 웹 사이트 유입을 보면 내 블로그의 인기 검색어, 유입 웹 사이트를 살펴볼 수 있어요.

[시간대 분석] : 시간대별 조회수, 유입 경로, 성별·연령별 분포, 조회수 순위를 보여 줍니다.

[성별·연령별 분포] : 방문자의 성별, 연령별 분포를 조회수, 순방문자수 기준으로 보여 줍니다.

| 사용자 분석 |
| --- |
| 유입분석 |
| 시간대 분석 |
| 성별·연령별 분포 |
| 기기별 분포 |
| 이웃 방문 현황 |
| 이웃 증감수 |
| 이웃 증감 분석 |
| 국가별 분포 |

[기기별 분포] : 사용자들이 활용한 기기를 PC, 모바일로 구분하여 연령별 조회수 기준으로 제공합니다.

[이웃 방문 현황] : 방문자수 중에서 서로이웃, 나를 이웃으로 설정한 피이웃, 이웃 관계가 아닌 기타 방문자들의 방문 현황을 알 수 있습니다.

[이웃 증감수] : 일간, 주간, 월간으로 이웃 추가 수, 이웃 삭제 수, 서로이웃 신청 수를 보여 줍니다.

[이웃 증감 분석] : 나를 이웃으로 추가 또는 삭제한 이웃들의 성별·연령별 분포를 확인할 수 있습니다.

[국가별 분포] : 내 블로그를 방문한 사용자의 국가명, 조회수와 비율을 확인할 수 있습니다.

## 동영상 분석

[재생수분석] : 일별, 주별, 월별 재생수를 보여 줍니다. 블로그 콘텐츠와 마찬가지로 영상 콘텐츠 순위, 유입 경로, 검색 유입 분석, 채널별 유입, 시간대, 성별, 연령별, 기기별, 국가별 데이터를 살펴볼 수 있습니다.

[재생시간분석] : 일별, 주별, 월별 영상의 총 재생 시간과 평균 재생 시간, 재생 시간에 따른 영상 순위 등을 알 수 있습니다.

[시청자분석] : 일별, 주별, 월별 시청자수, 재방문 시청자수, 신규 시청자수, 공감수 등을 살펴볼 수 있습니다.

| 동영상 분석 *Beta* |
| --- |
| 재생수분석 |
| 재생시간분석 |
| 시청자분석 |

## 순위

[조회수 순위] : 선택 기간에 조회가 많이 된 글을 순서대로 100개까지 제공합니다. 주제별 순위는 블로그 글에서 주제를 설정한 글들의 조회수 합이 높은 주제를 순서대로 보여 줍니다.

[공감수 순위] : 선택한 기간 동안 공감을 많이 받은 글을 순서대로 보여 줍니다.

[댓글수 순위] : 기간별로 댓글이 가장 많이 달린 글을 순서대로 보여 줍니다.

[동영상 순위] : 재생수 순위와 총 사용 시간 순위, 공감수 순위를 살펴볼 수 있습니다.

| 순위 |
| --- |
| 조회수 순위 |
| 공감수 순위 |
| 댓글수 순위 |
| 동영상 순위 |

**블로그 평균 데이터를 이용해 내 블로그의 순위를 확인해 보자**

네이버에서 활동하는 수많은 블로그 중에서 내 블로그의 순위가 어느 정도인지 궁금하다면 블로그 평균 데이터를 살펴보세요. 블로그 평균 데이터에서는 활동 중인 블로그 전체의 평균 데이터와 월간 조회수 상위 5만 개 블로그의 평균 데이터와 현재 내 블로그의 평균 데이터를 비교하여 제공합니다.

비교지표에서는 상위그룹의 데이터와 서비스 전체 데이터를 막대그래프로 보여 주는데요. 이 중에서 내 블로그의 평균이 어느 정도에 위치하고 있는지 살펴볼 수 있어요. 블로그 평균 데이터는 현재 분기별로 제공되고 있습니다.

조회수, 게시글 평균 사용 시간, 시간대 분포, 성별 연령별 분포, 기기별 분포를 살펴보면서 네이버 블로그 이용자들의 성향을 알아보고, 어떤 주제의 글을 좋아하는지도 알 수 있어요.

네이버는 이렇게 블로거들에게 유용한 정보를 제공합니다. 데이터를 이용해 더 많은 방문자가 올 수 있도록 블로그를 만들어 가세요.

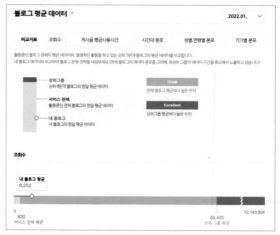

내 블로그의 순위를 알 수 있는 블로그 평균 데이터

## 블로그 운영 보고서 작성하기

방문자 수나 페이지 뷰, 검색 유입 키워드, 유입 경로, 방문 트렌드(성별, 연령별), 인기 게시글 등을 정리해 두면 다음 주나 다음 달의 블로그 운영 계획을 잡는 데 도움이 됩니다.

| 순위 | 제목 | 조회수 | 타입 | 작성일 |
|---|---|---|---|---|
| 1 | 온라인 콘텐츠 마케팅의 기본, SNS 콘텐츠 종류는 어떤 … | 109 | 글 | 2024.02.05. (월) |
| 2 | 트위터 팔로워를 늘리는 50가지 방법 | 81 | 글 | 2016.02.20. (토) |
| 3 | 출연료 50만 원에서 수천만 원까지, 유튜브 인플루언서와… | 27 | 글 | 2021.10.29. (금) |
| 4 | 저작권 걱정 없이 콘텐츠를 제작하자! 콘텐츠 소스 준비와… | 26 | 글 | 2024.02.07. (수) |
| 5 | 인스타로 홍보하기! 사람들의 이목을 끄는 인스타그램 바… | 23 | 글 | 2022.03.08. (화) |

콘텐츠 마케팅 회사 블로그의 주간 인기 게시글

이 블로그의 주간 인기 게시글을 살펴보면 콘텐츠 마케팅 회사답게 다양한 콘텐츠, 마케팅 관련 글들이 인기 순위 상위에 노출되고 있다는 것을 확인할 수 있습니다.

이처럼 블로거가 중요하게 다루는 내용이 인기 게시글 목록 상위에 올라와 있어야 좋은 블로그입니다.

## 하면 된다! } 블로그 운영 보고서 정리하기

블로그 통계 결과를 바탕으로 매주 또는 매월 간략한 보고서를 만들어 보세요.

| 운영 기간 | 월　일 ~ 월　일( 　일간) | | | | |
|---|---|---|---|---|---|
| 방문자 수 | 명<br>(총 방문자 수 : 　명) | | 페이지 뷰 | 뷰<br>(총 페이지 뷰 : 　뷰) | |
| 검색 유입 경로 | | | | | |
| 검색 키워드 순위 | 1. | 2. | 3. | 4. | 5. |
| 방문자 연령 분포 | 1. | 2. | 3. | 방문자 성별 분포 | |
| 인기 포스트 | | | | | |
| 주간 운영 이슈 | 1.<br>2.<br>3. | | | | |

# 08-4
# 네이버에서 내 홈페이지가 검색되지 않는다면?

네이버에서 내 홈페이지가 검색되고, 홈페이지의 글이 보이게 하려면 어떻게 해야 할까요? 네이버는 서치어드바이저(searchadvisor.naver.com)를 통해 웹 사이트의 네이버 검색 최적화 방법을 소개하고 있어요.

네이버 서치어드바이저는 네이버에서 운영하는 서비스 외 본인이 운영하고 있는 웹 사이트와 앱을 네이버 검색에 반영할 수 있게 도와줍니다. 또한 외부 웹 사이트와 앱의 콘텐츠가 네이버에서 잘 검색되고 있는지 검색 현황을 모니터링할 수 있어서 웹 사이트 운영에도 많은 도움이 됩니다. 티스토리 블로그, 페이스북, 홈페이지, 유튜브, 워드프레스 등과 같은 다양한 웹 사이트를 네이버 검색에 반영하고 싶을 때 사용하세요.

☑ 이전까지의 [웹마스터 도구]가 2019년 10월부터 [서치어드바이저]로 변경되었습니다.

## 하면 된다! } 내 웹 사이트 진단하기

1. [서치어드바이저] 웹 사이트에 접속합니다. 주소로 입력해도 되고, 검색을 통해 접속해도 됩니다. [서치어드바이저]는 네이버에 가입만 되어 있다면 누구든지 이용할 수 있습니다. [로그인] 버튼을 클릭해 [서치어드바이저]에 접속합니다.

☑ 네이버에서는 통합 검색 결과의 질을 높이기 위해 자사의 서비스뿐 아니라 서치 어드바이저에 등록된 사이트들의 결과도 함께 보여 주고 있습니다. 그러므로 홈페이지를 운영하고 있다면 꼭 등록해서 검색에 노출시켜 보세요.

네이버 서치어드바이저

**2.** [진단하기]를 클릭하면 자신의 웹 사이트가 검색 엔진에 친화적으로 구축되어 있는지를 파악하는 법을 알려 주는 동영상이 있고, 그 아래에 [사이트 간단 체크]가 있습니다. 여기서 웹 사이트를 먼저 체크하는 것이 좋아요. 웹 마스터 도구에 연동 웹 사이트를 등록했다고 해도 검색 엔진에 친화적이지 않다면 검색 노출이 제대로 이루어지지 않기 때문이에요.

**3.** [사이트 간단 체크]에 진단하고 싶은 웹 사이트 주소를 입력한 후 돋보기 아이콘을 클릭합니다. [사이트 간단 체크] 도구에서는 웹 사이트 제목, 설명문, 로봇 차단 여부 등 웹 사이트의 기본적인 검색 최적화 정보를 조회할 수 있습니다. 웹 사이트 체크는 하루에 10회만 이용할 수 있습니다.

4. 체크한 후 결과를 살펴보고 자신의 웹 사이트에 부족한 항목을 추가하면 됩니다. 웹 사이트 관리는 전문적인 부분이 많으므로 네이버에서는 동영상 가이드를 통해 안내하고 있습니다. X나 !로 표시된 항목을 모두 수정한 후에 검색 등록을 하면 됩니다.

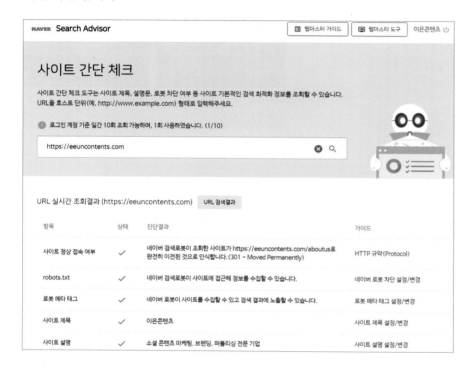

## 하면 된다! } 웹마스터 도구로 웹 사이트 등록하기

1. 네이버에서 내 웹 사이트를 등록하고 싶다면 [웹마스터 도구 → 사이트 관리]에서 웹 사이트를 추가해야 합니다. 웹 사이트는 최대 100개까지 등록할 수 있습니다.

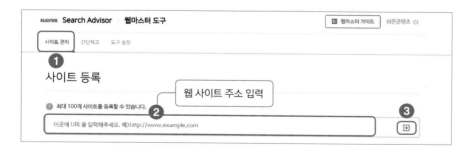

2. 등록된 웹 사이트의 콘텐츠를 가져오기 위해서는 소유확인을 진행해야 합니다. 사이트 목록에서 [소유확인 진행]을 누르면 사이트 소유확인을 하는 방법을 알 수 있습니다. 사이트 확인 방법은 HTML 파일 업로드나 HTML 태그를 복사한 후 붙여넣어서 확인하는 방법이 있습니다. 네이버에서는 파일 업로드 방식을 권장합니다.

☑ 네이버 블로그나 페이스북, 인스타그램처럼 호스팅 서버에 파일을 업로드할 수 없거나 웹 페이지의 HTML 태그를 수정할 수 없는 사이트는 소유확인을 할 수 없습니다.

3. 작업이 완료된 후에 [소유확인]을 누르면 됩니다. 소유확인이 진행되지 않은 사이트는 홈페이지 주소와 제목 정도만 검색됩니다.

## 검색 엔진 최적화, 정확하게 이해하기

네이버나 구글 등과 같이 검색 서비스를 제공하는 회사에서는 사람들이 원하는 정보를 잘 찾을 수 있도록 검색 엔진을 꾸준히 업데이트하고 있습니다. 검색에 잘 노출되는 웹 사이트나 문서를 만드는 방법을 '검색 엔진 최적화(search engine optimization, SEO)'라고 합니다.

검색 엔진은 일종의 프로그래밍이기 때문에 검색 결과를 가져오는 일정한 규칙 (알고리즘)을 갖고 있습니다. 이를 잘 따를수록 검색 결과의 상위에 나타나는 것이죠. 검색 엔진의 개념이 잘 잡히지 않는 분이라면 '검색 프로그램'이라고 생각 하면 됩니다.

검색 엔진 최적화는 크게 2가지 방법을 뜻합니다. 첫째, 웹 개발자가 웹 사이트 를 개발할 때 검색 엔진이 이 웹 사이트의 정보를 잘 수집할 수 있게 정보를 설 계하는 방법. 둘째, 검색 엔진이 수집하는 문서가 좀 더 상위로 노출되는 방법. 일반적으로 우리가 검색 엔진 최적화라고 말할 때는 후자의 방법을 말합니다. 웹 사이트를 개발하는 사람이 아니라 이미 구축된 블로그라는 서비스 안에서 검색이 잘될 게시글을 만들고 있기 때문입니다. 즉, 네이버 블로그의 검색 최적 화는 네이버 검색 엔진이 좋아하는 글을 쓰는 방법을 말하는 것이지요.

## 검색 공식블로그에서 틈틈이 정보를 얻으세요!

네이버에서는 검증되지 않은 꼼수를 막기 위해 검색 엔진을 업데이트하고 네이 버 검색 공식블로그(blog.naver.com/naver_search)를 통해 검색 노출에 대한 올바 른 이해를 돕고 있습니다.

네이버에서도 키워드를 몇 개까지 삽입해야 페널티를 받느냐 그렇지 않느냐를 아는 것보다는 글, 그림, 동영상을 이용해 자신이 운영하는 블로그의 주제에 맞 게 포스팅하는 것이 가장 좋은 최적화 방법이라고 말하고 있지요. 검색과 관련 하여 궁금한 점이 있다면 네이버 검색 공식블로그를 방문해 보세요.

네이버 검색 공식블로그

# 08-5

# 그래도 내 블로그가 잘 검색되지 않는다면?

네이버 블로그를 운영하는데도 검색이 누락될 경우가 종종 있습니다. 열심히 쓴 글이 네이버 검색에 제대로 노출되지 않는다면 많은 방문자를 유입시키기 힘들겠지요. 이럴 때는 다시 검색되도록 '네이버 고객센터'에 요청해야 합니다.

☑ 네이버 블로그 메뉴로 들어가 첫 화면 하단에서 [블로그 고객센터]를 눌러 들어가면 고객센터의 블로그 내용을 바로 살펴볼 수 있습니다.

## 하면 된다! } 검색 반영 요청하기

1. 네이버 고객센터(help.naver.com)에 접속한 후 검색 창에 '검색 반영 요청'을 입력하고 드롭다운의 '검색 반영 요청 (블로그)'를 클릭하세요. 관련 메뉴로 바로 이동할 수 있습니다.

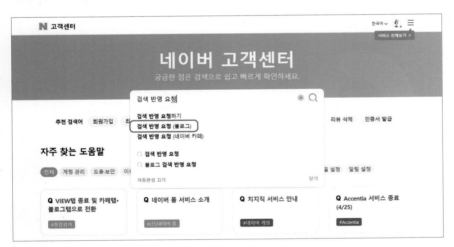

2. 본문 중간에 '검색 반영 요청 바로가기'를 클릭하세요.

블로그 검색 제한 기준 바로가기

위 2가지 내용을 모두 확인하였으나 검색에 노출되지 않는다면, 아래 링크를 눌러 문의 바랍니다.

검색 반영 요청 바로가기

요청하신 내용의 반영 여부 및 시기는 보장할 수 없으며, 개별적으로 답변드리지 않습니다.

**3.** 아이디와 이메일을 적은 후 검색에 노출되지 않는 게시물 URL을 넣고 개인
정보 수집 동의에 체크한 후 [문의하기]를 누르세요.

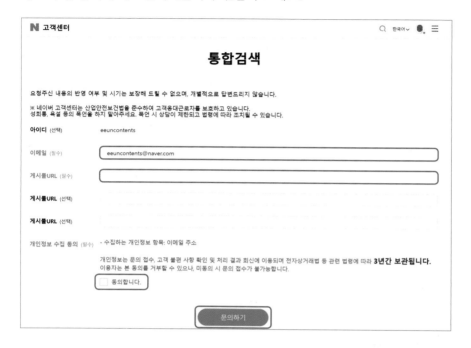

보너스 06

# 네이버의 AI 서비스 cue:를 활용해
# 블로그 글 탄탄하게 정리하기

기본적으로 내가 운영하는 블로그에 방문자를 많이 오게 만들려면, 자신이 주제로 잡고 있는 내용의 정보가 풍부한 글을 써야 합니다. 블로그를 운영해 보신 분은 아시겠지만, 정보가 풍부한 글을 꾸준하게 쓰는 게 쉬운 일은 아닙니다. 그래서 이런 부분에 도움을 받을 수 있도록 AI 서비스를 소개하겠습니다. 바로 네이버의 생성형 AI 서비스인 cue:입니다.

cue:는 네이버에 쌓인 데이터를 바탕으로 사람들이 검색하는 내용을 더욱 종합적으로 살펴볼 수 있도록 답변을 찾아줍니다. 이때, 좋은 정보를 얻으려면 무엇보다 질문을 잘해야 합니다. 꼬리에 꼬리를 무는 질문처럼 cue:의 답변을 통해 궁금한 점을 계속 물어가다 보면 자신만의 블로그 내용을 만들어갈 수 있어요.

특히 네이버 cue:는 답변을 풍부하기 위해 동영상이나, 답변 출처를 함께 달아서 알려 줍니다. 이때 참고로 삼은 블로그의 내용이나 기사, 동영상을 살펴보면 필요한 정보를 더욱 탄탄하게 얻을 수 있어요.

아직 생성형 AI에게 무작정 글을 써달라고 하는 건 한계가 있습니다. AI를 활용하면 비슷한 패턴의 글이 생성되는데, 이는 나중에 오히려 사람들에게 스팸으로 인식될 수 있어요. 그러므로 여러 답변을 받은 후 자신만의 구성으로 글을 써가는 것이 좋아요. 그럼, cue:를 활용해 글의 소스를 얻고 정리하는 법을 간단하게 알아보겠습니다.

1. 네이버 검색 창에 대화하듯 궁금한 내용을 적은 후 검색 창 옆의 cue: 버튼을 클릭하세요.

2. 네이버 cue:는 네이버에 쌓인 정보를 기반으로 답변을 해주고, 하단에는 답변에 참고를 한 문서들도 알려 줍니다. [참고정보] 버튼을 누르면 해당 문서의 제목과 주소, 관련 주제에 대한 6내용을 확인할 수 있습니다. 하단의 검색하기를 누르면 네이버 검색 결과 화면으로 돌아가서 내용을 보여주고, 자동으로 완성된 질문을 누르면 해당 질문에 대한 답변을 cue:가 이어서 해줍니다.

3. 위와 같은 방법으로 2~3개의 질문을 이어서 주제에 대한 내용, 영상, 제품 등을 찾아 달라고 요청합니다. 제품의 경우 네이버 쇼핑에 등록된 제품을 함께 소개합니다. 검색 결과의 사진을 클릭하면 해당 쇼핑 페이지로 직접 이동할 수 있어요.

4. 위의 순서대로 정보를 모은 후 중간 제목까지 구성합니다. 중간 제목의 내용이 생각한 것보다 빈약하다고 느껴지면, 좀더 구체적인 지시사항을 적어 요청해 보세요.

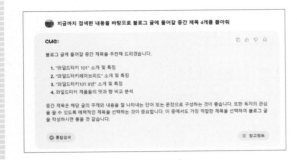 

5. cue: 검색을 통해 정리한 내용을 바탕으로 네이버 블로그의 글을 작성합니다. 이때 함께 검색된 쇼핑이나 동영상, 뉴스 정보 등을 같이 참고하여 블로그에 삽입해 내용을 더욱 풍부하게 만드세요. 이렇게 AI를 활용하면 나만의 블로그 글을 보다 쉽게 완성할 수 있습니다.

# 09

# 네이버 블로그로
# 돈 버는 4가지 방법

네이버는 블로그만 잘 운영해도 수익을 얻을 수 있게 했습니다. 좋은 콘텐츠를 만들고 공개해서 많은 방문자를 모은 후 블로그에 광고를 달아 수익을 얻는 방법이죠. 네이버에서는 애드포스트를 통해 방문자에게 광고를 보여 주고, 그 수익을 나눠 주고 있습니다.

자신의 능력으로 제품이나 굿즈를 만들 수 있는 사람이라면 스마트스토어에 입점한 후 블로그 포스트에 자신이 만든 제품을 노출시킬 수도 있고, 블로그 마켓을 개설해 판매할 수도 있습니다. 특히 쇼핑 라이브를 통해 고객과 실시간으로 소통할 수도 있습니다. 이번 장에서는 네이버 애드포스트를 신청하는 방법과 스마트스토어, 블로그 마켓, 쇼핑 라이브를 이용하는 방법을 소개합니다.

# 09-1
# 글을 쓰면 수익이 된다!
# 네이버 애드포스트

네이버에서 블로그를 운영하는 사람이라면 '내가 쓴 글을 수익으로 전환할 수 없을까?' 하는 생각을 해봤을 거예요. 방문자가 늘어나고 이웃이 많아져도 자기 만족만 할 뿐, 구글이나 티스토리 블로그처럼 광고를 걸어 수익을 얻을 수 없었습니다.

블로그를 운영하려면 많은 시간과 노력이 필요한데, 아무 수익 없이 꾸준히 하기가 쉽지 않죠. 그러다 보니 네이버 블로그에는 홍보성 글만 많이 올라오는 부작용이 생기기도 합니다.

그런 블로거들의 아쉬움을 해결하기 위해 네이버에서 '네이버 애드포스트'라는 서비스를 제공했습니다. 조회수를 기반으로, 블로그 글의 앞뒤에 광고가 노출되면 일정 수익을 블로거에게 제공하는 서비스이죠.

> ☑ 네이버 애드포스트는 블로그, 포스트, 밴드에 삽입된 키워드 광고의 수익을 해당 블로거와 함께 공유하도록 만든 서비스입니다.

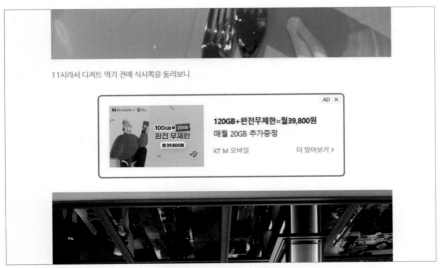

블로그 글을 읽다 보면 중간 중간에 배너 형태로 광고가 들어간 것이 '네이버 애드포스트' 서비스 형태 중 하나입니다.

## 1명당 1계정! 애드포스트 가입하기

네이버 애드포스트는 19세 이상만 가입할 수 있습니다. 애드포스트의 수익을 지급받을 때는 소득세, 주민세 등 제세공과금을 부담해야 하는데요. 미성년자는 별도 확인 절차를 거쳐야 하기 때문에 네이버에서는 19세 이상 성인만 가입 대상으로 삼고 있어요. 사업자의 경우 개인 사업자와 영리 법인만 가능합니다.

일반적으로 네이버 계정은 1명당 3개까지 개설할 수 있습니다. 애드포스트는 실명이 확인된 계정 중 1개만 가입할 수 있어요. 애드포스트 계정은 기업이라면 사업자등록번호당 1개, 법인이라면 법인등록번호당 1개만 가입할 수 있습니다. 이 계정으로 사용자가 운영하는 블로그, 포스트, 밴드에 광고를 올려 수익을 얻을 수 있는 것이죠.

애드포스트로 광고 수입을 얻으려면 우선 자신의 계정으로 애드포스트에 가입한 후 미디어 등록, 수입 지급 설정을 해야 합니다. 각각 순서대로 알아보겠습니다.

☑ 공공기관이나 공익재단 같은 비영리 법인이나 면세 사업자는 애드포스트에 가입할 수 없습니다.

## 하면 된다! } 애드포스트 가입하기

1. 네이버 애드포스트(adpost.naver.com)에 접속한 후 [애드포스트 시작하기]를 눌러 애드포스트에 회원으로 가입합니다. 애드포스트 가입은 약관동의, 회원인증, 회원 정보 입력, 가입 신청 완료순으로 진행됩니다.

**2.** 먼저 애드포스트의 전체 약관에 동의합니다. 오른쪽 상단의 [전체 약관 동의하기]를 체크하면 한 번에 할 수 있습니다. 그리고 회원 인증을 통해 애드포스트에 가입합니다. 개인이면 아이디, 이름을 확인하세요.

개인 사업자로 가입하고 싶은 경우에는 [회원 유형] 오른쪽에 있는 [개인 사업자로 가입]을 눌러 업체명과 사업자등록번호를 적으면 됩니다.

**3.** [회원 정보 입력]에서 창작자 정보와 수입 지급 정보를 입력합니다. 정보를 다 적고 [다음 단계]를 누르면 애드포스트 신청이 완료됩니다. 이후 검수 과정을 거쳐 애드포스트 승인이 나는데, 보통 1~2일 후 심사 결과를 알 수 있습니다.

# 하면 된다! } 애드포스트에 미디어 등록하고 광고 설정하기

1. [애드포스트 → 미디어 관리 → 미디어 등록]으로 들어가 광고를 삽입하고 싶은 미디어를 등록해야 합니다.

2. 유형별로 여러 미디어를 등록할 수 있어요. 원하는 미디어를 선택한 후 [확인]을 누르면 다음 단계로 넘어갑니다.

☑ 단, 밴드의 경우 모바일 밴드 앱 또는 밴드의 웹 홈페이지에서 미디어를 직접 등록 해야 합니다. 등록 방법은 이후 내용에서 확인하세요!

3. [미디어 정보 입력] 메뉴에서는 현재 운영하는 미디어를 추가할 수 있고 선호 주제를 선택할 수 있습니다. 선호 주제는 기본적으로 블로그의 관심 주제와 비슷합니다. 자신의 블로그 주제와 같은 선호 주제를 선택하세요. 그래야 관련된 광고가 노출되며 광고 클릭을 통해 수익을 더 많이 얻을 수 있습니다. 설정을 마친 후 [확인]을 누릅니다.

4. 등록을 완료하면 자신이 등록한 미디어와 URL, 선호 주제가 보입니다. 마지막으로 확인한 후 [확인]을 누르면 미디어 등록이 완료됩니다. 이후 [애드포스트 → 미디어 관리 → 미디어 설정]으로 들어가면 자신이 등록한 미디어 등록 현황을 한눈에 볼 수 있습니다.

☑ [미디어 설정]에서는 등록한 미디어의 상태를 살펴볼 수 있습니다. 보류된 미디어는 [검수요청]을 눌러 재검수를 진행할 수 있습니다.

5. 광고를 설정하려면 [애드포스트 → 미디어 관리 → 미디어 설정]에서 등록된 미디어를 클릭합니다. 이렇게 하면 해당 미디어의 [미디어 정보]와 [미디어 설정]이 뜨는데, 이때 [미디어 설정]에서 광고 게재 설정을 하면 됩니다. 애드포스트 광고 게재 설정에는 [예]로 표시하고, 광고 URL 차단 설정은 [아니오]로 표시한 후 [확인]을 누르면 됩니다.

 **알아 두면 좋아요**

**밴드 페이지 만들고 애드포스트 등록하기**

밴드에는 그룹 외에도 자신의 정보를 나눌 수 있는 페이지 기능이 추가되었습니다. 페이스북의 팬 페이지처럼 생각하면 됩니다. PC 버전이나 모바일 버전에서 개설할 수 있습니다.

1. 밴드 앱의 [홈] 화면에서 [페이지 만들기]를 누르면 페이지를 만들 수 있습니다. 페이지를 만들 때는 자신의 분야를 정해야 합니다. 운영할 콘텐츠와 관련된 주제를 선택해 주세요.

2. 페이지를 개설한 후에는 페이스북 페이지처럼 꾸며 주면 됩니다. 밴드 페이지는 사진과 동영상뿐만 아니라 투표, 설문이나 참가 신청서 등 다양한 커뮤니티를 활성화할 수 있도록 만들어졌습니다. 또한 연결된 밴드 커뮤니티를 만들 수 있는 것도 특징입니다. 라이브 방송에서는 커뮤니티의 사람들과 생동감 있게 교류할 수도 있습니다.

3. 페이지에서 활동을 하면 팬과 콘텐츠가 쌓이는데, 이때 애드포스트 등록을 할 수 있습니다. 페이지 [홈] 화면에서 글쓰기 왼쪽에 있는 설정을 누르면 나오는 메뉴에서 [네이버 애드포스트 설정]을 눌러 들어간 후 [미디어 등록 신청]을 하면 됩니다.

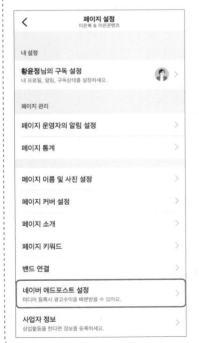 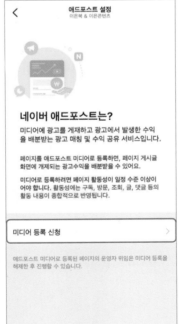

## 하면 된다! } 수입 지급 설정하기

애드포스트를 통해 생긴 수익은 현금과 네이버 페이 2가지 방법으로 지급받을 수 있습니다.

### 1. 현금으로 받고 싶은 경우

[애드포스트 → 내정보 → 회원정보변경 → 수입 지급 정보]에서 자신의 은행 계좌 정보를 기입하고, 수입 지급 금액을 설정해 줍니다. 지급액은 최소 5만 원 이상, 최대 1천만 원 이하로 설정하면 됩니다. [수입을 자동으로 지급받겠습니다.]에 체크하면 최소 금액이 충족될 때마다 등록한 계좌로 입금됩니다.

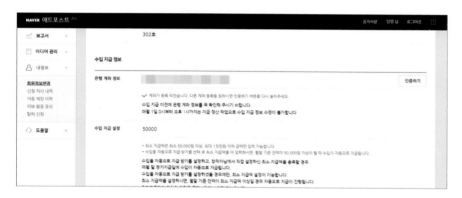

### 2. 네이버 페이 포인트로 받고 싶은 경우

네이버 페이는 개인일 때에만 전환할 수 있습니다. 전환 가능 금액이 100원 이상이고, 계정 상태가 정상인 경우에만 신청할 수 있습니다. 한 번 신청할 때 최소 100원 이상, 최대 5만 원 이하까지 가능하며, 현금으로 받을 때와 달리 수시로 신청할 수 있습니다. 전환 신청을 하면 매월 12일에 네이버 페이 포인트를 지급받을 수 있습니다. [보고서 → 전환 내역]으로 들어가 포인트 전환을 조회하면 광고를 통해 지급받은 포인트를 확인할 수 있습니다.

☑ 네이버 페이 포인트로 전환 신청은 개인 활동일 경우에만 할 수 있습니다.

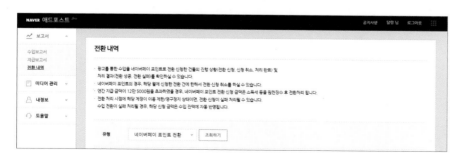

# 나의 수익은? 애드포스트 분석 기능 살펴보기

네이버 애드포스트에서 광고 수익은 [보고서] 메뉴를 통해 알 수 있습니다. [보고서 → 수입 보고서]에서는 날마다 광고 수익을 체크할 수 있으며 노출 수, 클릭 수 및 클릭률 통계를 확인할 수 있습니다.

광고 금액은 노출수와 클릭수로 책정됩니다. 클릭수가 많아질수록 광고 수익이 더 커집니다. 또한 클릭수와 클릭률에 따라서도 수입 예정 금액이 달라집니다. 클릭률이 높을수록 더 높은 수익을 얻게 되지요. 블로그 조회 수와 광고 노출의 기준이 다르기 때문에 블로그 실제와 일치하지 않을 수 있습니다.

# 09-2

# 나만의 인터넷 쇼핑몰, 스마트스토어

네이버는 2020년 네이버 쇼핑을 통해 거래액만 28조 원을 달성해 이커머스 시장에서 1위를 차지했습니다. 이런 매출을 견인한 것은 네이버의 스마트스토어였습니다. 네이버라는 막강한 플랫폼과 콘텐츠가 합쳐지면서 이커머스의 강자가 된 것이죠. 쇼핑몰을 블로그처럼 쉽게 만들 수 있는 서비스가 스마트스토어입니다.

## 나만의 온라인 쇼핑몰, 스마트스토어

네이버는 특히 소상공인이나 작은 가게도 자신의 제품과 물건으로 고객들과 직접 상거래를 할 수 있도록 스마트스토어 서비스를 제공합니다. 스마트스토어는 블로그처럼 누구나 쉽게 개설할 수 있고, 결제 기능도 무료로 제공하므로 비싼 비용을 들여 쇼핑몰을 따로 구축하지 않아도 바로 만들 수 있다는 장점이 있습니다.

스마트스토어 구축 예시

스마트스토어센터의 [상품관리] 메뉴에서는 초보자도 쉽게 상품 등록을 할 수 있어요. [상품 등록]엔 카테고리, 상품명, 판매가, 재고 수량, 상품 이미지, 동영상, 상세 설명 등 쇼핑몰의 세부 상세 페이지를 순서대로 쉽게 작성할 수 있는 기능들이 있습니다. 특히 상세설명은 블로그 글을 쓰는 에디터인 스마트에디터 ONE으로 작성할 수 있어서 블로그를 운영한다면 좀 더 쉽게 운영할 수 있어요.

스마트스토어의 상품들은 네이버 쇼핑에 노출되면서, 블로그 글을 쓸 때도 글감 검색을 통해 검색해서 삽입할 수 있어요. 글감검색에서 [쇼핑]을 선택해 제품 제목을 적어서 찾아도 되고, [쇼핑에서 공유하기]를 눌러 URL을 블로그에 넣어 줘도 됩니다.

☑ 블로그에 글을 작성할 때 이렇게 스마트스토어에서 판매하는 제품을 삽입할 수 있어요.

## 하면 된다! } 스마트스토어 개설하기

1. 네이버 스마트스토어센터 화면에서 [판매자 가입하기] 버튼을 누릅니다. 판매자 가입 단계는 크게 [판매자 유형 선택], [정보입력], [가입신청 완료]순으로 진행합니다.

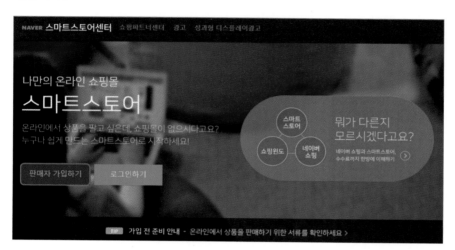

2. 먼저 자신의 판매자 유형을 선택합니다. 사업자 등록을 하지 않았다면 [개인] 판매자로, 사업자등록증이 있으면 [사업자] 판매자로 가입합니다. 개인이라면 서류가 따로 필요하지 않고 휴대폰으로 개인 인증이 진행됩니다. 자신의 전화번호를 적어 인증받으세요.

☑ 사업자로 가입할 경우에는 가입 심사를 위해 필수 서류를 제출해야 합니다. 사업자등록증 사본 1부, 대표자나 사업자, 법인 명의의 통장 사본 1부, 대표자나 법인의 인감증명서 사본 1부가 필요합니다.

3. 개인 인증을 마치면 스마트스토어센터 판매자 가입으로 이어집니다. 네이버 아이디나 이메일로 바로 가입할 수 있는데, 네이버 서비스 연결을 위해 [네이버 아이디로 가입하기]로 가입하는 것을 추천합니다. 이후 가입 정보를 입력하고 인증한 뒤 [다음]을 누릅니다.

4. 네이버 비즈니스 서비스를 연결합니다. 네이버 검색에 상품을 노출시키고 싶으면 [네이버 쇼핑]을 설정해 주세요. 또한 구매자와 CS를 하고 싶을 때는 [네이버 톡톡]을 연동하면 됩니다. 마지막으로 약관 정보에 모두 동의하면 판매자 유형 선택 관련 방법이 마무리됩니다.

5. 판매자 정보를 입력합니다. 판매자명, 메일, 주소는 입력한 대로 구매자에게 노출됩니다. 그다음으로 스마트스토어 이름과 URL, 소개글을 정리합니다. 스마트스토어 이름은 네이버에서 검색어로도 활용되며, 가입한 후에도 1회 수정할 수 있습니다.

6. 판매 상품정보와 배송·정산정보를 입력합니다. 판매 상품정보를 입력할 때에는 반드시 대표 상품 카테고리를 선택해야 합니다. 배송·정산정보를 입력할 때는 출고지와 반품·교환지 주소를 반드시 입력해야 합니다. 그 다음 판매자 추가 정보를 입력하면 신청 완료입니다.

☑ 스마트스토어는 소비자들의 요청 사항에 맞춰 꼼꼼하게 정보를 공개해야 합니다. 그러다보니 기입해야 할 것들이 많습니다. 다만 순서대로 차근차근 입력하면 어렵지 않으므로 겁내지 말고 하나씩 적어보세요.

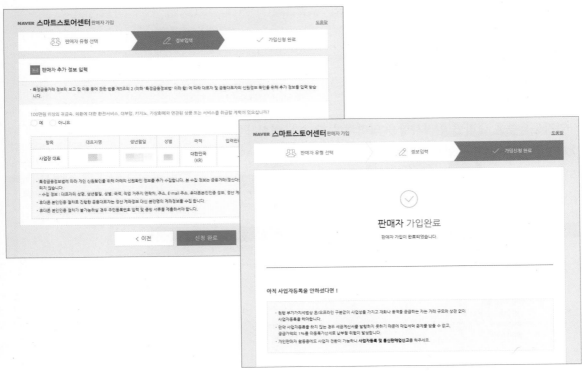

## 하면 된다! } 온라인 쇼핑몰 운영을 위한
## 사업자등록증, 통신판매신고증 만들기

스마트스토어는 '사업자등록증'과 '통신판매신고증'이 있어야 개설할 수 있습니다. 사업자등록과 통신판매업은 온라인 국세청 홈택스에서 쉽게 신청할 수 있어요.

### 1. 사업자등록 신고하기

국세청 홈택스(www.hometax.go.kr)에 로그인한 후에 [국세증명·사업자등록 세금관련 신청/신고 → 개인 사업자등록 신청]으로 들어가서 [개인 사업자등록 신청]을 누릅니다.

사업자등록증을 내려면 인적사항을 입력해야 합니다. 인적사항과 사업특성 선택사항을 적습니다. 산업특성 선택사항을 체크한 후 넘어가면 [사업자 정보입력]과 [업종 선택] 메뉴가 나옵니다. [사업장 정보 입력] 메뉴에서는 상호명, 개업일자를 작성하세요.

☑ 집 주소로 사업장을 선택할 경우에는 사업장 주소가 '본인의 주민등록상 주소와 동일하다'에 체크하면 됩니다. 또한 온라인 쇼핑을 할 경우에는 '통신 판매를 한다'에 체크하세요.

[업종 선택]은 [업종 입력/수정] 버튼을 눌러 팝업이 뜨면 업종 키워드나 업종 코드를 검색해 선택합니다. 참고로 [전자상거래 소매업]의 업종코드는 525101 입니다.

만약 해외 직구를 병행하고 싶다면 [서비스업] 업태에서 종목명을 [해외구매대행]으로 하고 업종코드 525105를 입력해 업종을 추가하는 것이 좋습니다. 이밖에도 진행하고 싶은 업종이 있으면 추가해 보세요.

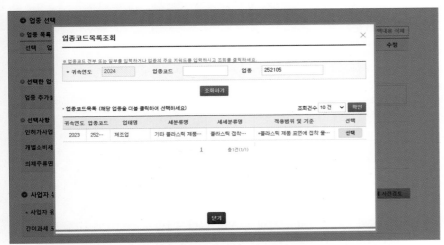

[사업자 유형]은 처음에는 [간이]로 선택하면 됩니다. 매출이 늘어나면 자동으로 [일반]으로 변경됩니다. [간이]에서 [일반]으로 바뀌는 기준은 직전년도 매출인데요. 직전년도 매출이 4,800만 원 이상이거나 간이과세 배제 업종은 일반 사업자가 됩니다.

사업자등록증은 국세청 홈택스에서 직접 프린트할 수 있습니다. 발급번호를 클릭하면 연결된 프린트로 인쇄할 수 있는 화면이 나옵니다.

☑ 사업자등록증을 분실하거나 훼손했을 때는 [국세증명·사업자등록 세금관련 신청/신고 → 즉시발급 증명 → 사업자등록증 재발급]에서 신청하면 됩니다.

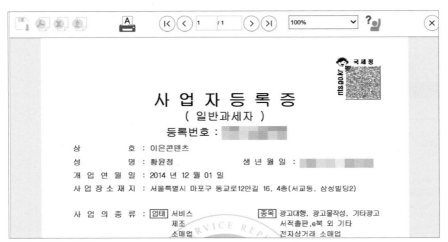

## 2. 통신판매업 신고하기

통신판매업 신고는 정부24 홈페이지(www.gov.kr)에서 신청할 수 있습니다. 메인 페이지에 있는 검색창에서 '통신판매'를 검색해 나온 연관 검색어 [통신판매업 신고]라는 우측의 서비스를 눌러서 신청하면 됩니다.

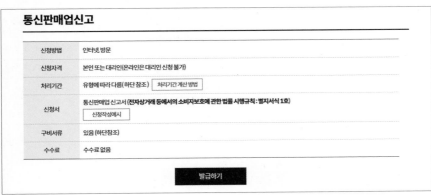

# 09-3

# 이젠 블로그에서 직접 판다! 블로그 마켓

네이버에 스마트스토어가 있어도 대다수 1인 기업은 자신의 블로그에서 제품을 판매하고 공동 구매를 해왔습니다. 네이버에서는 블로그를 통한 구매를 더욱 활성화하기 위해 2020년부터 블로그 마켓을 오픈했습니다. 블로그 마켓의 장점은 다른 결제 방법을 등록하지 않아도 네이버 페이로 간편하게 결제할 수 있다는 것입니다. 현재 다양한 카테고리로 확장되며 블로그 마켓을 활용하는 셀러들이 늘고 있어요. 자신만의 제품이나 굿즈가 있다면 쉽게 블로그 마켓에 가입해서 활동할 것을 추천합니다. 블로그 마켓에 가입하면 블로그 글과 상품 등록을 한꺼번에 할 수 있습니다.

네이버 검색 창에 '네이버 블로그 마켓'을 검색하거나 [블로그] 홈 화면의 상단 메뉴바에 있는 [블로그 마켓 가입] 버튼을 누르면 가입 과정이 시작됩니다.

블로그 마켓에 가입하려면 몇 가지 조건을 충족해야 하는데요. 우선, 개인사업자만 블로그 마켓에 가입할 수 있습니다. 법인은 가입할 수 없어요. 개인사업자로 등록한 사업자 대표가 자신의 블로그 아이디로 신청을 해야 블로그 마켓에 가입할 수 있습니다.

그리고 블로그 마켓인 만큼 최근 1년 동안 직접 작성해 공개로 발행한 글이 3개 이상 있어야 합니다. 스크랩, 공유나 메모글이 아닌 포스트가 3개 이상 작성되어 있어야 해요.

그다음으로 블로그 마켓에 가입하기 전 자신의 제품이 마켓에서 판매할 수 있는 상품군인지를 확인해야 합니다. 현재 28개의 상품군을 판매할 수 있어요.

〈판매가능 상품군〉

성인 의류, 가방, 신발, 잡화, 침구류/커튼, 가구, 주방 용품, 영유아 용품(현재 오픈된 상품군 중 영유아 관련 상품), 화장품(수입 대행 판매는 제한), 귀금속/보석/시계, 식품(농산물), 가공식품(수입 대행 식품, 건강 기능 식품 제외), 광학 기기(디지털카메라/캠코더), 소형 전자(음향 기기, 미용 기기, 학습 기기, 게임기), 영상 가전(TV류), 가정용 전기제품(냉장고/세탁기 등), 계절 가전(에어컨, 온풍기), 사무용 기기(컴퓨터/노트북/프린터), 자동차 용품(자동차 부품, 기타 자동차 용품), 악기, 스포츠 용품, 생활 화학 제품, 살생물 제품, 건강 기능 식품(판매 권한 신청 필요), 휴대폰, 내비게이션, 서적, 기타 재화

## 하면 된다! } 블로그 마켓 가입하기

1. 블로그 마켓의 가입은 [본인 인증], [약관 동의], [정보 입력]순으로 진행됩니다. [지금 바로 블로그 마켓 가입하기] 버튼을 누르고 들어가 [시작하기] 버튼을 누릅니다.

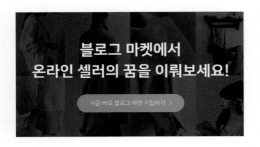

2. 판매자의 신원 확인을 위해 실명 인증된 네이버 아이디를 입력해야 합니다.
[본인 인증하기] 버튼을 눌러 실명 인증을 해주세요.

3. 블로그 마켓 이용약관 동의 및 통신판매업 신고번호를 입력하세요. [다음]을
누르면 네이버페이센터로 이동해 가입을 계속하게 됩니다.

☑ 미신고나 면제에 체크했다고 해
도 판매량이 늘어나면 반드시 신고
해야 합니다. 만약 통신판매업 신고
를 하지 않았다면, 가입 후 [네이버페
이센터 → 내 정보 → 가입정보 변경]
에서 '구매안전서비스 이용확인증'
을 내려받아 정부24 사이트에서 통
신판매업을 신고한 후 신고 번호를
업데이트해야 합니다. 통신판매업 신
고 방법은 09-2를 참고하세요.

4. 네이버 페이 센터에서 약관에 동의를 합니다.

5. 동의하면 나오는 네이버페이센터에서 가입 전 확인과 정보를 입력합니다. 블로그 마켓은 개인사업자만 가능하므로, 가입 전 확인에서 [개인사업자]를 선택합니다. 이때 사업자등록증 스캔 파일을 준비해 서류 제출할 준비를 해야 합니다.

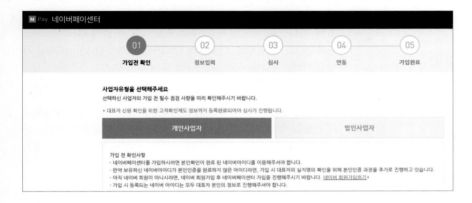

6. 그 다음 로그인 정보를 확인합니다. 로그인 정보는 개인사업자 대표 명의의 아이디여야 합니다. 마지막으로 가입 시 유의사항 안내를 살펴본 후에 전체 동의를 누릅니다.

7. 정보입력에서는 네이버페이 가맹점 약관에 동의한 후 로그인 정보, 사업자정보, 가맹점몰 정보, 담당자 정보, 반품 배송지 및 택배사 정보를 입력해 줘야 합니다.

**1 사업자 정보 입력** : 사업자등록증에 있는 상호명과 사업자등록번호, 대표자명, 업태 / 종목, 사업장 주소 등을 입력합니다. 또한 정산 계좌 정보를 입력한 후에 사업자등록 사본을 파일로 첨부해 줍니다.

**2 가맹점 몰정보 입력** : 블로그 마켓에서 활동할 몰의 이름과 소개를 적습니다. 주소는 기본적으로 가입한 블로그 주소가 됩니다. 소개말, 전화번호, 이메일 주소, 주소 등을 적은 후 몰의 대표 이미지를 등록합니다. 가로세로 160px의 이미지를 등록하면 네이버페이 가맹점 전체보기나 찜 목록, 경제내역 등에 노출됩니다.

**3 담당자 정보** : 가맹점 관리를 위한 담당자 정보를 입력해 줍니다.

**4 반품 배송지 및 택배사 정보** : 제품을 보냈는데 반품이 발생할 때 진행할 택배사를 설정할 수 있습니다. 네이버페이 지정 택배사를 선택하게 되는데요. 우체국택배를 이용해 반품을 받게 됩니다. 여기에 반품 택배비와 반품 배송지를 함께 입력해 줍니다.

8. 입력이 완료되면 팝업 창이 뜹니다. 추가정보 입력 화면으로 이동해 정보를 입력해 주면 됩니다.

**admin.pay.naver.com 내용:**

네이버페이센터 가입을 위한 기본정보 등록이 완료되었습니다.
고객확인제도 등록을 위해 추가정보 입력 화면으로 이동하여 정보를 입력해주시기 바랍니다.

확인

9. 기본정보 등록을 완료한 후에는 대표자 신원 확인을 위한 고객확인제도 정보까지 등록 완료해야 합니다. [심사] 항목에서 확인을 누르면 정보 등록 화면이 나옵니다.

**10.** 네이버페이센터를 이용하려면 사용자 본인 인증을 해주어야
합니다. [담당자 이메일 주소 인증]이나 [네이버 알림 인증] 중 선
택해 주세요. [네이버 알림 인증]을 선택하면 입력된 아이디의 네
이버 톡톡으로 인증번호 메시지가 옵니다.

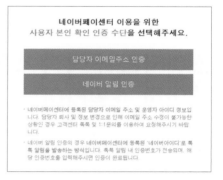

**11.** 네이버 인증을 하면 고객확인제도 수집정보 관리 화면이 뜨는데요. 여기에
서 대표자 정보를 등록하고 심사요청을 하면 됩니다. 블로그 마켓의 가입 심사
는 최대 5~6일 걸립니다. 만약 가입이 거절될 경우에는 3개월 내에 다시 신청
할 수 있습니다.

# 09-4

# 소비자들과 직접 소통하며 판다!
# 네이버 쇼핑라이브

요즘 쇼핑은 실시간 라이브 방송이 대세입니다. 소비자들의 궁금증을 그 자리에서 바로 풀어주며 제품을 보여 주는 라이브는, 소상공인이나 작은 기업에서도 쉽게 도전할 수 있는 것이 장점이에요. 단, 스마트스토어 판매 등급이 새싹 등급 이상이 되어야 쇼핑라이브를 진행할 수 있어요. 네이버 검색 창에 '네이버 쇼핑라이브'(shoppinglive.naver.com)를 입력하면 다양한 라이브 방송을 살펴볼 수 있어요.

쇼핑라이브는 네이버 쇼핑라이브 스튜디오 앱, 스마트스토어 앱, 프리즘앱을 통해 진행할 수 있는데요. 앱에서는 라이브 필터, 이펙트 효과, 시청 화면에 미디어와 텍스트를 올릴 수 있는 미디어 오버레이 기능, 채팅 공지 관리, 라이브 시작 알림 등 여러 기능을 활용해 라이브를 할 수 있습니다.

네이버 쇼핑라이브는 크게 기획라이브와 오픈라이브로 나뉩니다. 기획라이브는 네이버 쇼핑라이브, 쇼핑 사업부와 제휴해 제작하는 라이브예요. 반면 오픈라이브는 브랜드에서 네이버와 조율할 필요 없이 언제 어디서나 자유롭게 진행하는 자체 진행 라이브 방송입니다. 자신이 직접 방송 스케줄을 잡고 고객과 만나려면 오픈라이브를 진행하면 됩니다.

쇼핑라이브에서 진행할 수 있는 상품의 카테고리 제한은 따로 없습니다. 단, 네이버 스마트스토어 상품등록정책에 위반되지 않은 상품 카테고리여야 합니다.

쇼핑라이브의 결제수단별 수수료는 네이버페이 주문 관리 수수료와 같습니다. 영세 1.980%, 중소 2.585%, 2.750%, 3.025%, 일반 3.630%로 등급별 수수료가 차등 지급됩니다.

처음 라이브를 한다면 리허설 기능을 활용해서 미리 연습해 볼 수 있습니다. 이때 진행하는 라이브는 라이브 페이지에 노출되지 않습니다. 그 대신 [더보기 → 공유하기] 또는 [URL 복사]를 통해 해당 영상의 모니터링은 할 수 있어요.

실제 쇼핑라이브를 시작하려면 타이틀, 대
표 이미지, 상품을 선택한 후 [시작] 버튼
을 클릭하면 됩니다. 카운트한 후에 라이
브가 바로 시작되는데요. 이때 LIVE 마크
가 노출됩니다.

라이브는 송출되는 화면과 시청자가 보는
화면 사이에 2~10초의 차이가 있어요. 그
래서 라이브를 진행할 때는 혼자서 계속
말하기보다, 라이브 채팅 창에 올라오는
고객의 반응을 살피며 조금 여유를 갖는
것이 좋습니다.

라이브 방송은 네이버뿐만 아니라 인스타
그램이나 유튜브에서도, 라이브 쇼핑 전문
서비스인 그립 같은 곳에서도 진행할 수
있어요. 방법은 다들 비슷한데요. 무엇보
다 내 제품에 자신감을 갖고, 고객과 소통

☑ 왼쪽 상단의 숫자는 누적 접속자
수, ♡ 숫자는 좋아요 누적 수예요.

하는 자세를 갖춰야 해요. 자신이 라이브할 제품을 충분히 이해하는 것이 중요
합니다. 이제 준비를 모두 마쳤다면 방송을 켜보세요!

## 블로그,
## 수익만을 우선해서
## 운영하진 마세요!

요즘 블로그를 살펴보면 "월 1,000만 원 수익"을 보장하는 SNS 수익화 노하우를 알려준다는 글과계정이 많습니다. 어느 계정은 자신의 현재 수익이 얼마라고 공개하며, 자신의 컨설팅을 받으면 '누구나' 그렇게 수익 자동화를 이루어 부자가 된다고 홍보하고 있지요.

그런 글을 자세히 살펴보면, 책의 내용을 베끼거나 자극적인 내용으로 클릭을 유도하는 경우가 많습니다. 유튜브와 블로그를 운영해서 광고 수익을 얻으라고 하기도 하고, 자신의 노하우를 강의 형태로 팔거나, 전자책을 만들어 올린 후 컨설팅과 전자책으로 수익을 올리라고도 합니다.

이렇게 하면, 인플루언서가 되지 않아도 누구나 단기간에 월 1,000만 원을 벌 수 있다고 합니다. 그러다 보니 요즘에 블로그의 수익화를 이야기하면, 이런 식으로 생각하는 사람이 많습니다. 그럼 네이버에서도 블로그를 이렇게 생각하고 있을까요?

앞서 9장에서 소개했지만, 네이버에서는 개인과 작은 기업들이 다양한 서비스를 활용해 자신이 하는 일의 수익을 높일 수 있도록 여러 서비스를 개발해 놓았습니다. 그리고 이를 유기적으로 연결해 제품에 대한 신뢰와 창작자에 대한 믿음을 통해 '온라인 선순환 비즈니스'를 만들어 내도록 만들어 놓았습니다.

네이버의 선순환 비즈니스는 작은 기업이나 일러스트레이터, 수공예나 요리, 인테리어를 하는 사람들이 블로그를 통해 자신만의 판로를 찾아 새로운 기회를 얻도록 합니다. 자신의 취미와 흥미가 새로운 직업이 될 수 있도록 도와줍니다.

즉, 네이버 블로그를 통해 수익을 얻는다는 것은 이런 의미이지요. 그러므로 급하게 수익을 얻기 보다, 탄탄하게 글을 올리며 네이버 안에서 나의 글과 제품이 서로 유기적으로 연결될 수 있도록 만드는 것이 중요합니다.

좋은 브랜드는 사람들과 오랫동안 접촉하고, 그 안에서 자신의 이야기를 만들어 나갑니다. 온라인 활동도 이와 마찬가지입니다. 블로그와 SNS는 '거북이'입니다. 한 걸음, 한 걸음 느리게 기어가면서 결국 토끼보다 먼저 결승점에 도달한 거북이 말이지요. 그러니 급하게 생각하지 말고 한 단계, 한 단계씩 자신의 글을 쌓아 나가세요. 그러다 보면 어느새 가장 강력한 마케팅 채널이 되어 있음을 발견하게 될 것입니다. 나만의 콘텐츠로 끊임없이 소통하는 블로거가 되시기를 바랍니다.

실제로 이 책을 감명 깊게(?) 읽고, 회사 블로그를 만들어야겠다고 마음먹은 이지스퍼블리싱의 편집자분께서 제게 이런 사진을 보내 주셨어요. "대표님! 이 책 따라서 21년부터 시작했던 블로그가 어느새 월 조회수 3만이 되었어요!"

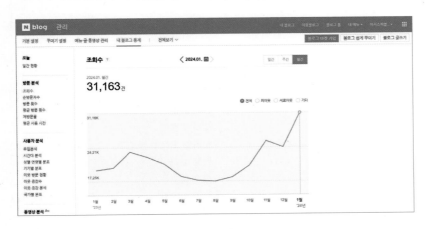

위의 사례처럼, 저는 이 책이 온·오프라인을 연결하고 사람들과 소통하려는 분들에게 도움이 되었으면 좋겠습니다. 앞으로도 블로그 마케팅은 온라인에서 제품이나 서비스를 알리고 싶은 작은 기업, 소상공인에게 가장 편리하고 강력한 방법이 될 것입니다. 제가 이 책을 수없이 고치고, 앞으로도 그렇게 하려는 이유이기도 합니다. 저 또한 작은 기업, 소상공인이기에 노하우를 나누어 함께 잘되고 싶은 마음이랄까요.

# 유튜브·SNS·콘텐츠 시대의
# 친절한 저작권법 실무 교과서

꼭 알아야 할 저작권법과 분쟁 유형 총망라!

## 유튜브·SNS·콘텐츠
# 저작권 문제 해결

오승종 지음

25년간 저작권을 다뤄온
판사 출신 변호사의 실무 답변 108가지

이지스 퍼블리싱

1위!
법 분야
베스트셀러

된다!
유튜브·SNS·콘텐츠
**저작권 문제 해결**
오승종 지음 | 448쪽 | 18,000원

영상·이미지
음원·글꼴
**저작권 무료 사이트**

유튜브, 학교 원격 수업 등
**최신 저작권 이슈 반영!**

내 저작권과 콘텐츠를 지킬
**경고장 발송부터
민·형사 소송 방법까지!**

# 나만의 캐릭터 만들기부터 일러스트 드로잉까지!
초등학생부터 대학생, 직장인까지 모두 도전해 보세요

나도 한번 해볼까?

## 된다!
### 사각사각 아이패드 드로잉
### with 프로크리에이트

드로잉&캘리그라피&디자인을 한번에!
세 명의 프로 작가에게 배우는 1:1 집중 클래스

레이나, 임예진, 캘리스마인드 지음 | 440쪽 | 24,000원

## 아이패드 드로잉 & 페인팅
## with 프로크리에이트

디즈니, 블리자드, 넷플릭스에서 활약하는
프로 작가 8명의 기법을 모두 담았다!

3dtotal Publishing 지음 | 김혜연 옮김 | 216쪽 | 20,000원

## 요즘 핫한 생성형 AI 활용법!
각 분야 전문가의 노하우를 담았다!

### 된다!
### 하루 만에 끝내는 챗GPT 활용법

초보자도 1시간이면 활용 가능!
업무부터 자기 계발까지,
챗GPT에게 일 시키고 시간 버는 법!

프롬프트 크리에이터 지음 | 256쪽 | 17,000원

### 된다!
### 미드저니

뉴욕에서 작품을 전시한 AI 아티스트 집필!
광고, 마케팅, 건축, 영화, 애니메이션 등
미드저니와 협업하면 어떤 분야든 OK!

윤석관 지음 | 292쪽 | 26,000원